Ville de
Québec

7e édition

Dans la ville où je suis né, le passé porte le présent comme un enfant sur ses épaules...

Le Confessionnal
Robert Lepage

D1395933

ULYSSE

Le plaisir de mieux voyager

Ville d'histoire

1. Construite en 1688, l'église Notre-Dame-des-Victoires est la plus ancienne église qui subsiste au Canada. (page 72)
© Dreamstime.com/Jf123

2. La belle place Royale, là où Samuel de Champlain a fondé Québec en 1608. (page 72)
© iStockphoto.com/Tony Tremblay

3. Un militaire de la Citadelle en grande tenue écarlate. (page 67)
© Dreamstime.com/Gary Blakeley

4. Les fenêtres à petits carreaux typiques des maisons anciennes du Vieux-Québec. (page 57)
© iStockphoto.com/Sebastien Cote

5. Le Lieu historique national des Fortifications-de-Québec retrace l'évolution du système défensif de la ville. (page 53)
© Parcs Canada, B. Ostiguy

Culture et art de vivre

1. Le Palais Montcalm accueille les mélomanes dans sa splendide salle de concerts, la salle Raoul-Jobin. (page 90)
   © Philippe Renault

2. Dessiné par l'architecte Moshe Safdie, le Musée de la civilisation se veut une interprétation de l'architecture traditionnelle du Québec, avec ses toitures et ses lucarnes stylisées. (page 75)
   © Philippe Renault

3. Décor hivernal féerique dans la rue du Petit-Champlain. (page 68)
   © Mathieu Dupuis

4. Construite en 1675, la maison Jacquet abrite aujourd'hui le renommé restaurant Aux Anciens Canadiens, qui propose les spécialités traditionnelles du Québec. (page 162)
   © Philippe Renault/Hemis

Culture et art de vivre *(suite)*

5. Plusieurs des maisons de l'effervescente Grande Allée ont été reconverties en restaurants et bars, devant lesquels sont déployées des terrasses aux multiples parasols. (page 83)
© Philippe Renault/Hemis

6. La rue Saint-Paul, rue des antiquaires et des galeries d'art. (page 78)
© Philippe Renault/Hemis

7. La sculpture *La Vivrière* se dresse sur la belle place de la FAO, dans le secteur du Vieux-Port. (page 76)
© Philippe Renault/Hemis

8. Patin sur la place D'Youville avec Bonhomme Carnaval, le sympathique ambassadeur du Carnaval de Québec. (pages 129, 184)
© Carnaval de Québec

Aux alentours de Québec

1. Les champs dorés de l'île d'Orléans, avec les montagnes de Charlevoix à l'arrière-plan. (page 121)
© iStockphoto.com/grafxcom

2. La façade de l'imposante basilique Sainte-Anne-de-Beaupré. (page 119)
© Mathieu Dupuis

3. Le spectacle grandiose de la chute Montmorency, l'un des phénomènes naturels les plus impressionnants du Québec. (page 117)
© Mathieu Dupuis

4. L'architecture de l'Hôtel-Musée Premières Nations de Wendake rappelle les maisons longues iroquoises. (page 115)
© Jean Désy

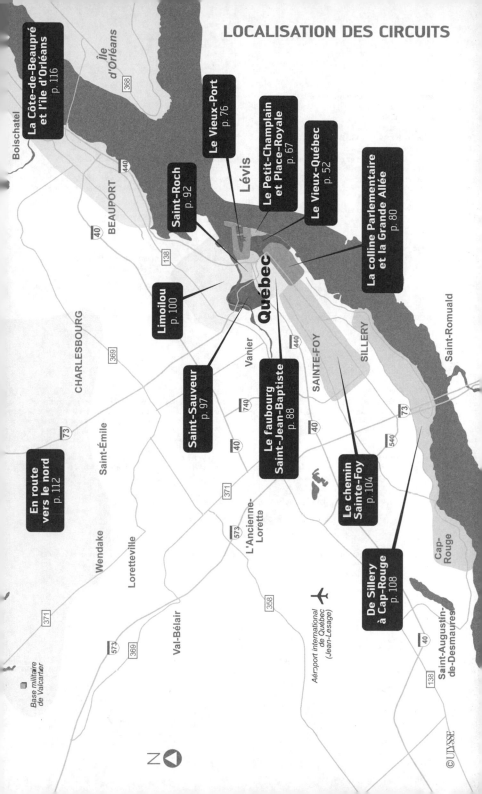

LOCALISATION DES CIRCUITS

La Côte-de-Beaupré et l'île d'Orléans p. 116

Le Vieux-Port p. 76

Le Petit-Champlain et Place-Royale p. 67

Le Vieux-Québec p. 52

La colline Parlementaire et la Grande Allée p. 80

Saint-Roch p. 92

Limoilou p. 100

Saint-Sauveur p. 97

Le faubourg Saint-Jean-Baptiste p. 88

Le chemin Sainte-Foy p. 104

De Sillery à Cap-Rouge p. 108

En route vers le nord p. 112

Boischatel

île d'Orléans

BEAUPORT

CHARLESBOURG

Lévis

Québec

Vanier

SAINTE-FOY

SILLERY

Saint-Romuald

Cap-Rouge

Saint-Émile

Wendake

Loretteville

L'Ancienne-Lorette

Val-Bélair

Saint-Augustin-de-Desmaures

Base militaire de Valcartier

Aéroport international de Québec (Jean-Lesage)

© ULYSSE

Mise à jour de la 7e édition: Annie Gilbert
Éditeur: Pierre Ledoux
Correcteur: Pierre Daveluy
Infographiste: Philippe Thomas
Adjointe à l'édition: Julie Brodeur
Cartographe: Pascal Biet
Recherche, rédaction et collaboration aux éditions antérieures: Marie-Josée Guy, Marie-Josée Béliveau,
Stéphane G. Marceau, François Rémillard
Photographies: Page couverture, la Fresque des Québécois: © Philippe Renault/Hemis; Page de titre, la fontaine de Tourny:
© iStockphoto.com/Tony Tremblay; vue sur le Château Frontenac depuis le Petit-Champlain: © Shutterstock.com/Kenneth V. Pilon

Cet ouvrage a été réalisé sous la direction de Claude Morneau.

Remerciements

Merci à Paule Bergeron et Nathalie Guay de l'Office du tourisme de Québec, à Sébastien Desnoyers et Jason Picard-Binet de Tourisme
Wendake, ainsi qu'à Chrystiane Deschênes, Catherine Gilbert, Clément Laberge, Marc Boutet et Gilles Herman pour leur aide.

Guides de voyage Ulysse reconnaît l'aide financière du gouvernement du Canada par l'entremise du Programme d'aide au développement de l'industrie de l'édition (PADIÉ) pour ses activités d'édition.

Guides de voyage Ulysse tient également à remercier le gouvernement du Québec – Programme de crédit d'impôt pour l'édition de
livres – Gestion SODEC.

Guides de voyage Ulysse est membre de l'Association nationale des éditeurs de livres.

Note aux lecteurs

Tous les moyens possibles ont été pris pour que les renseignements contenus dans ce guide soient exacts au moment de mettre sous
presse. Toutefois, des erreurs peuvent toujours se glisser, des omissions sont toujours possibles, des adresses peuvent disparaître,
etc.; la responsabilité de l'éditeur ou des auteurs ne pourrait s'engager en cas de perte ou de dommage qui serait causé par une erreur
ou une omission.

Écrivez-nous

Nous apprécions au plus haut point vos commentaires, précisions et suggestions, qui permettent l'amélioration constante de nos
publications. Il nous fera plaisir d'offrir un de nos guides aux auteurs des meilleures contributions. Écrivez-nous à l'une des adresses
suivantes, et indiquez le titre qu'il vous plairait de recevoir.

Guides de voyage Ulysse
4176, rue Saint-Denis, Montréal (Québec), Canada H2W 2M5, www.guidesulysse.com, texte@ulysse.ca

Les Guides de voyage Ulysse, sarl, 127, rue Amelot, 75011 Paris, France, voyage@ulysse.ca

Catalogage avant publication de Bibliothèque et Archives nationales du Québec et Bibliothèque et Archives Canada
Vedette principale au titre :
        Vedette principale au titre :
        Ville de Québec
        (Guide de voyage Ulysse)
        Comprend un index.
        ISSN 1486-3529
        ISBN 978-2-89464-930-5
        1. Québec (Québec) - Guides. I. Collection: Guide de voyage Ulysse.
FC2946.18.V54   917.14'471045   C99-301822-X

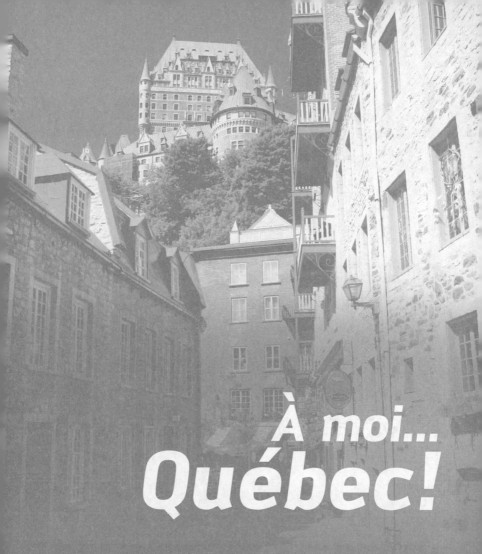

À moi...
Québec!

Nous vous proposons ici une sélection d'attraits incontournables qui vous permettra d'explorer Québec en vrai connaisseur.

Découvrez les coups de cœur de notre équipe de rédaction dans la section «Le meilleur de Québec» et consultez notre liste des «10 expériences typiquement québécoises» pour savourer pleinement l'authenticité de la capitale nationale. Puis, inspirez-vous des itinéraires de la section «En temps et lieux» pour profiter au maximum de votre séjour, peu importe que vous projetiez une visite éclair de quelques heures ou un voyage de plusieurs jours.

Le meilleur
de Québec

Pour visiter des attraits gratuits

Pour profiter des plus belles vues

Pour s'offrir une pause nature

Pour combler les passionnés de culture

- Méduse p. 94
- Un cinq à sept au Cercle p. 184
- *Le Moulin à images* p. 78
- Un concert extérieur au Festival d'été de Québec p. 185
- Une pièce de théâtre au Grand Théâtre p. 181

- Le Musée national des beaux-arts du Québec p. 86
- Un spectacle au Capitole de Québec p. 180
- L'Espace Félix-Leclerc p. 124
- Un film de répertoire au Clap p. 180
- Un concert au Palais Montcalm (p. 180) ou au Bal du Lézard (p. 184)

Pour faire plaisir aux enfants

- Le Musée de la civilisation p. 75
- Le Choco-Musée Érico p. 91
- L'Aquarium du Québec p. 110
- L'Hôtel de Glace p. 113

- Le parc national de la Jacques-Cartier p. 114
- Onhoüa Chetek8e p. 114
- Le Musée de l'abeille p. 118
- Benjo p. 195

Pour faire du vélo

- La promenade Samuel-De Champlain p. 131
- Le corridor des Cheminots p. 131

- La Vélopiste Jacques-Cartier/Portneuf p. 132

Pour faire un pique-nique

- Le parc de la Chute-Montmorency p. 117
- Les plaines d'Abraham p. 87
- Le jardin de Saint-Roch p. 94

- Le Domaine Maizerets p. 102
- Le Bois-de-Coulonge p. 108
- Le parc de la Plage-Jacques-Cartier p. 112

... et pour le préparer

- Le Marché du Vieux-Port p. 188
- L'épicerie J. A. Moisan p. 190
- Les Halles du Petit-Quartier p. 189

- Morena p. 189
- L'Épicerie Européenne p. 189

Pour séjourner dans des lieux d'hébergement qui se démarquent

Pour le comble du luxe
- Fairmont Le Château Frontenac p. 138
- Hôtel Le Germain-Dominion p. 139

Pour les amateurs d'histoire
- Auberge Baker p. 144
- Fairmont Le Château Frontenac p. 138
- Hôtel Clarendon p. 137
- Auberge Le Vieux-Presbytère p. 146

Pour les gens d'affaires
- Delta Québec p. 141
- Hilton Québec p. 140
- Loews Hôtel Le Concorde p. 140

Pour leur originalité
- Hôtel-Musée Premières Nations p. 143
- Hôtel de Glace Québec-Canada p. 143

Pour s'offrir un bon repas

Gastronomique
- Auberge La Camarine p. 173
- La Fenouillère p. 171
- Laurie Raphaël p. 165
- Le Champlain p. 163
- Le Saint-Amour p. 162
- La Tanière p. 172
- Ristorante Michelangelo p. 171

En terrasse
- Restaurant du Musée p. 166
- Le Moulin de Saint-Laurent p. 174
- Ristorante Il Teatro p. 169
- Panache Mobile p. 174

Original
- Panache Mobile p. 174
- Restaurant Dazibo p. 173
- La Traite p. 173
- Sagamité p. 172
- Nek8arre p. 172
- La Tanière p. 172
- Le Patriarche p. 161

Où l'on peut apporter son vin
- Chez-soi La Chine p. 160
- Thang Long p. 168
- Le Carthage p. 169

Pour prendre une bonne tasse de café ou de thé

- Brûlerie Saint-Roch p. 169
- Le Nektar p. 170
- Chez Temporel p. 159
- Café Krieghoff p. 166

Pour siroter un cocktail

- Le Cercle p. 184
- Boudoir Lounge p. 184
- Le Drague – Cabaret Club p. 183

Pour célébrer avec les Québécois

- Le Carnaval de Québec p. 184
- Les Fêtes de la Nouvelle-France p. 185
- Le Festival d'été de Québec p. 185
- Les Grands feux Loto-Québec p. 185

Québec
en temps et lieux

En un jour

Pour un court séjour ludique, culturel et historique, choisissez le **Vieux-Québec** et plongez dans l'antre du quartier du **Petit-Champlain**, aux rues pavées bordées de galeries d'art et d'ateliers d'artisans; visitez la **basilique-cathédrale Notre-Dame de Québec**, chef-d'œuvre de l'architecture religieuse, et le **Centre d'interprétation de Place-Royale**, pour retracer les origines de la ville. Faites du lèche-vitrine *intra-muros* dans la **rue Saint-Jean**, l'incontournable artère commerciale de la ville, puis offrez-vous un cinq à sept dans le «Nouvo» **Saint-Roch**. Si vous souhaitez découvrir les artistes qui ont marqué l'histoire de l'art québécois, rendez-vous plutôt au **Musée national des beaux-arts du Québec**.

En deux jours

Un séjour de deux jours dans la capitale québécoise vous permettra de découvrir la **Grande Allée**, cette belle artère où plusieurs demeures bourgeoises ont été reconverties en restaurants-terrasses et en boîtes de nuit. Pourquoi ne pas parcourir les petites rues pentues du **faubourg Saint-Jean-Baptiste**, avant d'aboutir sur la très animée **avenue Cartier**, qui s'est parée de trottoirs plus larges et d'un éclairage d'appoint? N'hésitez pas à flâner aux abords du **parc des Champs-de-Bataille**, pour une virée nature au cœur de la ville et une vue imprenable sur le fleuve. Les curieux apprécieront une halte au **Séminaire de Québec**, cet ensemble institutionnel qui constituait au XVIIe siècle un havre de civilisation au milieu d'une contrée rude et hostile, et qui renferme aujourd'hui le passionnant **Musée de l'Amérique française**.

En une semaine

Pour une semaine bien remplie, ajoutez à ce qui précède la visite de la **Citadelle**, qui représente trois siècles d'histoire militaire en Amérique du Nord. Pour la découverte d'événements marquants dans l'histoire de Québec, rendez-vous au **Lieu historique national des Fortifications-de-Québec**, où vous vous familiariserez avec l'ancien système défensif de Québec, et au **Site patrimonial du Parc-de-l'Artillerie**, dont fait partie la **redoute Dauphine**, ce beau bâtiment fortifié revêtu d'un crépi blanc.

Si ce sont davantage les symboles de la ville qui vous passionnent, marchez jusqu'au **Château Frontenac**, ce magnifique hôtel qui surplombe le fleuve Saint-Laurent, ou encore jusqu'à l'**Hôtel du Parlement**, où siège l'Assemblée nationale du Québec et devant lequel vous pourrez admirer la splendide **fontaine de Tourny**.

Pour vous mettre au goût du jour, allez voir les expositions du très aéré et magnifique **Musée de la civilisation**, le meilleur espace muséal pour en savoir davantage sur les mœurs et coutumes des Québécois d'aujourd'hui.

Pour un coup d'œil différent sur la ville de Québec, précipitez-vous vers le **Vieux-Port**, en longeant le fleuve, jusqu'au bassin Louise, un secteur d'activités culturelles et artistiques sans pareil. Puis, si le cœur vous en dit, gravissez la **côte de la Montagne** tout en appréciant le paysage. Rendez-vous sur la classique **terrasse Dufferin** et poussez l'aventure, appareil photo en main, jusqu'à la **promenade des Gouverneurs**, qui vous conduit au sommet du légendaire **cap Diamant**.

Si vous désirez sortir de la ville, dirigez-vous vers l'**île d'Orléans** afin de découvrir ses paysages enchanteurs et ses nombreux petits producteurs. En chemin, vous pourrez faire un arrêt au **parc de la Chute-Montmorency** pour admirer la plus haute chute du Québec. Si vous avez envie de bouger un peu, sachez que le **parc national de la Jacques-Cartier** et la **Station touristique Duchesnay** proposent de nombreuses activités de plein air. Enfin, pour sortir des sentiers battus, rendez-vous à **Wendake** pour une incursion en pays huron-wendat.

10 expériences
typiquement québécoises

- Grimper jusqu'à l'Observatoire de la Capitale, au sommet de l'édifice Marie-Guyart du complexe G, pour contempler la vue exceptionnelle sur la ville p. 84
- Parcourir les rues étroites et sinueuses du Vieux-Québec, pour remonter dans le temps p. 52
- Se balader dans le parc des Champs-de-Bataille (plaines d'Abraham), un des plus beaux parcs urbains au pays p. 87
- Faire du lèche-vitrine dans le quartier du Petit-Champlain, aux nombreuses boutiques d'artisanat p. 192
- Découvrir l'ambiance typique de Québec pendant le Festival d'été (p. 185) ou le Carnaval (p. 184)
- Se promener sur la terrasse Dufferin, devant le Château Frontenac, pour admirer le fabuleux panorama du fleuve Saint-Laurent p. 56
- Faire la tournée des nombreuses magnifiques fresques murales disséminées à travers la capitale québécoise p. 68
- Faire le tour de l'île d'Orléans et découvrir ses produits du terroir p. 121
- Revivre les premiers temps de la colonie en costume d'époque lors du grand défilé des Fêtes de la Nouvelle-France p. 185
- Marcher sur les remparts et les hauteurs de Québec en compagnie d'un guide-interprète p. 53

Derrière les mots

Annie Gilbert

La plus récente mise à jour du guide Ulysse *Ville de Québec* a été confiée à **Annie Gilbert**. Ayant habité Québec pendant plusieurs années et y retournant régulièrement, Annie est la personne toute désignée pour vous guider lors de votre visite de la capitale québécoise.

À la suite de ses études en tourisme, Annie a occupé plusieurs fonctions chez Ulysse. Elle a commencé comme libraire, pour ensuite se joindre à l'équipe des éditions où ses connaissances approfondies sont essentielles à la qualité de nos guides.

Native de l'Abitibi, elle aime bien se retrouver sur un lac à pêcher tranquillement, mais aussi parcourir les boutiques branchées de Paris, New York et Londres.

Annie a aussi contribué à la mise à jour des guides Ulysse *Boston*, *Croisières dans les Caraïbes*, *Hawaii* et *On va où aujourd'hui?*.

Sommaire

Liste des cartes

Liste des encadrés

Situation géographique dans le monde

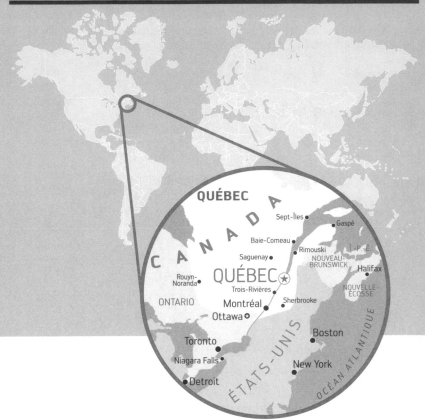

Ville de Québec

Superficie : 450 km²

Population :
Région métropolitaine : 750 000 habitants
Ville de Québec : 550 000 habitants

Climat :
Moyenne des températures :
Janvier : −11°C
Juillet : 19°C
Moyenne des précipitations :
Neige : 337 cm
Pluie : 883 mm
Fuseau horaire : UTC−5

Langue officielle du Québec : français
Point le plus haut :
Naturel : le mont Bélair, avec 485 m
Urbain : l'Observatoire de la Capitale, avec
221 m

Québec, c'est…
… la capitale nationale du Québec
… la plus vieille ville francophone
d'Amérique du Nord
… la seule ville fortifiée au nord du
Mexique
… le Vieux-Québec, un arrondissement
historique inscrit sur la Liste du
patrimoine mondial de l'UNESCO.

Portrait

La beauté de son site et l'étonnante richesse de son patrimoine font de Québec une capitale nationale exceptionnelle. Même si elle demeure l'une des plus vieilles villes d'Amérique du Nord et la plus ancienne du Canada, elle reste résolument tournée vers la modernité.

La Haute-Ville de Québec occupe un promontoire haut de plus de 98 m, le cap Diamant, qui surplombe le fleuve Saint-Laurent. Lors de son troisième voyage, Jacques Cartier donna le nom de «cap aux Diamants» à cette formation rocheuse, croyant avoir découvert des diamants et de l'or sur les flancs du cap. Mais il fut vite déçu, car ce qu'il avait cru être des pierres précieuses n'était en fait que de la vulgaire pyrite de fer et du quartz. Le cap Diamant deviendra néanmoins l'emplacement de la future ville de Québec, lorsque Champlain établit à son pied un comptoir de traite des fourrures et des bâtiments fortifiés, regroupés sous le nom d'«Abitation».

Cet emplacement joua un rôle stratégique important dans le système défensif de la Nouvelle-France. À cet endroit, le fleuve se rétrécit pour ne plus faire qu'un kilomètre de largeur. Ce resserrement est d'ailleurs à l'origine du nom de la ville, puisque que le mot algonquin *Kebec* signifie «là où la rivière se rétrécit». Juchée au sommet du cap Diamant, la ville se prête donc très tôt à des travaux de fortification importants qui en font le «Gibraltar d'Amérique».

Mais cette place forte n'est pas parvenue à repousser les forces britanniques, qui vont finalement s'emparer de la ville au cours de la bataille des plaines d'Abraham. Or même après avoir été conquise, la colonie française a réussi à protéger son identité culturelle. Bien à l'abri à l'intérieur de son enceinte, le cœur de Québec a continué à battre, et la ville est devenue le centre de la francophonie en Amérique.

En 1985, afin de protéger et de mieux faire connaître les trésors culturels que renferme la ville de Québec, la seule ville fortifiée de toute l'Amérique du Nord, l'Organisation des Nations Unies pour l'éducation, la science et la culture (UNESCO) déclara l'arrondissement historique de Québec «joyau du patrimoine mondial», une première en Amérique du Nord.

La «Vieille Capitale», ainsi qu'on surnomme parfois Québec car elle fut la première capitale du Bas-Canada, est l'âme même de l'Amérique française. Elle est visitée chaque année par des milliers de touristes qui s'émerveillent devant ses nombreux charmes et son petit cachet européen, l'hospitalité et la joie de vivre qui se dégagent de ses habitants. Cette ville a en effet beaucoup de caractère avec ses rues étroites, parfois pavées de pierres, et son architecture. Ville romantique, elle ne cesse de fasciner et d'émouvoir. Québec est une source d'inspiration inégalée pour les artistes depuis quatre siècles. Elle est un lieu de délice, un régal pour les yeux et pour l'âme. Cette petite perle est une de ces villes irrésistibles qu'on ne peut se permettre de ne pas visiter. Que l'on s'y balade en été ou en hiver, en automne ou au printemps, on ne peut faire autrement que de tomber sous son charme.

Géographie

La ville de Québec a une superficie de 450 km². Elle regroupe six arrondissements divisés en 35 quartiers dont la population globale compte un peu plus d'un demi-million d'habitants majoritairement francophones. Ces arrondissements sont La Cité–Limoilou, Les Rivières, Sainte-Foy–Sillery–Cap-Rouge, Charlesbourg, Beauport et La Haute-Saint-Charles.

Le centre-ville de Québec se trouve dans le quartier Saint-Roch, dans la Basse-Ville. Il est facile de situer la Haute-Ville et la Basse-Ville, souvent mentionnées dans le langage courant des Québécois. Vous n'aurez aucun mal, sur place, à distinguer la première, d'aspect plus bourgeois, juchée sur le cap Diamant, de la seconde, d'origine ouvrière, qui s'étend à ses pieds.

Histoire

> ## Arrivée des premiers Européens

Les premiers Européens à mouiller près des côtes de l'Amérique du Nord sont les Vikings, qui auraient exploré cette région dès le Xe siècle. Depuis lors, ils auraient été suivis de nombreux pêcheurs de morues et baleiniers. Mais ce sont les trois voyages de Jacques Cartier au Nouveau Monde à partir de 1534 qui marquent un point tournant dans l'histoire de cette partie de l'Amérique, car ils constituent le premier contact officiel entre la France et cette région du monde. Cartier avait pour objectif de trouver un passage vers l'Asie, mais aussi de rapporter au roi de France, François Ier, de l'or et d'autres richesses dont le pays avait tant besoin. À la suite de son échec, la France délaisse ces nouvelles terres qui ne présentent à l'époque aucun intérêt.

Quelques décennies plus tard, le commerce des fourrures et les importants bénéfices qu'on pouvait en retirer vont finalement intéresser les Français à la Nouvelle-France. Samuel de Champlain choisit donc, en 1608, l'emplacement de Québec pour installer le premier comptoir permanent de traite des fourrures. Il s'étonne un peu de ne pas voir les Autochtones qu'avait décrits Cartier lors de ses voyages. C'est qu'au moment où Champlain s'établit à Québec, les Iroquois, peuple sédentaire qui pratiquait l'agriculture et la chasse, s'étaient déplacés vers le sud et avaient été remplacés par les Algonquins, un peuple nomade qui vivait de chasse et de cueillette. Ces derniers deviendront donc les principaux alliés des Français. Les Algonquins n'ont pas, contrairement aux Iroquois, un sens très développé de la propriété. Ils n'offrent donc aucune résistance aux Français qui s'installent sur leur territoire et acceptent de se livrer avec eux au commerce des fourrures.

Pour bien saisir la place qu'occupe Québec dans l'histoire, il faut comprendre tous les avantages qu'offre l'emplacement de son site. Du haut du cap Diamant, la ville occupe une position stratégique importante sur ce qui était à l'époque la seule voie de pénétration maritime de toute l'Amérique du Nord. Lorsque Samuel de Champlain choisit l'emplacement de Québec pour y établir un comptoir permanent de traite des fourrures et y construire des fortifications autour des quelques bâtiments existants, c'est d'abord et avant tout pour les avantages stratégiques qu'offre le cap Diamant. À cet endroit, le fleuve se rétrécit considérablement, et il est facile, du haut du cap Diamant, de bloquer le passage aux navires. Champlain fait donc construire,

Principaux événements historiques

1525-1530: les pêcheurs basques sillonnent les environs du fleuve Saint-Laurent et de la rivière Saguenay.

1535: Jacques Cartier atteint l'embouchure de la rivière Sainte-Croix (aujourd'hui la rivière Saint-Charles) à proximité du village iroquoien de Stadaconé. Il est accueilli par Donnacona, le chef du village.

1608: le 3 juillet, Samuel de Champlain établit un comptoir de traite des fourrures au lieu-dit de Québec sous la gouverne de Pierre Dugua, sieur de Mons, détenteur d'un monopole de commerce. Il y fait construire une «Abitation».

1627-1663: la compagnie des Cent Associés est responsable du peuplement de la colonie. Parmi les principaux actionnaires des Associés, on retrouve Samuel de Champlain et le cardinal de Richelieu.

1635: fondation du collège de Québec par la Compagnie de Jésus.

1639: les Ursulines et Marie de l'Incarnation (Marie Guyart) arrivent à Québec pour enseigner aux jeunes filles.

1663: Québec devient la capitale de la Nouvelle-France.

1759: le 13 septembre, les troupes britanniques du général James Wolfe débarquent à l'anse au Foulon et gravissent aussitôt le cap Diamant pour surprendre les troupes françaises du général Montcalm. Celles-ci sont vaincues lors de la courte bataille des plaines d'Abraham.

1763-1791: lors de la Conquête britannique, l'ancienne capitale de la Nouvelle-France devient celle de la *Province of Quebec*.

1791-1841: Québec est la capitale du Bas-Canada.

1833: création de la Charte de la ville de Québec.

1845: des incendies ravagent les faubourgs Saint-Roch et Saint-Jean.

1849-1865: Québec est la capitale de ce qu'on appelle le «Canada-Uni».

1867: lors de la Confédération canadienne, Québec devient la capitale de la province du même nom.

1896: parution du journal *Le Soleil*, encore aujourd'hui le grand quotidien de la ville de Québec.

1917: le pont de Québec, le plus long à structure cantilever au monde, relie enfin Québec sur la rive nord du fleuve Saint-Laurent à Lévis sur la rive sud. Or, durant sa construction, 89 ouvriers ont péri lors de deux effondrements spectaculaires.

1918: des émeutes violentes éclatent lors des manifestations contre la conscription. Des tirs de l'armée sur la foule font quatre victimes dans le quartier Saint-Sauveur.

au pied du cap, une forteresse en bois qu'il nomme l'«Abitation». On y retrouve les comptoirs de traite et les résidences des différents marchands de fourrures.

Le premier hiver à Québec est extrêmement pénible, et 20 des 28 hommes meurent du scorbut ou de sous-alimentation avant l'arrivée de navires de ravitaillement au printemps de 1609. Quoi qu'il en soit, 1608 marque le début de la présence française en Amérique du Nord. Lorsque meurt Samuel de Champlain le jour de Noël 1635, la Nouvelle-France compte déjà environ 300 pionniers.

Entre 1627 et 1663, la Compagnie des Cent Associés détient le monopole du commerce des fourrures et assure un lent peuplement de la colonie. Simultanément, la Nouvelle-France commence à intéresser de plus en plus les milieux religieux français. Les Récollets arrivent les premiers en 1615, avant d'être remplacés par les Jésuites à partir de 1632.

➤ Le XVIIᵉ siècle

Malgré la présence d'affluents importants à proximité, seules voies de communication efficaces à cette époque, Québec n'a jamais pu profiter du commerce des fourrures autant que Montréal ou Trois-Rivières. Tout au long du XVIIᵉ siècle, des marchands, des agriculteurs et des artisans vont venir s'installer à Québec et dans la région. La ville va diversifier son économie grâce, entre autres, au développement de son port, un des plus actifs du monde, à son chantier naval et au commerce du bois, principalement exporté vers la métropole. Mais la fourrure n'en demeurera pas moins le principal secteur d'activité économique jusqu'au début du XIXᵉ siècle.

Au cours du XVIIᵉ siècle, Québec devient l'un des centres d'activités commerciales les plus importants d'Amérique. La ville occupe le sommet du triangle économique formé par l'Acadie, la Nouvelle-France et la Louisiane, et va devenir le siège des prérogatives françaises en Amérique. Les institutions religieuses et le pouvoir politique recherchent d'ailleurs la protection des murs de la Haute-Ville, de sorte que Québec devient rapidement le centre poli-

1943 et 1944 : à Québec, lors de la Seconde Guerre mondiale, deux conférences interalliées eurent lieu au Château Frontenac et à la Citadelle. En 1943, la première réunit Franklin Delano Roosevelt, président des États-Unis; Winston Churchill, premier ministre britannique; William Lyon Mackenzie King, premier ministre du Canada, et T.V. Soong, ministre des Affaires étrangères de la Chine. En 1944, la seconde conférence accueillit notamment Churchill et Roosevelt.

1985 : l'arrondissement historique de Québec, le « Vieux-Québec », est classé patrimoine mondial par l'UNESCO.

1995 : Québec cède à l'État américain du Colorado son équipe de hockey les Nordiques. Ironiquement, la même année, l'Avalanche du Colorado gagne la coupe Stanley.

2001 : Québec est l'hôte du troisième sommet des Amériques. Ce sommet avait pour thème l'accord de la zone de libre-échange des Amériques (ZLEA). L'événement demeure surtout connu pour son imposant dispositif de sécurité autour des lieux de la conférence et pour les nombreux affrontements entre les forces policières et les groupes antimondialistes.

2006 : après 75 ans d'existence, le plus vieux zoo du Canada, le Jardin zoologique du Québec, ferme ses portes.

2008 : la ville de Québec fête son 400e anniversaire de naissance en grande pompe.

2011 : signature de l'entente entre Quebecor et la Ville de Québec sur le nouvel amphithéâtre.

tique, administratif et militaire de la Nouvelle-France.

De nombreux colons vont s'établir dans la ville. Rapidement, la Basse-Ville se développe et s'étend au point qu'il faut remblayer certaines parties du Saint-Laurent afin de gagner un peu de terrain. À cette époque, les risques d'incendie étaient très élevés, ce qui s'explique par la proximité des édifices et l'utilisation du bois comme principal matériau de construction. En août 1682, la Basse-Ville est ainsi ravagée par les flammes, après quoi la reconstruction se fera selon de nouvelles normes imposant, entre autres, l'utilisation de la pierre à la place du bois comme matériau de base dans la construction des édifices. Plusieurs habitants de Québec n'ont malheureusement pas l'argent nécessaire pour se plier à ces nouvelles exigences; ils iront former les premiers faubourgs à l'extérieur de l'enceinte de la ville. La plupart des maisons en pierre qu'on peut voir aujourd'hui dans les rues du Vieux-Québec datent de cette époque.

> **Rivalité franco-britannique**

L'importance économique et stratégique de la ville de Québec en faisait une cible de choix, et très tôt la capitale de la Nouvelle-France a dû faire face à la convoitise de l'Angleterre. Qui plus est, les conflits opposant la France et l'Angleterre eurent des répercussions sur la colonie d'Amérique. Les déclarations de guerre et les traités de paix étaient en effet sous-tendus par une politique européenne qui ne correspondait pas du tout aux préoccupations de la colonie. Ainsi, dès 1629, la citadelle céda à l'assaut des forces britanniques des frères Kirke. Elle fut toutefois rapidement rendue à la France en 1632.

Au cours du XVIIIe siècle, la rivalité franco-britannique s'accentue au fur et à mesure que se développent les colonies britanniques et françaises. Cette pression toujours croissante des forces britanniques sur la Nouvelle-France débouchera finalement, dans le cadre de la guerre de Sept Ans, sur la fameuse bataille des plaines d'Abraham. Les troupes du général Wolfe, qui étaient arrivées devant Québec en juillet 1759, assiègent la ville le 13 septembre de la même année, avant qu'elle ne reçoive des renforts de la France. Les Britanniques gravissent le cap Diamant à l'ouest de l'enceinte fortifiée, et au matin, à la grande surprise des Français, ils sont sur les plaines; la bataille s'engage et se termine quelques minutes plus tard par la défaite des troupes du marquis de Montcalm aux mains du général Wolfe et la mort des deux généraux.

> ## Le Régime britannique

Signé le 10 février 1763, le traité de Paris vient sceller la défaite française en cédant officiellement la Nouvelle-France aux Britanniques, marquant ainsi la fin de la colonie française au Canada. Sous le Régime britannique, le Québec se transforme. Pour les Canadiens français, la Conquête signifie qu'ils sont dorénavant sous le contrôle des Britanniques, et que les liens entre la colonie et la métropole française sont dorénavant coupés : Québec est orpheline.

Des changements importants vont avoir lieu. Les Britanniques vont prendre la situation en mains et remplacer les francophones dans les fonctions politiques et administratives de la ville de Québec. Beaucoup des habitants les mieux nantis de la Nouvelle-France optent pour le retour vers la France que leur propose le gouvernement britannique. Cependant, la plupart des habitants et des petits commerçants ne peuvent se payer un tel voyage et n'ont d'autre choix que de se résigner à rester dans la colonie, désormais britannique. Les Britanniques établiront eux aussi au sommet du cap Diamant leur gouvernement, qui aura pour tâche de diriger la portion non négligeable de l'Amérique du Nord qui leur revient.

La ville de Québec réussira, comme le reste de la colonie, d'ailleurs, à résister aux tentatives d'assimilation anglaises, grâce à l'Église catholique et à l'immigration anglophone très limitée jusqu'à l'arrivée des loyalistes américains. Bien à l'abri derrière son enceinte, Québec restera pendant longtemps une ville presque essentiellement francophone.

Cette situation va cependant vite changer vers la fin de la guerre de l'Indépendance américaine, alors que les loyalistes, ces gens qui demeurent fidèles à la Couronne britannique, quittent ce qui va devenir les États-Unis, pour venir s'installer en terres britanniques. Parmi ces derniers, beaucoup choisissent de s'établir à Québec et à Montréal, leur arrivée changeant ainsi radicalement le visage de la capitale qui voit sa population anglophone augmenter considérablement.

À cette immigration loyaliste s'ajoute la venue en Amérique de nombreux immigrants en provenance des îles Britanniques, qui s'installent dans la ville de Québec pour travailler comme débardeurs au port ou dans les usines. Parmi eux figure un nombre non négligeable d'immigrants irlandais qui ont un important point en commun avec la population locale : la religion catholique. Les anglophones représentent alors environ 40% de la population de la région de Québec, qui connaît à ce moment une importante croissance économique. Cette forte immigration anglophone est cependant compensée par l'arrivée massive de paysans francophones provenant de la campagne québécoise.

> ## Le XIXᵉ siècle

Le début du XIXᵉ siècle est marqué par une période de prospérité principalement causée par l'embargo maritime de Napoléon contre l'Angleterre, qui accuse alors un besoin criant de matières premières. Cette demande fait en sorte que le port de Québec devient un chaînon important dans le commerce entre la colonie, les Antilles et l'Angleterre. Il est même alors classé au troisième rang des ports d'Amérique du Nord, derrière ceux de New York et de La Nouvelle-Orléans.

Le port de Québec et les différents chantiers navals mis en branle sous le Régime français vont ainsi continuer à se développer jusqu'à l'apparition des coques de fer et au creusage du chenal qui permettra aux navires de fort tonnage de se rendre à Montréal, éliminant du coup les derniers avantages dont pouvait bénéficier Québec. À partir de ce moment, l'importance de Québec va décliner en faveur de Montréal, qui est aussi dotée d'un excellent réseau ferroviaire favorisant son implantation en tant que puissance industrielle et économique au Québec et au Canada.

Le XIXᵉ siècle témoigne également de l'apparition des premières structures municipales modernes. Autour de 1830, Québec comporte 10 quartiers administrés chacun par deux conseillers municipaux qui assistent le maire dans ses fonctions. Dès lors, les services offerts à la population comprennent ceux liés à la lutte contre les incendies, la police, la voirie, les marchés, le gaz et l'aqueduc.

Au milieu du XIXᵉ siècle, la grande région de Québec prend de l'importance grâce à la formation de nouvelles municipalités : Beauport, Saint-Augustin-de-Desmaures, Saint-Félix-de-Cap-Rouge, Sillery, Saint-Ambroise-de-la-Jeune-Lorette, L'Ancienne-Lorette, Sainte-Foy et Charlesbourg. La paroisse de Saint-Roch, considérée à l'époque comme la banlieue de Québec, accueille entre autres les quartiers de Limoilou et de Saint-Sauveur.

Québec réserve déjà des surprises aux Américains bien nantis venus visiter la ville et sa région. Lorsque la vapeur permet de réduire considérablement la durée de la traversée de l'Atlantique, les Européens sont à leur tour plus nombreux à visiter Québec, le « Gibraltar d'Amérique ».

> Le XXᵉ siècle

Même si Québec perd de son importance économique au début du XXᵉ siècle et devient limitée à l'industrie légère, comme celle de la chaussure, dont le centre d'activité se trouve dans le quartier Saint-Roch, elle continue quand même de jouer un rôle important sur les plans politique et administratif en tant que capitale provinciale. Le rôle de la fonction publique prend une importance accrue et demeure à l'origine d'un essor économique dans les domaines de la construction, du commerce et des services.

Au tournant du XXᵉ siècle, on assiste à la mise sur pied d'un réseau de voies ferrées solide qui relie la région à Montréal et, plus tard, au développement d'un réseau routier d'importance pour l'époque, car à l'issue du premier conflit mondial, on constate l'utilisation d'un nombre grandissant de véhicules à moteur. En 1917, le pont de Québec, malgré deux effondrements meurtriers, assure enfin la liaison entre la rive nord du fleuve Saint-Laurent et Lévis sur la rive sud. Il s'agit du plus long pont à structure cantilever au monde. Autobus, tramways, trains et voitures permettent à la population de se déplacer plus rapidement, ce qui n'est pas étranger à la formation, dès le milieu du XXᵉ siècle, de nouvelles banlieues.

Cet essor se poursuit jusqu'à la Révolution tranquille des années 1960. Cette « révolution » marque pour le Québec en général la fin d'une longue période plutôt sombre passée sous le joug de la religion et de la tradition, et appelée la « Grande Noirceur ». Tout le Québec est en effervescence. Les mœurs et les institutions s'ouvrent, se modernisent. Les habitudes politiques changent. « La Belle Province » voit alors la taille de son gouvernement augmenter de façon remarquable, transformant par le fait même la ville de Québec, qui se retrouve désormais au centre de cette batterie de changements.

Dans un même temps, le mouvement nationaliste fait son apparition au Québec. Les francophones de la province expriment leur désir de mettre fin au contrôle qu'exerce la minorité anglophone sur le développement de la société québécoise. Au cours de cette période, la population anglophone de Québec diminue d'année en année, ne comptant plus que pour 1% ou 2% de la population totale de la région.

L'amaigrissement de l'État et la décentralisation des pouvoirs vers Montréal et les villes-centres affectent par la suite la stabilité d'emplois dans la région. Bien que le taux de chômage à Québec soit assez faible, la ville se tourne alors vers son vaste potentiel industriel et technologique. La ville de Québec constitue en effet un marché de plus de 500 000 consommateurs.

L'industrie du tourisme constitue en outre pour la région de Québec une source importante de revenus grâce à ses différents sites touristiques, entre autres le Vieux-Québec, le mont Sainte-Anne et la chute Montmorency. Les infrastructures touristiques liées à l'hébergement poussent comme des champignons le long des artères principales qui mènent à la capitale. Mais une des avenues les plus prometteuses pour le développement économique de la région demeure le secteur de la haute technologie, avec la biotechnologie, l'informatique, l'optique et les télécommunications.

Politique

La vie politique du Québec est profondément marquée, et même monopolisée, par la dualité entre les deux ordres de gouvernement : le gouvernement fédéral et le gouvernement provincial. Pour bien comprendre la situation politique au Québec, il faut tout d'abord se mettre dans le contexte historique. La ville de Québec est le berceau de la culture française en Amérique. La Confédération de 1867, qui créa le Canada, est un événement qui a eu des retombées importantes pour tous les francophones du Québec, qui deviennent alors minoritaires dans la population canadienne, majoritairement anglophone.

Le type de gouvernement mis en place en 1867 est calqué sur le modèle britannique, accordant le pouvoir législatif à un Parlement élu par suffrage universel. La nouvelle constitution institue un régime fédéral à deux niveaux : le gouvernement fédéral et les gouvernements provinciaux. À Québec, ce Parlement est désigné du nom d'Assemblée nationale, alors qu'à Ottawa le pouvoir appartient à la Chambre des communes. À l'intérieur de ce nouveau partage des pouvoirs, la position minoritaire des francophones au Canada est confirmée. Cependant, leur emprise sur le Québec est accentuée grâce à la création d'un État provincial qui sera le maître d'œuvre dans des domaines importants que les francophones ont toujours cherché à préserver, c'est-à-dire l'éducation, la culture et les lois civiles françaises.

Le Québec a toujours été en faveur de l'autonomie provinciale face à un gouvernement fédéral centralisateur. Dès les premières années de la Confédération, certains, comme Honoré Mercier, optent pour une autonomie plus grande des provinces. Il soutient notamment que les droits des Canadiens français ne sont assurés efficacement qu'au Québec. Une fois premier ministre, il exalte le caractère français et catholique du Québec, sans toutefois remettre en cause le fédéralisme. Selon l'influence des dirigeants politiques québécois et sous l'effet des tensions ethniques et linguistiques qui sévissent entre francophones et anglophones, le Québec va jouer un rôle de plus en plus actif dans la lutte pour l'autonomie provinciale tout au long du XXe siècle.

C'est au cours des 50 dernières années que les relations entre le fédéral et le provincial ont pris une tournure différente. La vie politique qui se dessine à partir de la Révolution tranquille est marquée par l'intensité et l'effervescence des relations fédérales-provinciales. Les années 1960 voient même l'apparition d'un groupe extrémiste, le Front de libération du Québec (FLQ), qui revendique l'indépendance du Québec. Son action se soldera par la crise d'Octobre (1970), pendant laquelle le Québec a subi la Loi des mesures de guerre et l'intervention de l'Armée canadienne.

Depuis des années, les différents gouvernements qui se sont succédé à Québec se sont tous considérés comme les porte-parole d'une langue et d'une culture distinctes, et ont revendiqué un statut particulier ainsi que des pouvoirs accrus pour le Québec. Le gouvernement québécois croit mieux connaître les besoins des Québécois que le fédéral et revendique le droit à une plus grande autonomie, à des pouvoirs plus étendus et aux ressources correspondantes.

L'événement qui viendra changer radicalement les enjeux politiques est l'élection du Parti québécois en 1976. Ce parti réussira très rapidement à réunir autour de lui les forces indépendantistes, et ce, surtout grâce à la personnalité et au charisme de son fondateur, René Lévesque. Cette formation politique, dont la raison d'être est l'accession du Québec à la souveraineté, proposera en 1980 un référendum sur la question nationale à la population québécoise, à laquelle elle demande la permission de négocier le projet de souveraineté-association avec le reste du Canada. Les Québécois votent à 60% contre.

Le même parti, avec à sa tête Jacques Parizeau, renverra les Québécois se prononcer sur la même question le 31 octobre 1995. Cette fois, les résultats sont beaucoup plus serrés, et même surprenants. Ainsi 50,6% de la population a voté contre le projet d'indépendance du gouvernement québécois, tandis que 49,4% s'est déclaré en faveur de ce projet. La question, aux yeux de plusieurs, est donc reportée une fois de plus et reste présente dans la plupart des discours politiques.

L'attitude des dirigeants politiques québécois en ce qui a trait aux relations entre l'État et l'économie va changer radicalement à partir des années 1960 avec l'arrivée au pouvoir du gouvernement libéral de Jean Lesage. Cette redéfinition du rôle de l'État dans l'économie vient bouleverser la vie sociale, politique et économique de toute la province, mais surtout celle de la ville de Québec. Le nombre d'emplois dans le secteur de l'administration publique est passé de 15 000 à 45 000 entre les années 1960 et 1980. Cette nouvelle orientation, élaborée dès la Révolution tranquille, va maintenir son évolution de façon générale tout au long des années 1960, 1970 et même 1980. Les dirigeants politiques québécois se sont inspirés de leurs homologues libéraux et européens en adhérant aux principes du keynésianisme et de l'État providence, principe qui veut faire de l'État un intervenant majeur dans l'économie et un partenaire de l'entreprise privée. La présence d'une vaste administration publique assure à la région de Québec et à ses habitants des emplois à la fois très stables et bien rémunérés.

Le nouveau rôle économique que se donne le gouvernement a pour effet d'augmenter la présence et l'importance des francophones dans l'économie québécoise. Ce phénomène est notamment dû à la croissance des secteurs public et parapublic et à l'intervention de l'État québécois dans le secteur privé. Cette poussée francophone se fait sentir dans tous les secteurs de l'économie, mais surtout dans les domaines de la finance et de l'administration publique. Ce type d'État interventionniste, comme on le retrouve à Québec ou à Ottawa, comporte cependant des inconvénients. Depuis le début des années 1980, les gouvernements québécois et canadien, enserrés dans des contraintes budgétaires de plus en plus rigides, éprouvent de plus en plus des difficultés à appliquer leurs politiques interventionnistes et encourent, chaque année, des déficits budgétaires élevés.

Pour remédier à la situation, il fallut donc prendre des décisions radicales et douloureuses. Pour combler le déficit, on a décentralisé les pouvoirs et réduit la masse salariale de la fonction publique en supprimant des postes et en annulant les augmentations. Mais voilà le hic : la région de Québec possède une économie fortement orientée vers le secteur tertiaire. Cette baisse a cependant été compensée par la croissance d'autres secteurs. C'est d'ailleurs là une indication du dynamisme et de l'ingéniosité d'une région capable de s'ajuster rapidement et avec succès à une situation défavorable.

De nos jours, le conseil municipal de la Ville de Québec comprend un maire et 27 conseillers répartis parmi un nombre équivalent de districts municipaux, avec un président par arrondissement. Tous les quatre ans, des élections municipales ont lieu à date fixe. À la suite du décès de la mairesse Andrée P. Boucher, des élections ont eu lieu en

2007. En décembre 2007, le candidat indépendant Régis Labeaume est alors devenu le nouveau maire de la ville de Québec. Il a été réélu en novembre 2009.

Parmi les maires de Québec les plus remarqués dans l'histoire de la capitale, on retrouve J.-Gilles Lamontagne, maire de 1965 à 1977; Jean Pelletier, maire de 1977 à 1989; Jean-Paul L'Allier, maire de 1989 à 2005; Andrée P. Boucher, mairesse de 2005 à 2007. Également du nombre malgré le fait qu'il ne soit le maire de Québec que depuis 2007, Régis Labeaume s'est fait remarquer pour ses bons coups (les projets d'amphithéâtre et d'agrandissement de l'aéroport de Québec)... qui compensent ses moins bons (le fiasco de l'embauche du spécialiste français d'étude de marché Clotaire Rapaille pour «redorer l'image de marque» de la ville, le retrait de la candidature de la ville pour organiser le Forum universel des cultures en 2016).

Économie

On insiste tellement sur l'aspect historique et romantique de la ville de Québec qu'il est facile d'oublier que Québec est le deuxième centre économique en importance au Québec. Située le long des berges du Saint-Laurent, la nouvelle ville de Québec compte plus de 500 000 habitants. La grande région de Québec possède une économie fortement orientée vers le secteur tertiaire, dont le principal moteur est de toute évidence le domaine des services et de l'administration publique, qui occupe environ 85% de la population. On constate aussi une croissance significative du nombre d'emplois dans les secteurs du tourisme, de la finance et du commerce aux dépens des activités manufacturières.

Ce monstre que représente l'administration publique québécoise est issu de la Révolution tranquille. Les adhérents aux principes de l'État providence voulurent faire de l'État québécois un intervenant majeur dans l'économie et un partenaire de l'entreprise privée. Dans un deuxième temps, l'État providence a pour objectif la modernisation de l'économie québécoise et, en troisième lieu, l'amélioration de la place qui revient aux Canadiens français dans l'économie du Québec. Entre les années 1960 et 1980, le nombre d'emplois dans ce secteur a triplé, et le contrôle des francophones sur l'économie du Québec est passé de 47% à 60%. Cette augmentation du secteur public a aussi eu des répercussions importantes sur l'économie de la région, car en moyenne, un emploi dans la fonction publique amène directement la création d'un autre emploi dans le secteur privé.

Depuis les années 1980, et plus particulièrement depuis les années 1990, le gouvernement tente de renverser la vapeur. L'État providence et les nombreuses dépenses qu'il entraîne ont causé l'endettement du Canada, au point où il fut l'un des pays industrialisés les plus endettés. La solution semble très simple: il faut réduire les dépenses. C'est-à-dire que la fonction publique doit limiter ses dépenses au maximum en sabrant dans les emplois et les subventions, puis en privatisant et en décentralisant l'administration.

Bien que Québec soit une des villes du Québec où le taux de chômage est le plus bas, les transformations que subit l'économie québécoise en général ont pour effet de faire perdre à la ville et à sa région la stabilité d'emplois sur laquelle elle a toujours pu compter. L'amaigrissement de l'État québécois et la décentralisation vers l'extérieur forcent Québec à se tourner vers d'autres avenues.

Pour faire face à la décentralisation au profit de Montréal et des régions, et pallier la perte d'emplois, Québec se doit de diversifier son économie. Pourvue de ressources énergétiques abondantes, d'un port de mer en eaux profondes ouvert toute l'année, d'un réseau routier et ferroviaire bien en place, Québec est en mesure de relier les principaux centres économiques et agricoles de l'Amérique du Nord.

Ces dernières années, la région de Québec a déployé beaucoup d'efforts afin d'attirer de nouvelles industries. Sa main-d'œuvre qualifiée, sa qualité de vie et son accessibilité ont fait pencher la balance en sa faveur pour plusieurs entreprises venues s'y établir, qu'elles œuvrent dans le domaine manufacturier, dans celui des télécommunications ou des hautes technologies. Cependant, malgré le nombre de nouveaux emplois qu'elles génèrent, les grandes entreprises ne soulèvent pas l'enthousiasme de toute la population de Québec. On craint surtout les problèmes de pollution associés aux grosses industries. Plusieurs craignent aussi qu'une implantation industrielle mal planifiée ne défigure un jour la ville de Québec.

L'Université Laval joue aussi un rôle important dans le développement économique de la région en lui fournissant une main-d'œuvre qualifiée. Elle dispose aussi d'un bureau de valorisation de la recherche, qui a comme mission première de promouvoir et gérer le transfert technologique de l'université vers les différentes entreprises de la région. Optique, photonique, laser, biotechnologies appliquées à la santé et pharmacologie demeurent les champs d'activité nés dans cette mouvance. Par exemple, depuis 1988, l'Institut national d'optique (INO) constitue un leader mondial en optique et photonique.

Aujourd'hui, la capitale québécoise a réussi à revitaliser son économie grâce à sa main-d'œuvre spécialisée, aux possibilités de recherche et de développement qu'offre l'industrie de pointe et à l'université. D'un autre côté, Québec demeure le siège du gouvernement provincial, qui malgré les cures d'amaigrissement imposées à la fonction publique, continue d'être un moteur important pour la région.

Le tourisme occupe lui aussi une place de choix dans l'économie de la capitale et de sa région. L'industrie du tourisme génère en effet un nombre d'emplois comparable à celui de tout le secteur manufacturier. Les paquebots de croisière en provenance d'Europe et des États-Unis font de Québec une escale de plus en plus populaire, surtout depuis le nouvel aménagement de la Pointe-à-Carcy. Avec la présence du mont Saint-Anne, de la chute Montmorency à quelques minutes du centre-ville, du Carnaval d'hiver et du Festival d'été, le tourisme est une activité en pleine effervescence, et ce, en toute saison.

Le Centre national des nouvelles technologies de Québec (CNNTQ), situé dans le quartier Saint-Roch et dont le développement ne cesse d'étonner, a été créé par le gouvernement du Québec afin d'encourager le démarrage des entreprises. Le centre loge à ce jour plus d'une vingtaine d'entreprises en technologie de l'information fournissant ainsi du travail à environ un millier d'individus.

Population

La ville de Québec compte une population majoritairement francophone d'environ 550 000 habitants. Or sa région métropolitaine comprend près de 750 000 âmes, tandis que la grande région de Québec renferme un nombre approximatif de 1 100 000 de Québécoises et de Québécois. Depuis le XIXe siècle, et bien que leur pourcentage soit fort modeste, le territoire s'est également enrichi entre autres de communautés d'origine irlandaise, vietnamienne, haïtienne, maghrébine et est-européennes.

Arts et culture

Québec n'a cessé, depuis sa fondation, de présenter un héritage culturel imposant et très varié. Plusieurs lieux de diffusion des arts et de la culture existent dans la ville, tels le Grand Théâtre de Québec, où jouent l'Orchestre symphonique et l'Opéra de la capitale, le Palais Montcalm, le Théâtre du Trident, le Théâtre de la Bordée, le Théâtre du Périscope et le Théâtre du Conservatoire d'art dramatique de Québec.

Au cours du XIXe siècle, la ville sera utilisée comme toile de fond dans de nombreux romans. À cette époque, la mode est au roman d'aventures de type européen, et la littérature québécoise, qui se confine généralement à l'exaltation du passé et à l'idéalisation de la culture paysanne, se trouve nettement en retard sur la littérature occidentale en général. Au début, on s'y reconnaît à peine, mais au fil des ans l'utilisation de la ville de Québec comme toile de fond devient de plus en plus évidente. De la publication du roman Les Anciens Canadiens de Philippe Aubert de Gaspé aux romans de Roger Lemelin, la ville de Québec passe d'un décor flou et mal défini à celui d'une ville grouillante, bruyante, vivante et bien canadienne-française. Car même si elle a été conquise par la Grande-Bretagne, même si elle est dépassée par d'autres villes sur le plan commercial, Québec demeure à l'époque la capitale intellectuelle du Canada français et un symbole de résistance pour les Canadiens français.

Roger Lemelin (1919-1994), écrivain populaire grâce à ses descriptions pittoresques des quartiers pauvres de Québec dans les romans *Au pied de la pente douce, Les Plouffe* et *Le Crime d'Ovide Plouffe* (1982), est né à Québec. Ces deux derniers romans firent l'objet d'une adaptation à la radio, à la télévision, puis au cinéma, et furent très populaires auprès du public québécois. Il fut aussi élu à l'Académie Goncourt à titre de membre étranger en 1974.

La grande romancière Anne Hébert (1916-2000) était native de Sainte-Catherine-de-la-Jacques-Cartier, dans la région de Québec. Sous sa plume, dans le roman *L'Enfant chargé de songes*, la ville de Québec devient un personnage.

Parmi les autres écrivains natifs de Québec figurent Chrystine Brouillet, qui se spécialise dans les romans policiers, les romanciers Yves Thériault (décédé en 1983), Monique Proulx et Marie-Claire Blais, ainsi que le poète Pierre Morency.

Québec a influencé également de nombreux artistes en arts visuels, comme Cornelius Krieghoff, Maurice Cullen, James Wilson Morrice, Clarence Gagnon, Adrien Hébert, Jean Paul Lemieux, Jean-Guy Desrosiers, et d'autres qui, tour à tour, chacun dans le style qui lui est propre, ont contribué au cours des années à enrichir l'imagerie de Québec.

La région de Québec a aussi été choisie par certains qui y trouvaient leur inspiration. Félix Leclerc (1914-1988), compositeur-interprète et poète, a été le premier chanteur québécois à faire une percée sur le marché européen, ouvrant ainsi la voie à d'autres artistes québécois. C'est sur l'île d'Orléans que Félix aimait passer la majeure partie de son temps libre, et c'est là qu'il avait son cœur, comme en témoigne une grande partie de son œuvre.

Québec continue aujourd'hui de voir naître plusieurs projets artistiques intéressants. Les centres de création Méduse et Ex Machina ne sont que deux exemples dans une ville où foisonnent les théâtres et autres lieux artistiques. Le cinéma y est aussi très riche. Parmi les jeunes réalisateurs prometteurs, mentionnons Francis Leclerc, fils de Félix Leclerc, auteur du très beau film *Une jeune fille à la fenêtre*, dans lequel les images de Québec dévoilent son affection pour cette ville.

Ex Machina a été mis sur pied par Robert Lepage, né dans la Haute-Ville en 1957. Ce metteur en scène et réalisateur québécois connaît un succès international remarquable. Un peu comme pour Félix Leclerc, c'est par son énorme succès en Europe que le Québec s'est rendu compte de l'immense valeur de son protégé. On découvre son talent surtout grâce aux pièces *Les Plaques tectoniques, La Trilogie des Dragons* et *Les Aiguilles et l'Opium*. Il réalise aussi des films : *Le Confessionnal, Le Polygraphe, Nô, Mondes possibles* et *La Face cachée de la lune*. Opéra, théâtre, cinéma, concert rock, cirque, «canotgraphie»... Robert Lepage touche à tout et tout lui réussit.

Le Carnaval de Québec en hiver, le Festival d'été de Québec, et durant les beaux jours, les Fêtes de la Nouvelle-France et le Festival des journées d'Afrique, danses et rythmes du monde procurent aux résidents comme aux visiteurs de passage des journées pleines de promesses.

Architecture

La ville de Québec, c'est avant tout la seule ville fortifiée au nord du Mexique. C'est tout d'abord pour des raisons de sécurité que la ville de Québec se fortifie, et elle peut compter sur sa position stratégique du haut du cap Diamant. C'est pourquoi Champlain fait construire, au début du XVIIe siècle, le fort Saint-Louis sur le cap.

À l'origine, ces fortifications servaient à repousser les attaques amérindiennes et surtout à faire face à la menace britannique. Québec vit donc très tôt d'importants travaux de fortification transformer la ville en une véritable place forte: construction de la Batterie royale en 1691, de la redoute Dauphine en 1712 et, en 1720, de murs qui correspondent approximativement aux remparts que nous connaissons aujourd'hui. Ce qui est contenu à l'intérieur des murs de Québec, soit le Vieux-Québec, donne à la ville un petit air d'ancien régime français.

Berceau de la Nouvelle-France, la ville de Québec possède un des patrimoines bâtis les plus riches en Amérique du Nord. Elle évoque particulièrement l'Europe, tant par son atmosphère que par son architecture. Celle-ci a dû s'adapter, entre autres, aux rigueurs de l'hiver québécois et à la pénurie de main-d'œuvre et de matériaux. C'est donc une architecture simple, sans extravagance mais efficace. La maison typique de cette époque est de forme rectangulaire et coiffée d'un toit à deux versants recouverts de bardeaux de cèdre. Pour mieux combattre l'hiver et le froid québécois, ce type d'habitation était doté de peu de fenêtres et d'une cheminée ou deux. L'intérieur demeure lui aussi rustique, la préoccupation principale étant toujours le chauffage.

Ce type d'habitation se retrouve principalement dans la campagne environnante, mais on retrouve aussi le même type d'architecture dans la ville de Québec. En plus d'avoir à se préoccuper du froid, les habitants de la ville devaient aussi se prémunir contre les incendies. Ces derniers pouvaient se propager extrêmement rapidement en raison de la proximité des édifices et du bois utilisé dans leur construction. À la suite du grand incendie de 1682, qui rasa la Basse-Ville presque complètement, les intendants de la Nouvelle-France, en 1721 et en 1727, promulguent, afin de réduire les risques d'incendie à l'intérieur des murs de Québec, deux édits qui viennent réglementer la construction. Dorénavant, l'utilisation du bois et les toitures mansardées, dont la charpente dense et complexe présente un danger important d'incendie, seront interdites. Tous les édifices devront être construits en pierre et munis de murs coupe-feu. De plus, les planchers qui séparent les différents étages de la maison devront être recouverts de carreaux de terre cuite.

On peut voir dans les quartiers comme celui du Petit-Champlain des maisons en pierre qui datent de cette époque, telle la maison Louis-Jolliet *(16 rue du Petit-Champlain)* et la maison Demers *(28 boulevard Champlain)*. Cette décision d'interdire le bois eut aussi comme conséquence la création des premiers faubourgs à l'extérieur de l'enceinte

Le plan lumière

La Ville de Québec a eu la bonne idée, inspirée sans doute par d'autres villes du monde comme Paris, Londres ou Montréal, de mettre en place un plan à long terme qui vise à illuminer ses plus beaux sites la nuit. Munis d'un éclairage judicieux, les formes et les reliefs des lieux et des édifices ainsi mis en valeur viennent égayer la vie nocturne des Québécois. L'Hôtel du Parlement, le pont de Québec, le Musée national des beaux-arts du Québec, le Château Frontenac, les fortifications, le cap Diamant, la chute Montmorency et certaines œuvres d'art public, comme la splendide fontaine de Tourny, brillent le soir venu pour révéler une ville séduisante aux contours différents.

des murs de Québec. Les colons les plus pauvres, qui ne pouvaient pas satisfaire à ces nouvelles exigences beaucoup trop coûteuses, ont en effet dû s'éloigner de la ville.

À la suite de la victoire britannique sur les plaines d'Abraham, la Nouvelle-France fait dorénavant partie de l'Empire britannique, et le visage de la ville de Québec se transforme lentement à mesure que la population anglophone de la ville s'accroît. On voit donc apparaître le long de la Grande Allée, qui n'était auparavant qu'une route de campagne bordée de propriétés agricoles, de véritables domaines au milieu desquels sont aménagées pour les Britanniques des villas de style victorien et Second Empire. Aujourd'hui, ces mêmes édifices ont été transformés en bars ou en restaurants, avec terrasses donnant sur la Grande Allée.

Parmi les grands travaux entrepris plus récemment dans Québec, citons la revitalisation du quartier Saint-Roch, jadis considéré par plusieurs comme le centre-ville mal aimé de Québec, le réaménagement de la colline Parlementaire autour de l'Hôtel du Parlement, la promenade Samuel-De Champlain le long du Fleuve et la rénovation de l'Agora du Vieux-Port.

Renseignements généraux

L e présent chapitre a pour but de vous aider à planifier votre voyage avant votre départ et une fois sur place. Ainsi, il offre une foule de renseignements précieux aux visiteurs venant de l'extérieur quant aux procédures d'entrée au Canada et aux formalités douanières. Il renferme aussi plusieurs indications générales qui pourront vous être utiles lors de vos déplacements.

Formalités d'entrée

› Passeport et visa

Pour la plupart des citoyens des pays de l'Europe de l'Ouest, un passeport valide suffit, et aucun visa n'est requis pour un séjour de moins de trois mois au Canada. Il est possible de demander une prolongation de trois mois (voir ci-dessous). Un billet de retour ainsi qu'une preuve de fonds suffisants pour couvrir le séjour peuvent être requis. Pour connaître la liste des pays dont le Canada exige un visa de séjour, consultez le site Internet de **Citoyenneté et Immigration Canada** *(www.cic.gc.ca)* ou prenez contact avec l'ambassade canadienne la plus proche.

La plupart des pays n'ayant pas de convention avec le Canada en ce qui concerne l'assurance maladie-accident, il est conseillé de se munir d'une telle couverture. Pour plus de renseignements, voir p. 44.

Prolongation du séjour

Il faut adresser sa demande par écrit au moins trois semaines avant l'expiration du visa (date généralement inscrite dans le passeport) à l'un des centres de Citoyenneté et Immigration Canada. Votre passeport valide, un billet de retour, une preuve de fonds suffisants pour couvrir le séjour ainsi que 75$ pour les frais de dossier (non remboursables) vous seront demandés.

Avertissement: dans certains cas (études, travail), la demande doit obligatoirement être faite avant l'arrivée au Canada. Communiquez avec **Citoyenneté et Immigration Canada** *(888-242-2100 de l'intérieur du Canada, 514-496-1010, 416-973-4444 ou 604-666-2171 de l'extérieur du pays, www. cic.gc.ca).*

Séjour aux États-Unis

Pour entrer aux États-Unis, les citoyens canadiens ont besoin d'un passeport.

Les résidents d'une trentaine de pays dont la France, la Belgique et la Suisse, en voyage d'agrément ou d'affaires, n'ont plus besoin d'être en possession d'un visa pour entrer aux États-Unis à condition de:

• avoir un billet d'avion aller-retour;

• présenter un passeport électronique sauf s'ils possèdent un passeport individuel à lecture optique en cours de validité et émis au plus tard le 25 octobre 2005; à défaut, l'obtention d'un visa sera obligatoire;

• projeter un séjour d'au plus 90 jours (le séjour ne peut être prolongé sur place: le visiteur ne peut changer de statut, accepter un emploi ou étudier);

• présenter des preuves de solvabilité (carte de crédit, chèques de voyage);

• remplir le formulaire de demande d'exemption de visa (formulaire I-94W) remis par la compagnie de transport pendant le vol;

• le visa est toujours nécessaire pour certaines catégories de voyageurs (étudiants ou visa précédemment refusé).

Depuis janvier 2009, les ressortissants des pays bénéficiaires du Programme d'exemption de visa doivent obtenir une autorisation de séjour avant d'entamer leur voyage aux États-Unis. Afin d'obtenir cette autorisation, les voyageurs éligibles doivent remplir le questionnaire du Système électronique d'autorisation de voyage (ESTA) au moins 72h avant leur déplacement aux États-Unis. Ce formulaire est disponible gratuitement sur le site Internet administré par le U.S. Department of Homeland Security *(https://esta.cbp. dhs.gov/esta/esta.html).*

Précaution: les soins hospitaliers étant extrêmement coûteux aux États-Unis, il est conseillé de se munir d'une bonne assurance maladie.

> **Douane**

Si vous apportez des cadeaux à des amis canadiens, n'oubliez pas qu'il existe certaines restrictions.

Pour les **fumeurs** *(au Québec, l'âge légal pour acheter des produits du tabac est de 18 ans),* la quantité maximale est de 200 cigarettes, 50 cigares, 200 g de tabac ou 200 bâtonnets de tabac.

Pour les **alcools** *(au Québec, l'âge légal pour acheter et consommer de l'alcool est de 18 ans),* le maximum permis est de 1,5 litre de vin (en pratique, on tolère deux bouteilles par personne), 1,14 litre de spiritueux et, pour la bière, 24 canettes ou bouteilles de 355 ml.

Pour de plus amples renseignements sur les lois régissant les douanes canadiennes, contactez l'**Agence des services frontaliers du Canada** *(800-959-2036 de l'intérieur du Canada, 204-983-3700 ou 506-636-5067 de l'extérieur du Canada; www.cbsa-asfc.gc.ca).*

Il existe des règles très strictes concernant l'importation de **plantes** ou de **fleurs**; aussi est-il préférable, en raison de la sévérité de la réglementation, de ne pas apporter ce genre de cadeau. Si toutefois cela s'avère «indispensable», il est vivement conseillé de s'adresser au service de l'**Agence canadienne d'inspection des aliments** *(www.inspection. gc.ca)* ou à l'ambassade du Canada de son pays **avant** de partir.

Si vous voyagez avec un **animal de compagnie**, il vous sera demandé un certificat de santé (document fourni par un vétérinaire) ainsi qu'un certificat de vaccination contre la rage. La vaccination de l'animal devra avoir été faite **au moins 30 jours avant** votre départ et ne devra pas être plus ancienne qu'un an.

Accès et déplacements

> **En avion**

Il existe un seul aéroport dans la région de Québec, soit l'**aéroport international Jean-Lesage** *(418-640-3300, 418-640-2600 service automatisé 24h sur 24 ou 877-769-2700, www.aeroportdequebec.com).* Malgré sa petite taille, on y trouve quand même tous les services utiles aux voyageurs tels que des comptoirs de location de voitures, deux bureaux de change, une boutique hors taxes, deux bars et un restaurant. L'aéroport est majoritairement desservi par des vols nationaux (du Québec et d'autres provinces du Canada), mais aussi quelques vols internationaux. Pour les hôtels situés près de l'aéroport, voir p. 142.

Accès au centre-ville (quartier Saint-Roch)

Situé près de L'Ancienne-Lorette, l'aéroport se trouve à environ 20 km au nord-ouest du centre-ville de Québec. Pour vous rendre au centre-ville, empruntez la route de l'Aéroport en direction sud jusqu'à la jonction avec l'autoroute 40 Est. Prenez ensuite la direction du boulevard Charest Est. Il faut compter une vingtaine de minutes pour effectuer ce trajet. Le prix d'une course en taxi entre l'aéroport et le centre-ville de Québec est d'environ 32$.

Principales compagnies aériennes

Air Canada
888-247-2262, www.aircanada.ca

Air Inuit
800-361-5933, www.airinuit.com

Air Transat
800-387-2672, www.transat.com

Continental Airlines
800-537-3444, www.continental.com

Delta Airlines
800-221-1212, www.delta.com

WestJet
877-956-6982, www.westjet.com

Renseignements généraux – **Accès et déplacements**

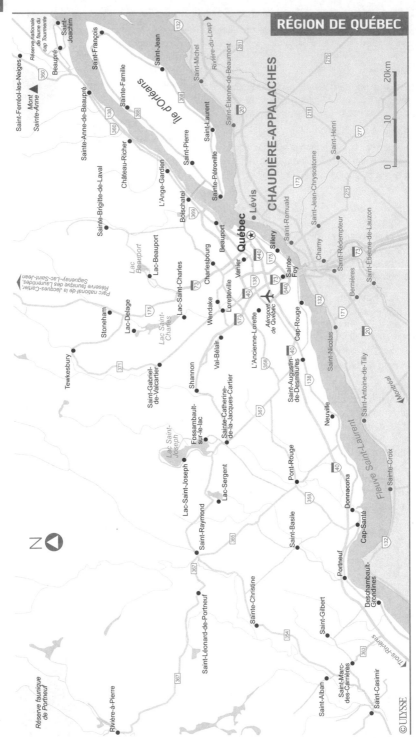

RÉGION DE QUÉBEC

CHAUDIÈRE-APPALACHES

Fleuve Saint-Laurent

Québec

Lévis

Sillery

Sainte-Foy

Vanier

Beauport

Charlesbourg

Loretteville

Wendake

Val-Bélair

L'Ancienne-Lorette

Aéroport de Québec

Cap-Rouge

Saint-Augustin-de-Desmaures

Saint-Nicolas

Saint-Antoine-de-Tilly

Neuville

Pont-Rouge

Donnacona

Cap-Santé

Sainte-Croix

Portneuf

Deschambault-Grondines

Saint-Basile

Saint-Raymond

Lac-Sergent

Lac-Saint-Joseph

Fossambault-sur-le-lac

Sainte-Catherine-de-la-Jacques-Cartier

Shannon

Saint-Gabriel-de-Valcartier

Stoneham

Lac-Delage

Lac-Saint-Charles

Tewkesbury

Lac Saint-Charles

Lac Beauport

Lac-Beauport

Sainte-Brigitte-de-Laval

L'Ange-Gardien

Boischatel

Château-Richer

Sainte-Anne-de-Beaupré

Beaupré

Saint-Ferréol-les-Neiges

Mont Sainte-Anne

Saint-Joachim

Réserve nationale de faune du cap Tourmente

Île d'Orléans

Saint-François

Sainte-Famille

Saint-Jean

Saint-Pierre

Saint-Laurent

Sainte-Pétronille

Saint-Michel

Rivière-du-Loup

Saint-Étienne-de-Beaumont

Sainte-Henri

Saint-Jean-Chrysostome

Saint-Romuald

Charny

Bernières

Saint-Rédempteur

Saint-Étienne-de-Lauzon

Parc national de la Jacques-Cartier
Réserve faunique des Laurentides,
Saguenay–Lac-Saint-Jean

Réserve faunique de Portneuf

Rivière-à-Pierre

Saint-Léonard-de-Portneuf

Sainte-Christine

Saint-Gilbert

Saint-Alban

Saint-Marc-des-Carrières

Saint-Casimir

Trois-Rivières

Montréal

N

0   10   20km

360

132

281

20

269

218

277

275

173

73

171

132

20

540

40

358

573

73

138

175

440

175

73

371

367

365

358

40

354

363

367

138

138

360

368

138

368

360

© ULYSSE

guidesulysse.com

> En voiture

Voies d'accès

Si vous partez de Montréal, vous pouvez emprunter l'autoroute Jean-Lesage (20 Est) jusqu'au pont Pierre-Laporte; une fois sur la rive nord du fleuve Saint-Laurent, prenez le boulevard Laurier, qui change de nom pour s'appeler successivement chemin Saint-Louis puis Grande Allée; cette voie vous mènera directement à la Haute-Ville. Vous pouvez aussi arriver par l'autoroute Félix-Leclerc (40 Est), qui devient le boulevard Charest Est à Québec et qui vous conduira au centre-ville. Pour monter à la Haute-Ville, il suffit de prendre la rue Dorchester puis la côte d'Abraham.

En arrivant d'Ottawa par l'autoroute 417, empruntez l'autoroute Félix-Leclerc (40 Est) qui devient le boulevard Charest Est à Québec. Vous rejoindrez ainsi la Basse-Ville. De Toronto, prenez l'autoroute Jean-Lesage (20 Est) jusqu'aux indications vers le pont Pierre-Laporte. Ensuite, il suffit de suivre les indications vers le boulevard Laurier, qui devient, plus loin, la Grande Allée.

Des États-Unis, en suivant la route 55 puis l'autoroute 20, vous entrez à Québec par le pont Pierre-Laporte, pour emprunter par la suite le boulevard Laurier.

L'arrivée à Québec en voiture se fait géné-ralement par la Grande Allée. On traverse d'abord une banlieue nord-américaine typique, pour ensuite aborder un secteur très *British* aux rues bordées de grands arbres. Puis on longe les édifices gouverne-mentaux de la capitale, pour enfin pénétrer dans la vieille ville par l'une des monumen-tales portes d'enceinte, la porte Saint-Louis.

En ville

La ville de Québec étant bien desservie par les transports publics, il n'est pas nécessaire d'utiliser une voiture pour la visiter. D'autant plus que la majorité des attraits touristiques sont relativement rapprochés les uns des autres et que toutes les promenades que nous vous proposons se font à pied. Les circuits dans les environs de Québec doivent cependant être effectués en voiture ou à vélo (l'île d'Orléans par exemple), car les distances entre les attraits sont parfois grandes.

Il est cependant facile de se déplacer en voiture à Québec. Dans le Vieux-Québec, les parcs de stationnement, bien qu'assez chers, sont nombreux. Il est possible de se garer dans la rue un peu partout, mais il faut respecter les règlements limitant les périodes de stationnement et surtout ne pas oublier de mettre régulièrement de la monnaie dans le parcomètre.

Quelques conseils

Le port de la **ceinture de sécurité** est obliga-toire, même pour les passagers arrière.

En **hiver**, le déneigement après une tem-pête vous oblige à déplacer votre voiture lorsque des panneaux l'annonçant sont dis-posés dans les rues. Un véhicule émettant un signal avertisseur vous rappellera de dégager la voie.

Lorsqu'un **autobus scolaire** (de couleur jaune) est à l'arrêt (feux clignotants allumés), vous devez obligatoirement vous arrêter, quelle que soit la voie dans laquelle vous circulez. Tout manquement à cette règle est considéré comme une faute grave.

Le **virage à droite au feu rouge** est autorisé sur l'ensemble du territoire québécois, **sauf** sur l'île de Montréal et aux intersections où il y a un panneau d'interdiction. Avant de tourner, pensez aux piétons et aux cyclistes. Les panneaux *Arrêt* sont à respecter scru-puleusement.

Les **Métrobus** (voir p. 42) bénéficient tout le long de leurs parcours, par exemple sur le boulevard René-Lévesque, de **voies réservées** aux heures de pointe, soit celles de droite, clairement identifiées par de larges losanges tracés sur la chaussée et par des panneaux de signalisation à affichage cathodique indiquant les heures pendant lesquelles vous ne pouvez pas y circuler.

Les **autoroutes** sont gratuites partout au Québec, et la vitesse y est limitée à 100 km/h. Sur les routes principales, la limite de vitesse est de 90 km/h, et de 50 km/h dans les zones urbaines.

Le Canada étant un pays producteur de pétrole, l'**essence** y est nettement moins chère qu'en Europe. Dans certains **postes d'essence** (surtout en ville), il se peut qu'on vous demande de payer d'avance par simple mesure de sécurité.

Location de voitures

Un forfait incluant avion, hôtel et voiture, ou simplement hôtel et voiture, peut être moins cher que la location sur place. Nous vous conseillons de comparer. De nombreuses agences de voyages font affaire avec les compagnies les plus connues (Avis, Budget, Hertz et autres) et offrent des promotions avantageuses, souvent accompagnées de primes (par exemple, des rabais sur les prix des spectacles). Sur place, vérifiez si le contrat comprend le kilométrage illimité ou non et si l'assurance proposée vous couvre complètement (accident, dégâts matériels, frais d'hôpitaux, passagers, vols). Certaines cartes de crédit, les cartes Or par exemple, vous assurent automatiquement contre les collisions et le vol du véhicule; avant de louer un véhicule, vérifiez que votre carte vous offre bien ces deux protections.

Rappelez-vous :

• Il faut avoir au moins 21 ans et posséder son permis depuis au moins un an pour louer une voiture. Toutefois, si vous avez entre 21 et 25 ans, certaines compagnies imposeront une franchise collision de 500$ et parfois un supplément journalier. À partir de l'âge de 25 ans, ces conditions ne s'appliquent plus.

• Une carte de crédit est indispensable pour le dépôt de garantie. La carte de crédit doit être au même nom que le permis de conduire.

• Dans la majorité des cas, les voitures louées sont dotées d'une transmission automatique.

• Les sièges de sécurité pour enfant sont en supplément dans la location.

Accidents et pannes

En cas d'accident grave, d'incendie ou d'une autre urgence, composez le *911* ou le *0*. Si vous vous trouvez sur l'autoroute, rangez-vous sur l'accotement et faites fonctionner vos feux de détresse. S'il s'agit d'une voiture louée, vous devrez avertir au plus tôt l'agence de location. N'oubliez jamais de remplir une déclaration d'accident (constat à l'amiable). En cas de désaccord, demandez l'aide de la police.

Partage de véhicules

Si vous ne possédez pas de voiture et que vous cherchez une solution plus flexible que la location traditionnelle, sachez qu'il existe un service de partage de véhicules.

En effet, **Communauto** *(www.communauto. com)* vous offre la possibilité de louer une voiture à petit prix pour une demi-heure, une heure, une journée ou plus longtemps, selon

Agences de location de voitures

Avis
Aéroport Jean-Lesage, 418-872-2861 ou 800-879-2847, www.avis.ca

Discount
240 3ᵉ Rue, 418-522-3598 ou 888-820-7378, www.discountcar.ca

Enterprise
690 boul. René-Lévesque E., 800-261-7331, www.enterprise.com

Hertz
Aéroport Jean-Lesage, 418-871-1571 ou 800-263-0678, www.hertz.ca

National
Aéroport Jean-Lesage, 418-877-9822 ou 877-222-9058, www.nationalcar.ca

vos besoins. Il comporte plusieurs avantages : assurances et essence incluses; facturation selon le temps d'utilisation et le kilométrage; véhicules accessibles en libre-service 24h/24, tous les jours, au cœur des quartiers desservis; possibilité de réserver par Internet. Plusieurs dizaines de parcs automobiles en libre-service sont présents à Québec, mais aussi à Montréal, Sherbrooke et Gatineau.

Pour adhérer à l'un des différents forfaits qui sont proposés, il faut être âgé d'au moins 21 ans, posséder un permis de conduire, s'inscrire pour une durée minimale d'un an et payer des frais d'adhésion.

Communauto Montréal : 514-842-4545 ou 877-942-4545

Communauto Québec : 418-523-1788 ou 877-523-1788

Communauto Sherbrooke : 819-563-9191 ou 877-523-1788

Communauto Gatineau : 819-595-5181 ou 877-942-4545

Covoiturage

Le covoiturage par l'intermédiaire de l'association **Allo-Stop** *(597 rue St-Jean, 418-658-0000, www.allostop.com)* fonctionne très bien en toute saison. Cette association efficace recrute les personnes qui désirent partager les frais d'utilisation de leur véhicule moyennant une petite rétribution (carte de membre obligatoire : passager 6$ par an, chauffeur 7$ par an). Le chauffeur reçoit une partie (environ 60%) des frais payés pour le transport. Les destinations couvrent principalement le Québec.

Quelques exemples de prix pour un passager :

Québec - Montréal : *21$*
Québec - Rimouski : *21$*
Québec - Chicoutimi : *21$*
Québec - Toronto : *47$*
Québec - Ottawa : *32$*

Attention : les enfants de moins de cinq ans ne peuvent voyager avec cette association à cause d'une réglementation rendant obligatoires les sièges de sécurité pour enfant à ces âges.

> En train

Voyager en train avec **VIA Rail** *(888-842-7245, www.viarail.ca)* est un excellent moyen de se rendre au centre-ville de Québec à partir du centre-ville de Montréal en toute tranquillité, aussi bien en classe économique qu'en classe supérieure. Cette dernière offre des privilèges tout confort qui permettent entre autres aux gens d'affaires d'avoir accès gratuitement au réseau Internet sans fil; les sièges sont confortables et le service toujours courtois.

La liaison Montréal-Québec propose trois ou quatre départs par jour dans les deux sens, et le trajet dure environ 3h. À Québec, le voyage se termine dans la Basse-Ville, à la magnifique **gare du Palais** *(450 rue de la Gare-du-Palais)*.

> En autocar

La gare d'autocars de Québec est située dans la gare du Palais. Des liaisons entre Québec et Montréal sont proposées tous les jours à la demie de l'heure, de 5h30 à 22h30, sauf le dimanche, de 6h30 à 22h30. De la gare d'autocars de Montréal (Station Centrale), un service de navette aéroportuaire assure la liaison avec l'aéroport international Pierre-Elliott-Trudeau de Montréal.

Terminus de la gare du Palais
320 rue Abraham-Martin, 418-525-3000

Du côté de Sainte-Foy, on retrouve également le même service, les autocars en provenance de Montréal faisant d'ailleurs un arrêt à Sainte-Foy avant de se rendre à la gare du Palais.

Gare d'autocars de Sainte-Foy
3001 ch. des Quatre-Bourgeois, 418-650-0087

> En traversier

Même si vous n'avez pas l'intention d'aller sur la rive sud du Saint-Laurent, du côté de Lévis, offrez-vous un aller-retour à bord du traversier. Situé juste en face de Place-Royale, le quai d'embarquement est facile à repérer. Au retour, en partant de Lévis, vous serez impressionné par le magnifique panorama de Québec. Coût pour un aller simple : 3$ pour un passager adulte, 7$ par voiture avec un conducteur et 13$ (avec au plus six passagers). Les horaires variant d'une saison à l'autre, il est préférable de se renseigner directement auprès de la Société des traversiers du Québec.

Société des traversiers du Québec
418-643-8420 ou 877-787-7483,
www.traversiers.gouv.qc.ca

Gare fluviale de Québec
10 rue des Traversiers

Gare fluviale de Lévis
5995 rue St-Laurent

> En transport en commun

Il est facile de visiter Québec en ayant recours au transport en commun du Réseau de transport de la Capitale (RTC), car la ville est pourvue d'un réseau d'autobus qui couvre bien l'ensemble du territoire. Les autobus du réseau **Métrobus** sont rapides puisqu'ils bénéficient de voies réservées (voir p. 39) et s'arrêtent moins souvent que les autres autobus. De plus, les Métrobus passent à une fréquence d'environ 10 min. Les nos 800 et 801 proposent des trajets qui partent de Beauport ou de Charlesbourg et qui se rendent jusqu'à Sainte-Foy et vice-versa, en passant près du Vieux-Québec, de la rue Saint-Jean, de l'avenue Cartier, à travers le campus de l'Université Laval, en face des grands centres commerciaux et près de la gare d'autocars de Sainte-Foy. Le no 802 part de Beauport et se rend au terminus Belvédère dans Sainte-Foy en passant par Limoilou. Quant au no 803, il relie Beauport à Les Saules en passant par Limoilou, Charlesbourg et Lebourgneuf. Un autre Métrobus viendra s'ajouter à ceux qui sont déjà en service. En effet, le no 804 remplacera au cours de l'année 2012 l'autobus 87 qui relie Sainte-Foy à Loretteville.

La carte mensuelle RTC permet d'utiliser ce réseau de transport public au prix de 74,75$ (en vente au début de chaque mois). Il est également possible d'acheter des billets de passage à 2,55$ chacun ou d'opter pour payer 2,75$ en monnaie exacte à chaque voyage. Il existe aussi une carte d'un jour proposée au coût de 6,85$. Les étudiants et les aînés bénéficient de rabais. Le passage est gratuit pour les enfants âgés de moins de cinq ans. On peut acheter les titres de transport dans les tabagies, pharmacies, dépanneurs ou marchés d'alimentation. On peut également obtenir dans ces établissements les dépliants concernant différents itinéraires. **Notez que les chauffeurs d'autobus ne vendent pas de billets de passage et ne font pas de monnaie.**

Lorsqu'un parcours nécessite un changement d'autobus, le passager doit demander une correspondance au chauffeur en payant. La plupart des trajets sont effectués de 6h à minuit et demi. Les vendredis et samedis, on ajoute, à l'arrêt des autobus de la place D'Youville, un départ à 1h30 et un autre à 3h.

Toute l'année, le RTC offre également aux personnes seules la possibilité de descendre entre deux arrêts après 20h pour se rapprocher de sa destination. Ce service est disponible sur tout le réseau, sauf sur les parcours des Métrobus nos 800, 801, 802 et 803.

Il est également possible de se déplacer dans Québec à bord des **Écolobus** (1$ en argent comptant ou carte à puce). En service tous les jours de 5h à 1h (passages aux 10 à 20 min), ces petits autobus électriques peuvent accueillir jusqu'à 20 personnes et sont également accessibles aux fauteuils roulants. Ils desservent la plupart des sites touristiques de la capitale, de l'Hôtel du Parlement au Vieux-Port en passant par le Vieux-Québec et la gare fluviale de Québec.

Pour plus de renseignements sur le réseau de transport en commun, composez le 418-627-2511 ou visitez le site Internet du Réseau de transport de la capitale (RTC), www.rtcquebec.ca.

De la mi-novembre à la fin de mars, un service d'autocar pouvant transporter de l'équipement de sports d'hiver propose un service qui plaira aux amateurs de plein air désireux de loger dans la capitale. **Taxis Ski Express** (28-120/pers. aller-retour selon la destination; 418-525-5191, www.taxicoopquebec.com) cueille sur demande, devant les principaux hôtels de Québec et de Sainte-Foy, les voyageurs désireux de se rendre à certaines stations de sports d'hiver de la région, comme celle du Mont-Sainte-Anne, et les ramène en fin d'après-midi.

➤ En taxi
Taxi Co-op: 418-525-5191

Taxi Québec: 418-525-8123

➤ À vélo

Le vélo demeure un des moyens les plus agréables pour se déplacer dans Québec en été. Des pistes cyclables et des voies partagées ont d'ailleurs été aménagées afin de permettre aux cyclistes de se promener en toute sécurité dans certains quartiers de la ville (voir p. 131).

Les automobilistes n'étant pas toujours attentifs, les cyclistes doivent toujours être vigilants, et ils sont d'ailleurs tenus de respecter la signalisation routière. Bien que le casque de sécurité ne soit pas encore obligatoire au Québec, il est fortement conseillé d'en porter un.

Location de vélos

Quelques boutiques de vélos ont un service de location (voir p. 132), et certaines proposent même des tours guidés de la ville et de ses environs.

Renseignements utiles, de A à Z

➤ Aînés

Pour les personnes du troisième âge qui désirent rencontrer des Québécois du même groupe d'âge, le **Mouvement des aînés du Québec** *(4545 av. Pierre-De Coubertin, C.P. 1000, Montréal, QC, H1V 3R2, 800-828-3344, www.fadoq.ca)* réunit la plupart des associations de personnes âgées de 50 ans et plus. Cette fédération pourra vous indiquer, selon l'endroit que vous voulez visiter, les activités et les adresses des associations locales. Des rabais très avantageux pour les transports et les spectacles sont souvent offerts aux aînés.

➤ Ambassades du Canada à l'étranger

Pour la liste complète des services consulaires à l'étranger, veuillez consulter le site Internet du gouvernement canadien: *www.dfait-maeci.gc.ca.*

Belgique
Ambassade du Canada
av. de Tervueren 2, 1040 Bruxelles, métro Mérode, 02 741 06 11, www.canadainternational.gc.ca/belgium-belgique

France
Ambassade du Canada
35 av. Montaigne, 75008 Paris, métro Franklin-Roosevelt, 01 44 43 29 00, www.canadainternational.gc.ca/france

Suisse
Ambassade du Canada
Kirchenfeldstrasse 88, CH-3005 Berne, 357 32 00, www.canadainternational.gc.ca/switzerland-suisse

➤ Ambassades et consulats étrangers au Canada

Belgique
Ambassade de Belgique: 360 rue Albert, bureau 820, Ottawa, ON, K1R 7X7, 613-236-7267, www.diplomatie.be/ottawafr

Consulat général de Belgique
999 boul. De Maisonneuve O., bureau 1600, Montréal, QC, H3A 3L4, 514-849-7394, www.diplomatie.be/montrealfr

France
Consulat général de France
1501 McGill College, bureau 1000, Montréal, QC, H3A 3M8, 514-878-4385, www.consulfrance-montreal.org

Consulat général de France à Québec
25 rue St-Louis, Québec, QC, G1R 3Y8, 418-266-2500, www.consulfrance-quebec.org

Suisse
Consulat général de Suisse
1572 av. du Docteur-Penfield, Montréal, QC, H3G 1C4, 514-932-7181, 514-932-7182 ou 514-932-9757, www.eda.admin.ch/canada

➤ Animaux de compagnie

Si vous avez décidé de voyager avec votre animal de compagnie, sachez qu'en règle générale les animaux sont interdits dans les commerces, notamment les magasins d'alimentation, les restaurants et les cafés. Il est toutefois possible d'utiliser le service de transport en commun avec les animaux de petite taille s'ils sont dans une cage ou dans vos bras.

Renseignements généraux – Renseignements utiles, de A à Z

> Argent et services financiers

La monnaie

L'unité monétaire est le dollar ($), lui-même divisé en cents. Un dollar = 100 cents.

La Banque du Canada émet des billets de 5, 10, 20, 50 et 100 dollars, et des pièces de 1, 5, 10, 25 cents ainsi que de 1 et 2 dollars.

Les banques

Les banques sont généralement ouvertes du lundi au vendredi de 9h à 15h. Le meilleur moyen de retirer de l'argent consiste à utiliser une carte bancaire (carte de guichet automatique). Faites attention car votre banque vous facturera des frais fixes (par exemple 5$CA) pour chaque transaction; par conséquent, il vaut mieux éviter de retirer de petites sommes.

Les normes qui régissent les numéros d'identification personnels (NIP) varient d'un pays à l'autre et même d'une banque à l'autre (certains numéros comportent quatre chiffres alors que d'autres en ont cinq), et il peut arriver que votre transaction soit refusée dans certains distributeurs automatiques. En cas de refus, vous pourrez tout simplement essayer un autre distributeur ou une autre institution financière, en vous assurant qu'elle adhère au même réseau bancaire international que votre banque (par exemple, les réseaux «Plus» ou «Cirrus»). Nous vous suggérons aussi, autant que possible, de voyager avec au moins deux cartes d'institutions bancaires différentes pour augmenter vos chances d'effectuer des transactions.

Voici les adresses de quelques banques à Québec:

Caisse populaire du Vieux-Québec
19 rue des Jardins; 550 rue St-Jean; 418-522-6806

RBC Banque Royale
700 place D'Youville, 418-692-6810
Banque Nationale
150 boul. René-Lévesque E., 418-647-6100

Les cartes de crédit

Les cartes de crédit, outre leur utilité pour retirer de l'argent, sont acceptées à peu près partout. Il est primordial de disposer d'une carte de crédit pour effectuer une location de voiture. Les cartes les plus facilement acceptées sont, par ordre décroissant, Visa, MasterCard, Diners Club et American Express.

Taux de change		
1$CA	=	0,76€
1$CA	=	0,98$US
1$CA	=	0,93FS
1€	=	1,31$CA
1$US	=	1,02$CA
1FS	=	1,07$CA

N.B. Les taux de change peuvent fluctuer en tout temps.

Les chèques de voyage

Les chèques de voyage peuvent être encaissés dans les banques sur simple présentation d'une pièce d'identité (avec frais) et sont acceptés par la plupart des commerçants comme du papier-monnaie.

> Assurances

Annulation

L'assurance annulation est normalement offerte par l'agent de voyages au moment de l'achat du billet d'avion ou du forfait. Elle permet le remboursement de ces derniers dans le cas où le voyage devrait être annulé, en raison d'une maladie grave ou d'un décès.

Maladie

L'assurance maladie est sans nul doute la plus importante à se procurer avant de partir en voyage, et il est prudent de bien savoir la choisir, car la police d'assurance doit être la plus complète possible. Au moment de l'achat de la police, il faudrait veiller à ce qu'elle couvre bien les frais médicaux de tout ordre comme l'hospitalisation, les services infirmiers et les honoraires des médecins (jusqu'à concurrence d'un montant assez élevé) ainsi qu'une clause de rapatriement, pour le cas où les soins requis ne peuvent être administrés sur place. En outre, il peut arriver que vous ayez à débourser le coût des soins en quittant la clinique; il faut donc vérifier ce que prévoit la police dans ce cas. S'il vous arrivait un accident durant votre séjour, vous devriez toujours garder sur vous la preuve que vous avez contracté une assurance maladie, ce qui vous évitera bien des ennuis.

Vol

La plupart des assurances habitation au Canada protègent une partie des biens contre le vol, même si celui-ci a lieu à l'extérieur de la maison. Si cela vous arrivait, n'oubliez toutefois pas d'obtenir un rapport de police, car sans celui-ci vous ne pourrez pas être remboursé.

> Climat

Une des caractéristiques du Québec par rapport à l'Europe est le fait que les saisons y sont très marquées. Les températures peuvent monter au-delà de 30°C en été et descendre en deçà de –25°C en hiver. Chacune des saisons au Québec a son charme et influe non seulement sur les paysages, mais aussi sur le mode de vie des Québécois et leur comportement.

Météo

Pour les prévisions météorologiques, composez le *418-648-7766*. Vous pouvez aussi capter la chaîne câblée MétéoMédia ou visiter son site Internet *(www.meteomedia. com)*. Pour l'état des routes, composez le *511* ou visitez le site Internet *www. inforoutiere.qc.ca.*

> Cuisine québécoise

Bien que les plats servis dans les restaurants s'apparentent beaucoup aux mets que l'on retrouve en France ou aux États-Unis, quelques-uns sont typiquement québécois et doivent être goûtés.

De plus, la nouvelle cuisine québécoise est en croissance constante. Partout au Québec, des chefs talentueux développent de nouvelles créations, des plats, des produits, etc. N'hésitez pas à goûter cette cuisine régionale souvent savoureuse. Vous aurez également la possibilité d'essayer des spécialités régionales souvent étonnantes, par exemple l'orignal, le lièvre, le saumon de l'Atlantique, l'omble de l'Arctique et le caviar de l'Abitibi.

> Décalage horaire

Au Québec, il est six heures plus tôt qu'en Europe et trois heures plus tard que sur la côte ouest de l'Amérique du Nord. Tout le Québec (sauf les Îles de la Madeleine, qui ont une heure de plus) est à la même heure (dite «heure de l'Est»). Le passage à l'heure avancée se fait le deuxième dimanche de mars; le passage à l'heure normale, le premier dimanche de novembre.

> Drogues

Absolument interdites (même les drogues dites «douces»). Aussi bien les consommateurs que les distributeurs risquent de très gros ennuis s'ils sont trouvés en possession de drogues.

> Économusées

Cette forme de musées vivants et éducatifs se retrouve un peu partout au Québec. Les économusées visent à faire connaître les métiers et les arts traditionnels du Québec. Ils logent donc dans des forges, des moulins à farine, des ateliers de sculpture et d'autres lieux où il est souvent possible d'observer les artisans à l'œuvre, et ils se doublent de boutiques où les gens peuvent s'offrir différents articles et produits. Dans la région de Québec, vous pourrez entre autres visiter le **Choco-Musée Érico** (voir p. 91), la **Forge à Pique-Assaut** (voir p. 193) et le **Musée de l'abeille** (voir p. 118), qui renferment tous un économusée.

> Électricité

Partout au Canada, la tension est de 110 volts. Les fiches d'électricité sont plates, et l'on peut trouver des adaptateurs sur place.

> Enfants

Dans les transports, en général, les enfants de cinq ans et moins ne paient pas; il existe aussi des rabais pour les 12 ans et moins. Pour les activités ou les spectacles, la même règle s'applique parfois; renseignez-vous avant d'acheter vos billets. Dans la plupart des restaurants, des chaises hautes pour les enfants sont disponibles, et certains proposent des menus pour enfants. Quelques grands magasins offrent aussi un service de garderie.

Renseignements généraux - Renseignements utiles, de A à Z

> Fumeurs

Il est interdit de fumer dans tous les lieux publics, y compris les bars et les restaurants. Les cigarettes se vendent notamment dans les épiceries et les kiosques à journaux. Il faut être âgé d'au moins 18 ans pour acheter des produits du tabac.

> Gays et lesbiennes

Québec offre certains services à la communauté gay, lesquels sont surtout concentrés dans le faubourg Saint-Jean-Baptiste.

Il existe un service téléphonique appelé **Gai Écoute** *(888-505-1010)*.

Des publications mensuelles gratuites, comme les magazines *Fugues* et *Être*, sont disponibles entre autres dans les bars de la ville. Elles vous renseigneront notamment sur les lieux de sorties préférés de la communauté gay.

> Horaires

Banques

Les banques sont ouvertes du lundi au vendredi de 10h à 15h. Plusieurs d'entre elles sont ouvertes les jeudis et les vendredis jusqu'à 18h, voire 20h. Le réseau des banques possède des distributeurs automatiques en fonction jour et nuit.

> Bureaux de poste

Les grands bureaux de poste sont ouverts de 8h à 17h45. De nombreux petits bureaux de poste sont répartis un peu partout à Québec: dans les centres commerciaux, chez certains «dépanneurs» et même dans quelques pharmacies où ils sont ouverts plus tard que les grands bureaux de poste.

Succursale B
59 rue Dalhousie, Vieux-Port, 866-607-6301

Succursale Haute-Ville
5 rue du Fort, 866-607-6301

Magasins

En règle générale, les magasins respectent l'horaire suivant:

lun-mer 10h à 18h
jeu-ven 10h à 21h
sam 9h ou 10h à 17h
dim 12h à 17h

On trouve également un peu partout au Québec des magasins généraux d'alimentation de quartier (dépanneurs) qui sont ouverts plus tard et parfois 24 heures sur 24.

> Jours fériés

Voici la liste des jours fériés au Québec. À noter: la plupart des services administratifs et des banques sont fermés ces jours-là.

Jour de l'An et le lendemain
1er et 2 janvier

Le vendredi précédant la fête de Pâques

Le lundi suivant la fête de Pâques

Journée nationale des patriotes
le lundi précédant le 25 mai

Fête nationale des Québécois
24 juin

Fête du Canada (Fête de la Confédération)
1er juillet

Fête du Travail
le 1er lundi de septembre

Action de grâce
le 2e lundi d'octobre

Jour du Souvenir ou Armistice
11 novembre

Noël et le lendemain
25 et 26 décembre

> Laveries

On trouve des laveries dans tous les quartiers urbains. Dans la majorité des cas, de la lessive est vendue sur place. Bien qu'on y trouve parfois des changeurs de monnaie, il est préférable d'en apporter une quantité suffisante avec soi.

> Personnes à mobilité réduite

Kéroul
4545 av. Pierre-De Coubertin, C.P. 1000, succ. M, Montréal, QC, H1V 3R2, 514-252-3104, www.keroul.qc.ca
Interlocuteur privilégié de Tourisme Québec en matière d'accessibilité, Kéroul est un organisme québécois à but non lucratif qui informe, représente, développe et fait

la promotion du tourisme et de la culture accessibles auprès des personnes à capacité physique restreinte et des administrations publiques et privées. Kéroul, en collaboration avec les Guides de voyage Ulysse, publie le répertoire *Québec accessible*, qui donne la liste des infrastructures touristiques et culturelles accessibles aux personnes à mobilité réduite à travers tout le Québec. Ces lieux sont classés par régions touristiques. Le livre est en vente chez Ulysse et dans toutes les bonnes librairies.

Association québécoise pour le loisir des personnes handicapées
4545 av. Pierre-De Coubertin, C.P. 1000, succ. M, Montréal, QC, H1V 3R2, 514-252-3144, www.aqlph.qc.ca

De plus, dans la plupart des régions, des associations organisent des activités de loisir ou de sport. Vous pouvez obtenir l'adresse de ces associations en communiquant avec l'Association québécoise de loisir pour personnes handicapées.

> Pourboire

Les pourboires s'appliquent à tous les services rendus à table, c'est-à-dire dans les restaurants ou autres établissements où l'on vous sert à table (la restauration rapide n'entre donc pas dans cette catégorie). Ils sont aussi de rigueur dans les bars, les boîtes de nuit et les taxis.

Selon la qualité du service rendu, il faut compter environ 15% de pourboire sur le montant avant les taxes. Il n'est pas, comme en Europe, inclus dans l'addition (sauf, dans certains restaurants, si vous formez un groupe d'au moins 6 ou 8 personnes), et le client doit le calculer lui-même et le remettre au serveur.

> Presse

À Québec, vous trouverez sans problème la presse internationale. Les grands quotidiens de la ville sont *Le Soleil* et *Le Journal de Québec*. Vous trouverez également dans des boîtes à journaux l'hebdomadaire *Voir*, distribué gratuitement. Les anglophones de Québec ont leur propre hebdo, *The Quebec Chronicle-Telegraph*, le plus ancien journal d'Amérique du Nord, publié depuis 1764.

> Renseignements touristiques

En Europe

Les personnes qui désirent obtenir de la documentation générale sur le Québec avant leur départ peuvent appeler **Tourisme Québec** :

En France : numéro vert (appel gratuit depuis un poste fixe) : 0 800 90 77 77 (lun-mar-jeu-dim 14h à 23h, mer 16h à 23h).

En Belgique : numéro sans frais (depuis un poste fixe) : 0 800 78 532 (lun-mar-jeu-dim 14h à 23h, mer 16h à 23h).

En Suisse : 1-514-873-2015 (lun-mar-jeu-ven 14h à 23h, mer 16h à 23h, sam-dim 15h à 23h).

Librairies

Abbey Bookshop
La Librairie canadienne
29 rue de la Parcheminerie, 75005 Paris, métro St-Michel et Cluny La Sorbonne, 01 46 33 16 24

Cette librairie propose des livres sur le Canada et des ouvrages d'auteurs canadiens, en anglais et en français.

La Librairie du Québec
30 rue Gay-Lussac, 75005 Paris, métro RER, Luxembourg, 01 43 54 49 02, www.librairieduquebec.fr

On y trouve un grand choix de livres sur le Québec et le Canada, ainsi que toute l'édition du Québec et du Canada francophone dans tous les domaines.

Sur place

Centre Infotouriste
12 rue Ste-Anne (en face du Château Frontenac), 877-266-5687, www.regiondequebec.com

On y trouve de l'information détaillée avec nombre de documents à l'appui (cartes routières, dépliants, guides d'hébergement) sur toutes les régions touristiques du Québec.

Office du tourisme de Québec
835 av. Wilfrid-Laurier, Québec, QC, G1K 8E2, 418-641-6290 ou 877-783-1608, www.regiondequebec.com

Côte-de-Beaupré
Bureau d'accueil touristique
mi-juin à début sept; 3 rue de la Seigneurie, Château-Richer, 418-824-3439 ou 866-932-9082, www.cotedebeaupre.com

Île d'Orléans
Bureau d'accueil touristique
490 côte du Pont, Saint-Pierre-de-l'Île-d'Orléans,
418-828-9411 ou 866-941-9411, www.iledorleans.com

Région de la Jacques-Cartier
Bureau d'accueil touristique
mi-juin à début sept; 2 rue Jolicœur, Sainte-
Catherine-de-la-Jacques-Cartier, 418-875-2054 ou
877-844-2358, www.jacques-cartier.com

Région de Portneuf
Tourisme Portneuf
12 rue des Pins (sortie 254 de l'autoroute 40),
Deschambault-Grondines, 418-286-3002 ou
800-409-2012, www.tourisme.portneuf.com

Sur Internet

Vous pourrez aussi trouver de multiples renseignements sur Internet. Voici quelques sites intéressants.

Les voyageurs partant pour le Québec ou les Québécois visitant une nouvelle région consulteront le site du **ministère du Tourisme** *(www.bonjourquebec.com)*, qui permet d'entrer en contact avec les différentes associations touristiques régionales et même de faire une visite virtuelle du Québec.

N'oubliez surtout pas le site des **Guides de voyage Ulysse** *(www.guidesulysse.com)*, qui présente régulièrement ses nouveautés sur le Québec.

Mentionnons aussi :

Communauté métropolitaine de Québec
www.cmquebec.qc.ca

Ville de Québec
www.ville.quebec.qc.ca
Sites d'information culturelle
www.patrimoinequebec.com
www.quebecplus.ca
www.voir.ca
www.quebec-guidetouristique.com
www.destinationvilledequebec.com

Blogues
www.blog.monlimoilou.com
www.quebectaime.com

> Santé

Pour les personnes en provenance de l'Europe ou des États-Unis, aucun vaccin n'est nécessaire. D'autre part, il est vivement recommandé, surtout pour les séjours de moyen ou long terme, de souscrire une assurance maladie. Il existe différentes formules, et nous vous conseillons de les comparer. Emportez vos médicaments, surtout ceux qui exigent une ordonnance. Sauf indication contraire, l'eau est potable partout au Québec.

> Taxes

Contrairement à l'Europe, les prix affichés le sont **hors taxes** dans la majorité des cas. Il y a deux taxes : la TPS (taxe fédérale sur les produits et services) de 5% et la TVQ (taxe de vente du Québec) de 9,5% sur les biens et sur les services. Il faut donc ajouter environ 15% de taxes sur les prix affichés pour la majorité des produits ainsi qu'au restaurant. Notez qu'il existe une taxe spécifique à l'hébergement de 2$ ou jusqu'à concurrence de 3% par nuitée, applicable dans tous les lieux d'hébergement, selon la région touristique.

> Télécommunications

L'indicatif régional de la région de Québec est le **418**. Dans ce guide, l'indicatif régional est inscrit devant chaque numéro de téléphone. La **composition locale à 10 chiffres** (soit l'indicatif régional avec le numéro de téléphone) est en vigueur à Québec et dans ses environs. Pour les appels interurbains, faites le **1**, suivi de l'indicatif de la région où vous appelez, puis le numéro de votre correspondant. Les numéros de téléphone précédés de **800**, **855**, **866**, **877** ou **888** vous permettent de communiquer avec votre correspondant sans encourir de frais si vous appelez du Canada et souvent même des États-Unis. Si vous désirez joindre un téléphoniste, faites le **0**.

Beaucoup moins chers à utiliser qu'en Europe, les appareils téléphoniques se trouvent à peu près partout. Pour les appels locaux, la communication coûte 0,50$ pour une durée illimitée. Pour les interurbains, munissez-vous de pièces de 25 cents, ou bien procurez-vous une carte d'appels interurbains d'une valeur de 5$, 10$ ou 20$ en vente chez les marchands de journaux, dans les dépanneurs et dans les distributeurs automatiques (de diverses compagnies de téléphone) installés dans les lieux publics.

Pour appeler en Belgique, faites le **011-32** puis l'indicatif régional (Anvers **3**, Bruxelles **2**, Gand **91**, Liège **41**) et le numéro de votre correspondant.

Pour appeler en France, faites le **011-33**, puis le numéro à 10 chiffres de votre correspondant en omettant le premier zéro.

Pour appeler en Suisse, faites le **011-41**, puis l'indicatif régional (Berne **31**, Genève **22**, Lausanne **21**, Zurich **1**) et le numéro de votre correspondant.

> Urgences

Partout au Québec, vous pouvez obtenir de l'aide en faisant le *911*. Certaines régions, à l'extérieur des grands centres, ont leur propre numéro d'urgence; dans ce cas, faites le *0*.

> Vins, bières et alcools

Au Québec, la vente des boissons alcoolisées est régie par une société d'État: la Société des alcools du Québec (SAQ). Si vous désirez acheter du vin, de la bière importée ou de l'alcool, c'est dans une succursale de la SAQ qu'il faut vous rendre (de bonnes bières importées ou canadiennes et des vins corrects se vendent aussi dans les épiceries). Certaines succursales, appelées «Sélection», proposent une sélection plus variée et spécialisée de vins et spiritueux. On trouve des succursales de la SAQ dans tous les quartiers, mais leurs heures d'ouverture sont assez restreintes, sauf peut-être en ce qui concerne les succursales dites «Express», ouvertes plus tard mais offrant un choix limité. En règle générale, elles sont ouvertes aux mêmes heures que les commerces. Il faut être âgé d'au moins 18 ans pour acheter et consommer de l'alcool.

Quelques adresses de la SAQ

SAQ Classique
1059 av. Cartier, 418-643-4334

SAQ Express
707 boul. Charest O., 418-681-4325

SAQ Sélection
400 boul. Jean-Lesage, angle boul. Charest E., 418-643-4339

Bières

Deux grandes brasseries au Québec se partagent la plus grande part du marché: Labatt et Molson. Chacune d'elles produit différents types de bières, surtout des blondes, avec divers degrés d'alcool. Dans les bars, restaurants et boîtes de nuit, la bière pression est moins chère que la bière vendue en bouteille.

À côté de ces brasseries se trouvent des microbrasseries qui, à bien des égards, s'avèrent très intéressantes. La variété et le goût de leurs bières font qu'elles connaissent un énorme succès auprès du public québécois. Nommons, à titre d'exemples car il en existe plusieurs, McAuslan (Griffon, St-Ambroise), le Cheval Blanc (Coup de Grisou, Sainte-Paix), les Brasseurs du Nord (Boréale), GMT (Belle Gueule) et La Barberie (installée dans le quartier Saint-Roch, à Québec même).

> Visites guidées

Plusieurs entreprises touristiques organisent des balades dans la ville de Québec et tout autour, offrant aux visiteurs une façon différente de partir à la découverte de la capitale et sa région. En voici quelques-unes, reconnues pour l'intérêt des circuits offerts.

En bateau

Du printemps à l'automne, **Croisières AML** *(418-692-1159 ou 866-856-6668, www. croisieresaml.com)* propose des croisières sur le fleuve Saint-Laurent qui vous feront découvrir Québec d'un autre œil.

En calèche

Calèches du Vieux-Québec
418-683-9222, www.calecheduvieuxquebec.com
Il est possible de découvrir le Vieux-Québec en faisant une promenade en calèche, et ce, tout au long de l'année. Cette façon originale de découvrir la ville ajoute au charme du séjour.

En autocar

Les Tours Voir Québec (voir page suivante).

Les Tours du Vieux-Québec
418-664-0460 ou 800-267-8687,
www.toursvieuxquebec.com
Tours guidés de la ville ou dans les environs dans un confortable petit autocar climatisé. Les visites dans les environs de Québec comprennent la Côte-de-Beaupré avec

Sainte-Anne-de-Beaupré et l'île d'Orléans; les tours de ville durent à peu près 2h, coûtent environ 35$ par personne et sont proposés tout au long de l'année.

À pied

Lieu historique national des Fortifications-de-Québec

100 rue St-Louis, Vieux-Québec, 418-648-7016 ou 888-773-8888, www.pc.gc.ca/fortifications

On peut entre autres participer à la visite guidée «Québec, ville fortifiée». Cette visite permet de s'initier aux différents projets de fortifications et aux stratégies de défense mises en place du XVIIe au XIXe siècle.

Les Tours Voir Québec

12 rue Ste-Anne, Vieux-Québec, 418-694-2001 ou 866-694-2001, www.toursvoirquebec.com

Les Tours Voir Québec proposent des promenades qui permettent de revivre les faits historiques et les petites anecdotes qui ont transformé la ville. On y organise aussi des visites en autocar dans la ville et dans les environs.

Parcours VivaCité

www.parcoursvivacite.com

Ce parcours balisé (pastilles vertes et bleues incrustées dans le trottoir) de 5,3 km permet de se promener à travers le Vieux-Québec, la colline Parlementaire, le faubourg Saint-Jean-Baptiste, Saint-Roch, le Petit-Champlain et le Vieux-Port. Procurez-vous le plan à l'office de tourisme de la rue Sainte-Anne.

La Promenade des écrivains

www.promenade-ecrivains.qc.ca

Marie-Ève Sévigny propose de partir sur la trace des écrivains qui ont raconté Québec dans leurs ouvrages. Que ce soit à travers les écrits de Marie Laberge, Jacques Poulin ou Albert Camus, la visite guidée de 2h permet de voir la capitale d'une façon originale.

Attraits touristiques

Depuis que la ville de Québec a fêté son 400e anniversaire de fondation en 2008, on sent que la capitale nationale a littéralement le vent dans les voiles. Les projets d'envergure foisonnent, les grands événements culturels et sportifs attirent de plus en plus de visiteurs, et le domaine de la gastronomie semble en pleine effervescence avec l'ouverture de plusieurs restaurants novateurs. On ressent la fierté renouvelée des Québécois dans ses six arrondissements et ses 35 quartiers, qui sont plus attrayants que jamais. Avec son art public et ses aménagements urbains en tous genres, Québec donnera assurément le sourire à tous les promeneurs qui la découvrent.

Les 10 premiers circuits de ce chapitre vous entraînent à la découverte de Québec. Les deux derniers vous proposent, quant à eux, des excursions à l'extérieur de la ville pour découvrir, entre autres, la basilique Sainte-Anne-de-Beaupré et la belle île d'Orléans. Les circuits urbains ont été conçus pour être effectués à pied et en transport en commun. Cette façon de parcourir la ville permet de vraiment sentir la vie qui coule le long de ses artères. Mais il est aussi possible d'effectuer ces visites en voiture. Pour boucler les circuits qui mènent à l'extérieur de la ville, vous aurez nécessairement besoin d'un véhicule.

À l'intérieur de chacun de ces circuits sont mentionnés les principaux attraits touristiques, avec un aperçu historique et culturel. Les attraits sont cotés selon un système d'étoiles pour vous permettre de faire un choix si le temps vous y oblige.

★	Intéressant
★★	Vaut le détour
★★★	À ne pas manquer

Le nom de chaque attrait est suivi d'une parenthèse qui vous donne ses coordonnées. Le prix qu'on y retrouve est le prix d'entrée pour un adulte. Informez-vous car plusieurs endroits offrent des rabais pour les enfants, les étudiants, les aînés et les familles. Plusieurs de ces attraits sont accessibles seulement pendant la saison touristique, tel qu'indiqué dans cette même parenthèse. Cependant, même hors saison, certains de ces endroits vous accueillent sur demande, surtout si vous faites partie d'un groupe.

Alors suivez le guide et laissez-vous charmer par une des plus belles villes du monde!

Le Vieux-Québec ★ ★ ★

▲ p. 135   ◉ p. 159   ➷ p. 181   🛏 p. 188

🕑 deux à trois jours

À ne pas manquer

- Le Château Frontenac et la terrasse Dufferin p. 56
- La basilique-cathédrale Notre-Dame de Québec p. 61
- La porte Saint-Jean p. 66
- Le monastère des Ursulines p. 59
- Le Séminaire de Québec p. 61
- La Citadelle p. 67
- Le Lieu historique national des Fortifications-de-Québec p. 53
- Le Site patrimonial du Parc-de-l'Artillerie p. 65

Les bonnes adresses

Restaurants
- Les Frères de la Côte p. 160
- Le Saint-Amour p. 162
- Le Champlain p. 163

Sorties
- Le Saint-Alexandre p. 182

Achats
- Rue Saint-Jean p. 188
- Origines p.193
- Le Sachem p. 191

Une promenade à travers les petites rues pavées du Vieux-Québec, sous le soleil, sous la pluie ou sur un tapis de neige, demeure un circuit classique indémodable que résidents et touristes peuvent parcourir à pied avec bonheur. Dans la cité, la proximité d'attraits magnifiques, l'atmosphère des cafés ainsi que les arômes et les saveurs des grandes tables sauront ravir les gens de passage. Certes, la beauté du Vieux-Québec s'inscrit *intra-muros* dans ses vieilles pierres, mais également, et surtout, elle apparaît dans la chaleur, l'hospitalité et la courtoisie de ses habitants.

La vieille ville est divisée en deux parties par le cap Diamant. La partie qui s'étend au bas du cap entre le fleuve et la falaise fait l'objet du prochain circuit (voir p. 67). La section emmurée sur le cap est celle que l'on appelle affectueusement le «Vieux-Québec». Cité administrative et institutionnelle, elle se pare de couvents, de chapelles et de bâtiments publics dont la construction remonte parfois au XVIIᵉ siècle. Elle est enserrée dans ses murailles dominées par la Citadelle, qui lui confèrent le statut de place forte et qui, pendant longtemps, ont contenu son développement, favorisant une densité élevée de l'habitat bourgeois et aristocratique. Enfin, l'urbanisme pittoresque du XIXᵉ siècle a contribué à lui donner son image actuelle par la construction d'édifices, comme le Château Frontenac, ou par l'aménagement d'espaces publics, telle la terrasse Dufferin, de style Belle Époque.

▸▸▸ *Le circuit du Vieux-Québec commence dans la rue Saint-Louis, au pied de la porte du même nom, près de l'Hôtel du Parlement (voir p. 80).*

Entre 1870 et 1875, les marchands de Québec multiplient les pressions afin que le gouvernement procède à la démolition des fortifications entourant la ville. Lord Dufferin, alors gouverneur général du Canada, s'oppose à l'idée et soumet plutôt un projet d'embellissement, préparé par l'Irlandais William H. Lynn, qui mettra en valeur les murs de la ville tout en facilitant la circulation. Conçu dans l'esprit romantique de l'ère victorienne, le projet comprend l'érection de nouvelles portes, plus larges, évocatrices de châteaux forts et de chevaliers. La **porte Saint-Louis** ★, qui se trouvait autrefois au niveau de la rue Sainte-Ursule, fut démolie puis reconstruite sur son emplacement actuel vers la fin du XVIIIᵉ siècle. Au cours du siècle suivant, elle subit de nombreuses reconstructions pour finalement acquérir en 1878 l'as-

pect qu'on lui connaît. Elle constitue, avec sa tourelle en poivrière, une merveilleuse introduction à la visite du Vieux-Québec.

Tout juste passé la porte Saint-Louis, sur la gauche, devant le parc de l'Esplanade, on aperçoit les **bustes** du premier ministre anglais Winston Churchill et du président américain Franklin Roosevelt. Les deux sculptures commémorent les Conférences de Québec tenues par les Alliés dans la capitale québécoise pendant la Seconde Guerre mondiale en 1943 et 1944.

Sur la droite, de l'autre côté de la rue, se trouve le **Cercle de la Garnison** *(97 rue St-Louis, www.cerclegarnison.com)*, un club privé exclusivement réservé aux officiers de l'Armée canadienne. À côté commence le chemin qui mène à la Citadelle. Comme la visite de la Citadelle peut durer deux ou trois heures à elle seule, il est recommandé de lui réserver une demi-journée et de l'effectuer à part (voir p. 67).

Au **Lieu historique national des Fortifications-de-Québec** ★★ *(3,90$; mi-mai à début sept tlj 10h à 18h, début sept à mi-oct tlj 10h à 17h, avr à mi-mai sur réservation; 100 rue St-Louis, 418-648-7016 ou 888-773-8888, www.pc.gc.ca/fortifications)*, on peut voir des maquettes et des cartes qui retracent l'évolution du système défensif de Québec au centre d'interprétation et visiter la **poudrière de l'Esplanade**. On peut même participer à la visite guidée *Les Fortifications-de-Québec, trésor de l'UNESCO (9,80$)* sur les murs encerclant la ville sur 4,6 km. La visite avec guide-interprète est d'une durée de 1h30. Il est aussi possible de se balader librement au sommet des murs, où sont disposés des panneaux d'interprétation relatant l'histoire des fortifications. On y accède par les escaliers attenants aux portes de la ville.

L'origine de ces murs remonte à une première enceinte faite de terre et de pieux, suffisante pour repousser les attaques des Iroquois, qui fut érigée sur la face ouest de Québec en 1693, d'après les plans de l'ingénieur Dubois Berthelot de Beaucours. Ce mur primitif est remplacé par une enceinte de pierres au moment où s'annoncent de nouveaux conflits entre la France et l'Angleterre. Les plans de l'ingénieur Chaussegros de Léry sont mis à exécution en 1745, mais les travaux ne sont toujours pas terminés au moment de la prise de Québec en 1759. Ce sont les Britanniques qui achèveront l'ouvrage à la fin du XVIIIe siècle. Quant à la Citadelle, entreprise timidement en 1693, on peut dire qu'elle a véritablement été érigée entre 1820 et 1832. L'ensemble adopte cependant les principes mis en avant par le Français Vauban au XVIIe siècle, lesquels conviennent parfaitement au site de Québec.

››› ⚲ *Poursuivez dans la rue Saint-Louis, puis tournez à droite dans la rue D'Auteuil (qui devient plus loin l'avenue Saint-Denis), à gauche dans l'avenue Sainte-Geneviève et encore à gauche dans la rue Sainte-Ursule.*

Jusqu'à la fin du XIXe siècle, on retrouvait à Québec une petite mais influente communauté écossaise presbytérienne, composée surtout d'armateurs et de commerçants de bois. L'**église unie Chalmers-Wesley** *(dons appréciés; 78 rue Ste-Ursule, 418-692-2640, www.chalmerswesley.org)*, une belle église néogothique qui partage maintenant ses murs avec la paroisse francophone Saint-Pierre, témoigne de sa vitalité passée. Elle a été construite en 1852 selon les plans de John Wells, à qui l'on doit de célèbres bâtiments comme le siège social de la Banque de Montréal.

L'église arbore une flèche néogothique élancée qui renforce l'image pittoresque de Québec. Son orgue, qui date de 1890, a été restauré en 1985. Pour la petite histoire, au cours de la Seconde Guerre mondiale, une station radiophonique retransmettait en direct de l'église Chalmers-Wesley un concert d'orgue de 30 min les dimanches soir. Des événements musicaux, comme le chant choral, y sont maintenant présentés tout au long de l'année.

Face à l'ancienne église presbytérienne se trouve le **sanctuaire Notre-Dame-du-Sacré-Cœur** *(entrée libre; tlj 7h à 20h; 71 rue Ste-Ursule, 418-692-3787)*, un lieu de prière et de réflexion ouvert à tous. Il a été érigé en 1910 selon les plans de François-Xavier Berlinguet, qui lui a donné une façade néogothique à deux clochers quelque peu étriquée, inadéquate pour un site aussi exigu. L'intérieur, avec ses verrières et ses ex-voto, est remarquable.

››› ⚲ *Revenez à l'avenue Sainte-Geneviève, puis tournez à gauche.*

Ce qui fait le charme du «Vieux-Québec», ce sont non seulement ses grands monuments, mais aussi chacune de ses maisons, auxquelles se rattache une histoire particulière et pour lesquelles tant d'efforts et de raffinement ont été déployés. Il est agréable de se promener dans les rues étroites, le nez

⭐ ATTRAITS TOURISTIQUES

#		
1.	AX	Porte Saint-Louis
2.	AX	Cercle de la Garnison
3.	AX	Lieu historique national des Fortifications-de-Québec / Poudrière de l'Esplanade
4.	BX	Église unie Chalmers-Wesley
5.	BX	Sanctuaire Notre-Dame-du-Sacré-Cœur
6.	BX	Maison Cirice-Têtu
7.	BX	Parc du Cavalier-du-Moulin
8.	BX	Jardin des Gouverneurs
9.	CX	Terrasse Dufferin / Lieu historique national des Forts-et-Châteaux-Saint-Louis
10.	CX	Château Frontenac
11.	CX	Place d'Armes
12.	CX	Musée du Fort
13.	CX	Ancien palais de justice
14.	BX	Maison Maillou
15.	BX	Maison Kent
16.	BX	Maison Jacquet
17.	BX	Monastère des Ursulines
18.	BX	École des Ursulines du Québec
19.	BX	Chapelle des Ursulines / Musée des Ursulines
20.	BX	Cathédrale anglicane Holy Trinity
21.	BX	Hôtel Clarendon
22.	BW	Édifice Price
23.	BW	Maison Antoine-Anfelson
24.	BW	Hôtel de ville / Jardins de l'Hôtel-de-Ville / Place de l'Hôtel-de-Ville
25.	CW	Basilique-cathédrale Notre-Dame de Québec
26.	CW	Séminaire de Québec / Musée de l'Amérique française
27.	BW	Ancien magasin Holt-Renfrew / Les Promenades du Vieux-Québec
28.	CX	Rue du Trésor
29.	CX	Québec Expérience
30.	CX	Ancien bureau de poste / Centre de services de Parcs Canada / Monument en l'honneur de Mgr François de Laval
31.	CW	Palais archiépiscopal
32.	CW	Parc Montmorency
33.	CW	Rue des Remparts
34.	CW	Maison Montcalm
35.	CW	Maison François-Xavier-Garneau
36.	CW	Musée Bon-Pasteur
37.	BW	Monastère des Augustines de l'Hôtel-Dieu de Québec
38.	BW	L'Institut Canadien de Québec
39.	BW	Ancienne prison de Québec / Quebec Literary and Historical Society
40.	BW	Église presbytérienne St. Andrew
41.	AW	Site patrimonial du Parc-de-l'Artillerie
42.	AW	Porte Saint-Jean
43.	AW	Ancien orphelinat anglican
44.	AW	Chapelle des Jésuites
45.	AW	Porte Kent
46.	AX	Maison McGreevy
47.	AY	Citadelle
48.	AY	Musée du Royal 22e Régiment

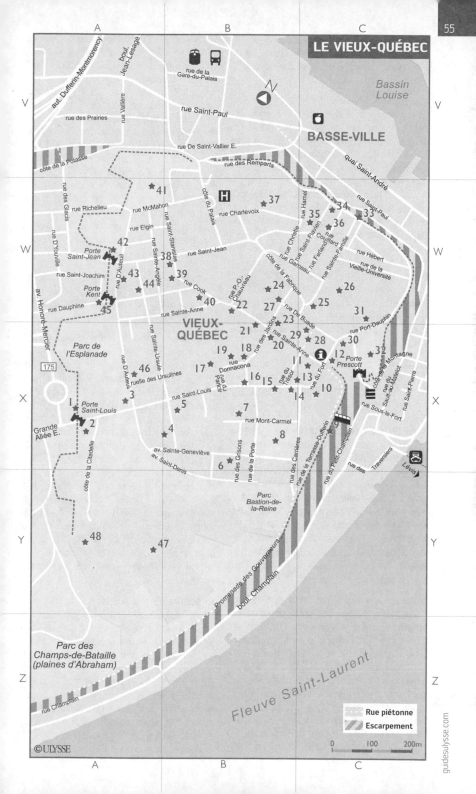

en l'air, pour observer les nombreux détails d'une architecture dense et compacte, et de s'imprégner de cette urbanité étrangère à la plupart des Nord-Américains.

La **maison Cirice-Têtu** ★ *(25 av. Ste-Geneviève)* a été érigée en 1852 selon les plans de Charles Baillairgé, membre de la célèbre dynastie d'architectes qui, depuis le XVIIIᵉ siècle, a marqué l'architecture de Québec et sa région. Sa façade de style néogrec, véritable chef-d'œuvre du genre, est ornée de palmettes en acrotère et de couronnes de laurier, disposées avec goût et une certaine retenue. L'étage noble comporte de larges baies vitrées qui s'ouvrent sur un seul grand salon à la londonienne. La maison a été dotée dès sa construction de toutes les commodités : multiples salles de bain, chauffage central à air chaud, eau courante froide et chaude. C'est également à cette adresse que séjourna Antoine de Saint-Exupéry (l'auteur du *Petit Prince*), dans la famille De Koninck au début des années 1940.

Un court détour sur la gauche, par la rue des Grisons, permet de se rendre à l'extrémité de la rue Mont-Carmel (sur la gauche) pour voir un des vestiges des premières défenses de Québec, bien dissimulé à l'arrière des maisons. Il s'agit du cavalier du Moulin construit en 1693. Un cavalier est un ouvrage situé derrière une fortification principale, permettant au besoin de détruire cette dernière si jamais l'ennemi s'en emparait. Ce cavalier était autrefois coiffé d'un moulin à vent, d'où son nom. Aujourd'hui, le **parc du Cavalier-du-Moulin** est bien aménagé pour y flâner avec ses bancs, ses canons et sa promenade. Accolé au parc, au 31 rue Mont-Carmel, se trouve le Conservatoire de musique et d'art dramatique de Québec.

Revenez à la rue Mont-Carmel et dirigez-vous vers le fleuve. Le **jardin des Gouverneurs** ★ était à l'origine le jardin privé du gouverneur de la Nouvelle-France. Aménagé pour Charles Huault de Montmagny en 1647, il s'étendait à l'ouest du château Saint-Louis, aujourd'hui disparu, qui fut la résidence officielle des gouverneurs. Un obélisque inusité, qui rend hommage à la fois au vainqueur et au vaincu de la Conquête, les généraux Wolfe et Montcalm, fut érigé dans la portion sud du square lors de son réaménagement en 1827.

Habitués que l'on est de marcher sur des surfaces revêtues, il est amusant de sentir sous ses pas les planches de bois de la **terrasse Dufferin** ★★★. Cette large promenade fut créée en 1879 à l'instigation du gouverneur général du Canada, Lord Dufferin. Charles Baillairgé en a dessiné les kiosques et les lampadaires de fonte en s'inspirant du mobilier urbain installé à Paris sous Napoléon III. La terrasse est l'un des principaux attraits de la ville et le lieu des rendez-vous de la jeunesse québécoise. Elle offre un panorama superbe sur le fleuve et sa rive sud et sur l'île d'Orléans. En hiver, une longue glissoire (voir p. 129), réservée aux amateurs de toboggan, est installée dans sa portion ouest.

Envie...
...d'un thé avec vue? Le Café de la Terrasse (voir p. 163), à l'intérieur du Château Frontenac, en est le lieu tout indiqué.

La terrasse occupe l'emplacement du château Saint-Louis, fabuleuse résidence des gouverneurs de la Nouvelle-France. Situé au bord de l'escarpement, le bâtiment présentait, du côté du fleuve, une façade de trois étages précédée d'une longue terrasse privée en pierre, alors que sa façade fortifiée, qui donnait sur la place d'Armes, arborait des pavillons coiffés de toitures à l'impériale. Le château, d'abord construit au XVIIᵉ siècle, fut agrandi en 1719. Ses pièces en enfilade étaient le lieu de brillantes réceptions données pour la noblesse française et aussi le quartier général d'où l'on a planifié le développement de tout un continent. Gravement endommagé par les bombardements durant la Conquête, il sera remodelé dans le goût anglais avant de disparaître dans les flammes en 1834.

Sachant qu'elle cachait des vestiges non seulement du château Saint-Louis, mais aussi de quatre forts dont le plus ancien date de 1620, les archéologues ont profité du fait que la terrasse Dufferin devait subir des travaux de réfection pour entreprendre des fouilles en 2005. Entre 2005 et 2007, les fouilles qui se sont déroulées sous la terrasse ont permis de recueillir quelque 500 000 artéfacts témoignant de la vie en Nouvelle-France du XVIIᵉ au XIXᵉ siècle. En 2010, le site n'a pas été recouvert afin qu'on puisse poursuivre les travaux de la terrasse Dufferin, ce qui a permis aux nombreux curieux et visiteurs de jeter un coup d'œil sur le travail minutieux des archéologues.

Depuis 2011, il est possible de visiter les vestiges du château Saint-Louis sous la terrasse Dufferin. Le **Lieu historique national des Forts-et-Châteaux-Saint-Louis** *(entrée libre; visites en français aux heures paires tlj 10h à 17h; 418-648-7016, www.pc.gc.ca)* propose des visites guidées d'une durée de 30 min pendant lesquelles on fait la découverte du rez-de-chaussée du château. Naturellement il ne reste plus grand-chose de ce bâtiment, mais avec les commentaires du guide, on peut facilement imaginer ce à quoi il pouvait ressembler, d'autant plus que la visite comporte un volet visuel avec dessins représentant le château de l'époque. À noter qu'au moment de notre passage en 2011, le point de rencontre pour la visite était situé en haut de l'escalier qui mène au site archéologique, devant de la statue de Samuel de Champlain. Il est prévu qu'il change d'endroit d'ici quelques années, lorsque l'aménagement du lieu historique sera terminé. Par contre, il demeurera assurément sur la terrasse Dufferin.

À l'extrémité est de la terrasse Dufferin se dressent deux monuments. Le premier fut élevé en 1898 à la mémoire de Samuel de Champlain, fondateur de Québec et père de la Nouvelle-France. Il est l'œuvre du sculpteur parisien Paul Chevré. Le second rappelle que le Vieux-Québec a été déclaré «Joyau du patrimoine mondial» par l'UNESCO en 1985. Notons qu'il s'agit de la première ville nord-américaine à avoir été inscrite sur la prestigieuse liste de l'UNESCO. Un escalier, à ce bout-ci (nord) de la terrasse, conduit au quartier de **Place-Royale** (voir p. 68), tandis qu'à l'autre extrémité (sud) un escalier mène à la **promenade des Gouverneurs** (voir p. 88). Le **funiculaire** (voir p. 68), qui mène au quartier du Petit-Champlain, se trouve également du côté nord.

La vocation touristique de Québec s'affirme dès la première moitié du XIXe siècle. Ville romantique par excellence, elle attire très tôt de nombreux visiteurs américains désireux d'y retrouver un peu de l'Europe. En 1890, la compagnie ferroviaire du Canadien Pacifique, dirigée par William Cornelius Van Horne, décide d'implanter un réseau d'hôtels prestigieux à travers le Canada. Le premier de ces établissements voit le jour à Québec. On le nomme **Château Frontenac** ★ ★ ★ *(1 rue des Carrières)* en l'honneur de l'un des plus célèbres gouverneurs de la Nouvelle-France, Louis de Buade, comte de Frontenac (1622-1698).

Ce magnifique hôtel est l'ambassadeur du Québec le plus connu à l'étranger et le symbole de sa capitale. Ironiquement, il a été conçu par un architecte américain, Bruce Price (1845-1903), célèbre pour ses gratte-ciel new-yorkais. Plus étonnant encore, il est devenu le modèle du style «national» du Canada, baptisé style «château». Il s'agit d'un croisement à grande échelle entre les manoirs écossais et les châteaux de la Loire. Bruce Price, à qui l'on doit la gare Windsor de Montréal, fut inspiré dans son projet par le site pittoresque et par le mélange des cultures française et britannique au Canada.

Le Château Frontenac a été construit par étapes. À l'aile initiale de Price donnant sur la terrasse Dufferin, que l'on a inaugurée en 1893, trois autres sections furent ajoutées, la

Petits carreaux

Pourquoi les fenêtres des maisons anciennes de la ville, et du Québec en général, sont-elles munies de plusieurs petits carreaux au lieu de grandes vitres? À cause de la neige et du froid penserez-vous. La réponse est beaucoup plus terre-à-terre. Les vitres étaient, à l'époque de la colonie, importées de France. Lors de leur transport, inutile de le préciser, plusieurs se brisaient en mille morceaux en raison de leur trop grande surface à protéger. Les commerçants décidèrent donc d'importer de plus petites surfaces pour leur donner une meilleure chance de survie! De même, pour protéger des secousses les magnifiques vitraux fabriqués en France et transportés jusqu'ici par bateau, on les plongeait parfois dans de grands tonneaux de... mélasse!

Attraits touristiques – **Le Vieux-Québec**

plus importante étant la tour centrale édifiée en 1923. Pour mieux apprécier le Château, il faut y pénétrer et parcourir l'allée centrale, décorée dans le goût des hôtels particuliers parisiens du XVIIIᵉ siècle, jusqu'au bar maritime, situé dans la grosse tour ronde qui donne sur le fleuve Saint-Laurent. Au fil des ans, le Château Frontenac fut le théâtre de nombreux événements prestigieux, dont les Conférences de Québec de 1943 et 1944, où le président américain Roosevelt, le premier ministre britannique Winston Churchill et son homologue canadien Mackenzie King définirent la configuration de l'Europe de l'après-guerre. On remarque au sortir de la cour intérieure une pierre gravée de l'ordre de Malte datée de 1647, seul morceau rescapé du vieux château Saint-Louis. Des **visites** *(9,50$; mai à mi-oct tlj 10h à 18h, mi-oct à avr sam-dim 12h à 17h; 418-691-2166, www.tourschateau.ca)* du Château Frontenac sont animées par des personnages historiques en beaux habits d'époque.

Terrain d'exercice pour les militaires jusqu'à la construction de la Citadelle, la **place d'Armes** ★ devient un square d'agrément en 1832. En 1916, on y élève le monument de la Foi pour commémorer le tricentenaire de l'arrivée des Récollets à Québec. David Ouellet est l'auteur de la base néogothique soutenant la statue dessinée par l'abbé Adolphe Garneau.

››› *À l'autre extrémité de la place se trouvent le Centre Infotouriste ainsi que le Musée du Fort. Vous pouvez également apercevoir l'arrière de la cathédrale anglicane Holy Trinity (voir p. 60).*

Le **Centre Infotouriste** *(12 rue Ste-Anne)* est installé dans l'édifice blanc au toit de cuivre qui abritait autrefois l'hôtel Union. Celui-ci fut construit en 1803 pour un groupe de notables qui désiraient doter la ville d'un établissement hôtelier de grande classe.

À proximité du Centre Infotouriste se trouve une institution touristique traditionnelle : le **Musée du Fort** *(8$; fin mars à oct tlj 10h à 17h, jan à fin mars jeu-dim 11h à 16h, fermé en déc sauf pendant les vacances de Noël; 10 rue Ste-Anne, 418-692-2175, www. museedufort.com).* Il recrée, par des effets de son et de lumière autour d'une maquette représentant la ville vers 1750, les six sièges de Québec, de la prise de la ville par les

frères Kirke, en 1629, en passant par la tristement célèbre bataille des plaines d'Abraham de 1759, jusqu'à l'invasion américaine de 1775.

››› ⚲ *Remontez vers la rue Saint-Louis.*

L'**ancien palais de justice** ★ *(12 rue St-Louis)* a été érigé en 1883 selon les plans d'Eugène-Étienne Taché, auteur de l'Hôtel du Parlement, avec lequel le Palais a plusieurs ressemblances. Son style néo-Renaissance française précède le style château comme architecture « officielle » des grands édifices de la ville. L'intérieur, réaménagé entre 1922 et 1930, est constitué de plusieurs salles dotées de belles boiseries. Aujourd'hui connu sous le nom d'édifice Gérard-D.-Lévesque, l'ancien Palais loge le ministère des Finances.

Le siège de la Chambre de commerce de Québec est situé dans la **maison Maillou** *(17 rue St-Louis)*, cette belle maison du Régime français bâtie par l'architecte Jean Maillou en 1736. Elle a été épargnée de la démolition par la crise des années 1930, qui a fait avorter un projet d'agrandissement du Château Frontenac sur le site.

L'histoire se fait nébuleuse autour de la **maison Kent** *(25 rue St-Louis)*, où aurait séjourné le duc de Kent, père de la reine Victoria. On ne connaît pas sa date de construction exacte, fixée au XVIIᵉ siècle selon certains ou au siècle suivant selon d'autres. Elle a certainement été considérablement modifiée au XIXᵉ siècle, comme en témoignent ses fenêtres à guillotine de type anglais et sa toiture dont la pente est peu prononcée. Quoi qu'il en soit, c'est sur ce site qu'a été signée la capitulation de Québec aux mains des Britanniques en 1759. Ironiquement, la maison loge aujourd'hui le consulat général de France.

››› ⚲ *Continuez dans la rue Saint-Louis.*

La **maison Jacquet** ★ *(34 rue St-Louis)*, ce petit bâtiment coiffé d'un toit rouge et revêtu de crépi blanc, est la plus ancienne maison de la Haute-Ville et la seule du Vieux-Québec qui a conservé son apparence du XVIIᵉ siècle. Elle se différencie des habitations du siècle suivant par son haut toit pentu recouvrant une petite surface habitable sous des plafonds très bas. Construite par l'architecte François de la Joüe pour son propre usage, elle date de 1679. Son nom lui vient de ce qu'elle a été érigée sur un terrain ayant auparavant appartenu à François Jacquet. En 1815, elle est acquise par Philippe Aubert de Gaspé, auteur du célèbre roman *Les Anciens Canadiens*, nom qui inspira les propriétaires du restaurant qu'elle abrite actuellement (voir p. 162).

⁂ 🏃 *Tournez à droite dans la petite rue du Parloir.*

À l'angle de la rue Donnacona, vous trouverez l'entrée du **monastère des Ursulines** ★ ★ ★ *(18 rue Donnacona)*. En 1535, Angèle Merici fonde à Brescia, en Italie, la communauté des Ursulines. Après son installation en France, celle-ci devient un ordre cloîtré, voué à l'enseignement (1620). Grâce à une bienfaitrice, Madame de la Peltrie, les Ursulines débarquent à Québec en 1639 et fondent dès 1641 leur monastère et leur couvent, où des générations de jeunes filles recevront une éducation exemplaire. L'**École des Ursulines du Québec** *(4 rue du Parloir)* est aujourd'hui la plus ancienne maison d'enseignement pour filles en Amérique du Nord toujours en activité. On ne peut voir qu'une partie des vastes installations où vivent encore quelques dizaines de religieuses. Ainsi, seuls le musée et la chapelle demeurent accessibles au public.

La **chapelle des Ursulines** *(entrée libre; avr à oct mar-sam 10h à 11h30 et 13h30 à 16h30)* a été reconstruite en 1901 sur le site de celle de 1722. On a cependant conservé le décor intérieur du XVIIIᵉ siècle, le plus ancien qui subsiste au Québec. L'œuvre magistrale de Pierre-Noël Levasseur, sculptée entre 1726 et 1736, comprend notamment une chaire surmontée d'un ange à trompette et un beau retable en arc de triomphe de style Louis XIV. Le tabernacle du maître-autel, entièrement doré par les Ursulines, est un chef-d'œuvre de dextérité. Quant au tabernacle du Sacré-Cœur, il est attribué à Jacques Leblond dit Latour (vers 1710). Aux murs de la chapelle sont accrochés quelques tableaux provenant de la collection de l'abbé Desjardins, ancien chapelain des Ursulines. En 1820, ce dernier achète chez un marchand d'art parisien plusieurs dizaines de tableaux religieux autre-

fois suspendus dans les églises de Paris, puis dispersés à la Révolution française. De nos jours, on retrouve ces œuvres dans plusieurs églises à travers le Québec. On remarquera, au-dessus de l'entrée, *Jésus chez Simon le Pharisien* de Philippe de Champaigne et, du côté droit de la nef, *La parabole des dix vierges* de Pierre de Cortone.

La chapelle a été le lieu de sépulture du marquis de Montcalm jusqu'en 2001, alors que ses restes furent transférés au cimetière de l'Hôpital Général de Québec (voir p. 98). Le commandant des troupes françaises lors de la décisive bataille des plaines d'Abraham fut, comme son rival le général Wolfe, blessé mortellement lors de l'affrontement. Dans la chapelle se trouve aussi la tombe de la bienheureuse mère Marie de l'Incarnation, fondatrice du monastère des Ursulines en terre canadienne. Une ouverture permet de contempler le chœur des religieuses, reconstruit en 1902 par David Ouellet, qui l'a doté de puits de lumière en forme de coupole. Un intéressant tableau anonyme, intitulé *La France apportant la Foi aux Indiens de la Nouvelle-France*, y est accroché.

Envie...
... de spécialités françaises? Le Café de la Paix (voir p. 161) jouit d'une excellente réputation dans la capitale.

L'entrée du **Musée des Ursulines** *(8$; mai à sept mar-dim 10h à 17h, oct à avr mar-dim 13h à 17h; 12 rue Donnacona, 418-694-0694, www.museedesursulines.com)* fait face à celle de la chapelle. On présente dans ce musée près de quatre siècles d'histoire de ces moniales, à travers des expositions consacrées à l'éducation des filles et à l'histoire de son bâtiment.

⟩⟩⟩ 𝕏 *Poursuivez dans la rue Donnacona, puis empruntez la rue des Jardins à gauche.*

À la suite de la Conquête, un petit groupe d'administrateurs et de militaires britanniques s'installe à Québec. Les conquérants désirent marquer leur présence par la construction de bâtiments prestigieux à l'image de l'Angleterre, mais leur nombre insuffisant retardera la réalisation de projets majeurs jusqu'au début du XIXe siècle, alors que l'on entreprend l'édification de la **cathédrale anglicane Holy Trinity** ★ ★ *(entrée libre; mi-mai à mi-oct tlj 10h à 17h; visites commentées mi-mai à mi-oct tlj; 31 rue des Jardins, 418-692-2193, www.cathedral.ca)* selon les plans de deux ingénieurs militaires qui s'inspirèrent de l'église St. Martin in the Fields à Londres. L'édifice palladien, achevé en 1804, modifiera la silhouette de la ville, dont l'image française était jusquelà demeurée intacte. Il s'agit de la première cathédrale anglicane érigée hors des îles Britanniques et d'un bel exemple d'architecture coloniale anglaise, à la fois gracieuse et simple. La pente du toit fut exhaussée en 1815 afin de permettre un meilleur écoulement de la neige.

L'intérieur, plus sobre que celui des églises catholiques, fut gratifié de nombreux trésors par le roi George III. Celui-ci a notamment fait don de plusieurs pièces d'orfèvrerie ainsi que de bois de chêne provenant de la forêt de Windsor pour la fabrication des bancs. Quant au trône épiscopal, il est, selon la légende, fait de l'orme sous lequel aimait s'asseoir Samuel de Champlain. Des vitraux et des plaques commémoratives sont venus s'ajouter à l'ensemble au fil des ans. On y trouve aussi un orgue Casavant de 1909 qui fut restauré en 1959. Son carillon de huit cloches figure parmi les plus anciens du Canada.

⟩⟩⟩ 𝕏 *Poursuivez dans la rue des Jardins, d'où vous pourrez admirer la portion piétonne de la rue Sainte-Anne, sur votre droite, et l'Hôtel Clarendon puis l'édifice Price, sur votre gauche.*

L'**Hôtel Clarendon** *(57 rue Ste-Anne)* est le plus ancien hôtel de Québec encore en activité (voir p. 137). Il a été aménagé en 1870 dans l'imprimerie Desbarats (1858). Le restaurant **Le Charles Baillairgé** (voir p. 162), au rez-de-chaussée, est quant à lui le plus ancien restaurant au Canada. Avec ses boiseries sombres au charme victorien, il constitue un lieu évocateur de la Belle Époque. L'hôtel a été augmenté en 1929 par la construction d'une tour en briques brunes où se trouve un gracieux hall de style Art déco.

Tout en s'inscrivant avec sensibilité dans le cadre du Vieux-Québec, l'**édifice Price** ★ *(65 rue Ste-Anne)* tient de la tradition du gratte-ciel nord-américain. Les architectes Ross et Macdonald, de Montréal, qui l'ont conçu en 1929, ont modelé une silhouette discrète et élancée, surmontée d'un toit de cuivre rappelant le style château. Le hall, autre belle réalisation de style Art déco, est recouvert de travertin poli et de bas-reliefs en bronze illustrant les différentes activités de la compagnie Price, spécialisée dans la fabrication du papier. Il renferme à ce jour le siège social de la Caisse de dépôt et placement du Québec.

Toujours rue Sainte-Anne, à proximité de l'édifice Price, se dresse *L'Envol*, une œuvre de granit et de bronze de Jules Lasalle rendant hommage à tous ces religieux qui ont participé à l'éducation des enfants au fil des siècles.

⟩⟩⟩ 𝕏 *Revenez à la rue des Jardins, que vous emprunterez à gauche.*

Au n° 17 se dresse la coquette **maison Antoine-Anfelson**, construite en 1780. L'orfèvre Laurent Amiot a eu son atelier ici au début du XIXe siècle. Les pièces de l'étage sont revêtues de remarquables boiseries d'époque Louis XV.

La composition de l'**hôtel de ville** *(2 rue des Jardins)*, influencée par le courant néoroman américain, surprend dans une ville où les traditions françaises et britanniques ont toujours prévalu dans la construction d'édifices publics. George-Émile Tanguay en a réalisé les plans en 1895, à la suite d'un difficile concours où aucun des projets primés ne reçut un appui majoritaire des conseillers et du maire. On ne peut que regretter la disparition du collège des Jésuites de 1666, qui occupait auparavant le même emplacement.

Les agréables **jardins de l'Hôtel-de-Ville** qui entourent la mairie de Québec recouvrent un stationnement souterrain et sont le lieu de maints événements populaires pendant la saison estivale.

La **place de l'Hôtel-de-Ville** ★ occupe depuis 1900 l'emplacement du marché Notre-Dame, créé au XVIIIᵉ siècle. Un monument en l'honneur du cardinal Taschereau, œuvre du Français André Vermare (1923), en agrémente le flanc ouest.

Située face à la place de l'Hôtel-de-Ville, la **basilique-cathédrale Notre-Dame de Québec** ★★★ *(entrée libre, 2$ visites guidées de la cathédrale et de sa crypte sur réservation de mi-mai à début sept; lun-ven 8h à 16h, sam 8h à 18h, dim 9h à 17h; 20 rue De Buade, 418-694-0665, www.patrimoinereligieux.com)* est un livre ouvert sur les difficultés que rencontrèrent les bâtisseurs de la Nouvelle-France et sur la détermination des Québécois à travers les pires épreuves. On pourrait presque parler d'architecture organique, tant la forme définitive du bâtiment est le résultat de multiples campagnes de construction et de tragédies qui laissèrent l'édifice en ruine à deux reprises.

La première église à occuper le site fut érigée en 1633 à l'instigation de Samuel de Champlain, lui-même inhumé à proximité quatre ans plus tard. Ce temple de bois est remplacé en 1647 par l'église Notre-Dame-de-la-Paix, bâtiment en pierre au plan en croix latine, qui servira de modèle pour les paroisses rurales des alentours. Puis en 1674, Québec accueille l'évêché de la Nouvelle-France. Mᵍʳ François de Laval (1623-1708), premier évêque, choisit la petite église comme siège épiscopal, tout en souhaitant une reconstruction digne du vaste territoire couvert par son ministère. Or, seule la base de la tour ouest subsiste de cette époque. En 1742, l'évêché la fait reconstruire en lui donnant son plan actuel, composé d'une longue nef éclairée par le haut et encadrée de bas-côtés à arcades. La cathédrale de Québec se rapproche alors des églises urbaines érigées à travers la France à la même époque.

Lors du siège de Québec, en septembre 1759, la cathédrale est bombardée sans ménagement. Gravement endommagée, elle ne sera réparée que lorsque le statut des catholiques sera régularisé par la Couronne britannique. Les membres de la plus ancienne paroisse catholique au nord de México entreprennent finalement de relever leur église en 1770 selon les plans de 1742. Jean Baillairgé (1726-1805) accepta de se charger des travaux. En 1786, la décoration de l'intérieur est confiée à son fils François (1759-1830), de retour d'un séjour de trois ans à Paris, où il s'est consacré à l'étude de l'architecture à l'Académie royale. Quatre ans plus tard, il livre le superbe baldaquin doré à cariatides ailées du chœur. Le maître-autel, premier au Québec à être conçu comme une façade de basilique, est installé en 1797. Suivent le banc d'œuvre baroque et la voûte en plâtre, qui offrent un intéressant contraste de sobriété. L'intérieur ainsi parachevé est éclatant et exprime une tradition typiquement québécoise qui privilégie la dorure, le bois et le plâtre.

En 1843, Thomas Baillairgé (1791-1859), fils de François, installe l'actuelle façade néoclassique. Enfin, Charles Baillairgé (1826-1906), cousin de Thomas, dessine l'enclos de fonte du parvis en 1858. Entre 1920 et 1922, l'église est restaurée avec soin, mais, quelques semaines seulement après la fin des travaux, un incendie dévaste l'édifice. Raoul Chênevert et Maxime Roisin, de Paris, déjà occupés à la reconstruction de la basilique Sainte-Anne-de-Beaupré à la suite d'un incendie, se chargent de restaurer l'édifice et de reconstituer les parties détruites. En 1959, une crypte est aménagée au sous-sol pour recevoir les sépultures des évêques et des gouverneurs (Frontenac, Vaudreuil, de Callière et Jonquière).

Pénétrez ensuite dans la cour intérieure du **Séminaire de Québec** ★★★ *(1 côte de la Fabrique, 418-692-3981)* par la porte cochère (décorée aux armes de l'institution), qui fait face à la grille d'entrée, afin de mieux voir ce complexe religieux qui constituait au XVIIᵉ siècle un havre de civilisation au milieu d'une contrée rude et hostile.

Envie...

... de bouquiner? Arrêtez-vous à la Librairie Générale Française (voir p. 196) ou à la Librairie Pantoute (voir p. 196).

Le Séminaire fut fondé en 1663 par Mgr François de Laval à l'instigation du Séminaire des Missions étrangères de Paris, auquel il a été affilié jusqu'en 1763. On en fit le centre névralgique du clergé dans toute la colonie, puisqu'en plus d'y former les futurs prêtres on y administrait les fonds des paroisses et y répartissait les cures. Colbert, ministre de Louis XIV, obligea en outre la direction du Séminaire à fonder un petit séminaire voué à l'évangélisation et à l'éducation des Amérindiens. Après la Conquête, le Séminaire devient aussi un collège classique, à la suite de l'interdiction qui frappe les Jésuites, et loge pendant un certain temps l'évêque dépourvu de son palais, détruit par les bombardements. En 1852, le Séminaire met sur pied l'Université Laval, aujourd'hui établie à Sainte-Foy, en faisant la première université de langue française en Amérique. Le vaste ensemble de bâtiments du Séminaire comprend actuellement la résidence des prêtres, l'ancien Petit Séminaire devenu le Collège François-de-Laval en 2011, collège privé pour garçons et filles, l'École d'architecture de l'Université Laval, de même que le Musée de l'Amérique française (voir ci-dessous).

Affligé par les incendies et les bombardements, le Séminaire que l'on peut contempler de nos jours est le résultat de multiples chantiers. En face de la porte cochère, on aperçoit l'aile de la Procure, avec son cadran solaire, dont les caves voûtées ont servi de refuge à la population de Québec lors de l'attaque de l'amiral Phips en 1690. On y trouve également la chapelle personnelle de Mgr Briand (1785), décorée de branches d'olivier sculptées. La belle aile des Parloirs de 1696 fait équerre avec la précédente, sur la droite. L'emploi de la fenêtre à arc segmentaire autour de cette cour carrée, extrêmement rare sous le Régime français, traduit une architecture directement empruntée aux modèles français, avant que ne survienne une nécessaire adaptation au contexte québécois.

Dirigez-vous vers le Musée de l'Amérique française, d'où partent les visites guidées du Séminaire (sam-dim 11h, 13h30 et 15h). La chapelle extérieure du Séminaire, qui date de 1890, a d'ailleurs été rebaptisée la «chapelle du Musée de l'Amérique française». Elle a remplacé celle de 1752, incendiée en 1888. Pour éviter un nouveau sinistre, l'intérieur, semblable à celui de l'église de la Trinité, à Paris, fut recouvert de zinc et de fer blanc, peints en trompe-l'œil. On y trouve la plus importante collection de reliques au Canada, au sein de laquelle figurent des reliques de saint Anselme et de saint Augustin, des martyrs du Tonkin, de saint Charles Borromée et de saint Ignace de Loyola. Certaines sont authentiques et d'une taille appréciable, d'autres sont incertaines et minuscules.

Le **Musée de l'Amérique française** ★★ *(8$, mar gratuit sauf en été; fin juin à début sept tlj 9h30 à 17h, sept à fin juin mar-dim 10h à 17h; 2 côte de la Fabrique, 418-692-2843 ou 866-710-8031, www.mcq.org/fr/maf/)* se consacre à l'histoire des peuples francophones en Amérique du Nord. Deux expositions permanentes sont proposées à ses visiteurs: *l'Œuvre du Séminaire de Québec*, qui évoque l'apport économique et social des prêtres dans la société québécoise; et *PARTIR sur la route des francophones*, dédiée aux trois foyers de colonisation de l'Amérique du Nord: l'Acadie, la vallée du Saint-Laurent et la Louisiane. Plusieurs expositions temporaires se tiennent aussi au musée.

⟩⟩⟩ ⽕ *De retour à la place de l'Hôtel-de-Ville, tournez à gauche dans la rue De Buade.*

Face à la basilique-cathédrale s'élève l'**ancien magasin Holt-Renfrew** *(43 rue De Buade)*, ouvert dès 1837. D'abord spécialisé dans la vente des fourrures, dont il fut le fournisseur attitré auprès de Sa Majesté britannique, le magasin détiendra pendant longtemps l'exclusivité de la distribution canadienne des créations de Dior et de Saint-Laurent. Il a fait place aux boutiques **Les Promenades du Vieux-Québec**.

Un peu plus loin se trouve l'entrée de la pittoresque **rue du Trésor**, qui débouche sur la rue Sainte-Anne et la place d'Armes. Des artistes y vendent peintures, dessins et sérigraphies, dont plusieurs représentent des vues de Québec.

Québec Expérience (9,50$; mi-mai à fin sept tlj 10h à 22h, fin sept à mi-mai tlj 10h à 17h; Les Promenades du Vieux-Québec, 8 rue du Trésor, 2e étage, 418-694-4000, www.quebecexperience.com) est un spectacle multimédia sur l'histoire de la ville de Québec. Projeté en trois dimensions, ce spectacle animé vous fera voyager à travers le temps et revivre les grands moments qui ont marqué la ville, et ce, en compagnie des personnages légendaires qui l'ont sillonnée. Une belle façon d'en apprendre plus, particulièrement appréciée des jeunes. Les spectacles, en français ou en anglais, durent 30 min.

⁀⁀⁀ ⚡ *Revenez à la rue De Buade, puis tournez à droite.*

L'**ancien bureau de poste** ★ *(3 passage du Chien-d'Or)* de Québec fut construit entre 1871 et 1873 sur le site de l'ancien Hôtel du Chien d'Or, une solide demeure érigée vers 1735 pour un riche marchand de Bordeaux qui fit placer un bas-relief à l'effigie d'un chien rongeant son os au-dessus de l'entrée. L'inscription suivante apparaît sous le bas-relief, réinstallé au fronton du bureau de poste en 1872: *Je suis un chien qui ronge l'os; en le rongeant, je prends mon repos. Un temps viendra qui n'est pas venu, où je mordray qui m'aura mordu.* On raconte que le message était destiné à l'intendant Bigot, filou s'il en fut un, qui, outré, fit assassiner le marchand.

Le bureau de poste reçut son dôme et sa façade sur le fleuve lors d'un agrandissement au début du XXe siècle. Rebaptisé «édifice Louis-S.-St-Laurent» en l'honneur du premier ministre canadien, le bâtiment abrite aujourd'hui le **Centre de services de Parcs Canada** *(entrée libre; lun-ven 8h30 à 12h et 13h à 16h30; 3 passage du Chien-d'Or, 418-648-4177)*, où l'on fait état de la mise en valeur du patrimoine canadien, en plus d'un comptoir postal dont l'entrée se trouve sur l'autre façade *(5 rue du Fort)*. De l'entrée du bureau régional, on obtient une jolie vue sur le fleuve et le parc Montmorency (voir ci-dessous).

Tout près du bureau de poste se dresse le **monument en l'honneur de Mgr François de Laval** (1623-1708), premier évêque de Québec, dont le diocèse couvrait les deux tiers du continent nord-américain. L'œuvre de Philippe Hébert, installée en 1908, avoisine un bel escalier donnant accès à la côte de la Montagne qui descend jusqu'au fleuve.

Le monument fait face au **palais archiépiscopal** *(2 rue Port-Dauphin)*, soit l'archevêché de Québec, reconstruit par Thomas Baillairgé en 1844. Le premier palais épiscopal était situé dans l'actuel parc Montmorency. Érigé entre 1692 et 1700, il était, selon les commentaires de l'époque, l'un des plus beaux du royaume français. Les dessins montrent en effet un bâtiment impressionnant comportant une chapelle à niches, dont l'intérieur rappelait celui du Val-de-Grâce, à Paris. Les bombardements de 1759 entraînèrent la perte de la chapelle. Le reste de l'édifice fut rétabli et logea l'Assemblée législative du Bas-Canada de 1792 à 1840. Il fut

Rue du Trésor, rue des artistes

Le nom de la rue du Trésor serait étroitement lié à la Compagnie des Cent-Associés, qui administra la Nouvelle-France entre 1627 et 1663 tout en exerçant le monopole du commerce. Les avoirs de la compagnie auraient alors été désignés de «Trésor». À l'époque, le bureau de la compagnie était situé rue Sainte-Anne, près de l'endroit où se dresse aujourd'hui la cathédrale anglicane Holy Trinity. Pour s'y rendre, il fallait emprunter un petit chemin qui deviendra en 1689 la «rue du Trésor».

Galerie d'art à ciel ouvert depuis une quarantaine d'années, la rue du Trésor accueille les œuvres d'une trentaine d'artistes (aquarellistes, graveurs, etc.), et elle est devenue l'un des lieux les plus fréquentés de la ville de Québec. La prochaine fois que vous parcourrez les rues étroites et sinueuses du Vieux-Québec, faites donc un crochet par la rue des artistes: vous y découvrirez un véritable trésor…

Attraits touristiques – Le Vieux-Québec

démoli en 1848 pour faire place au nouveau parlement, rasé par les flammes quatre ans plus tard.

Lors du rabaissement des murs de la ville, le long de la rue des Remparts, le gouverneur général du Canada, Lord Dufferin, découvrit les superbes vues dont on bénéficie depuis ce promontoire et décida, en 1875, d'y aménager le **parc Montmorency** ★. Par la suite, deux monuments y furent érigés, le premier en l'honneur de George-Étienne Cartier, premier ministre du Canada-Uni et l'un des pères de la Confédération canadienne, le second à la mémoire de Louis Hébert, de Guillaume Couillard et de Marie Rollet, premiers agriculteurs de la Nouvelle-France, arrivés en 1617 et à qui le fief du Sault-au-Matelot, situé sur l'emplacement du Séminaire, fut concédé dès 1623. Le sculpteur montréalais Alfred Laliberté est l'auteur des belles statues de bronze.

›› ⚲ *Poursuivez dans la rue Port-Dauphin, qui mène directement à la rue des Remparts.*

Une ouverture dans la muraille de la rue des Remparts laisse voir les anciens pavillons de l'Université Laval, élevés en 1856 dans les jardins du Séminaire et complétés en 1875 par l'ajout d'une formidable toiture mansardée, coiffée de trois lanternes argentées. Le soir, sous l'éclairage des projecteurs, elles font penser à un décor de fête royale. L'Université Laval occupe maintenant un grand campus situé à Sainte-Foy (voir p. 106).

Suivez la **rue des Remparts**, qui aligne de vieux canons et d'où vous pourrez contempler la ville au bas du cap. Les belles demeures patriciennes qui bordent cette rue font écran au vieux quartier latin qui s'étend derrière. Ses rues étroites, bordées de maisons du XVIIIᵉ siècle, valent bien un petit détour.

La **maison Montcalm** *(45 à 51 rue des Remparts)*, aujourd'hui un ensemble de trois maisons distinctes, formait à l'origine une seule grande habitation, construite en 1727. Elle fut habitée par le marquis de Montcalm, commandant des troupes françaises lors de la célèbre bataille des plaines d'Abraham. Le bâtiment a ensuite abrité des officiers de l'Armée britannique avant d'être divisé en trois logements en vue d'un usage privé.

De nombreuses maisons de Québec étaient autrefois recouvertes de planches imitant la pierre de taille, à l'instar de la maison Montcalm. Cette tradition, répandue dans la première moitié du XIXᵉ siècle, avait pour but de protéger la maçonnerie et de donner aux maisons une apparence plus riche et plus soignée.

›› ⚲ *Remontez la rue Saint-Flavien.*

À l'angle de la rue Couillard s'élève la **maison François-Xavier-Garneau** *(visite seulement pour les groupes sur réservation, 5$/pers.; 14 rue St-Flavien, 418-692-2240)*. L'homme d'affaires de Québec Louis Garneau a racheté cette maison à l'architecture néoclassique (1862) qui fut habitée par l'historien et poète dans les dernières années de sa vie.

Envie...
... d'un bon café? Faites une halte Chez Temporel (voir p. 159), où l'on se targue de servir l'un des meilleurs espressos en ville.

Non loin, rue Couillard, le **Musée Bon-Pasteur** ★ *(3$; mar-dim 13h à 17h; 14 rue Couillard, 418-694-0243, www.museebonpasteur.com)* raconte l'histoire de la communauté des religieuses du Bon-Pasteur, au service des démunis de Québec depuis 1850. Il est installé dans la maison Béthanie, un édifice éclectique en brique érigé vers 1878 pour héberger les filles-mères et leur progéniture. Le musée occupe les trois étages d'une annexe de 1887. Le visiteur y verra des pièces de mobilier et des objets d'art sacré, amassés ou fabriqués par les religieuses, en plus de l'exposition *À la manière Bon-Pasteur... Amour, dévouement, professionnalisme*, qui présente l'histoire de la crèche Saint-Vincent-de-Paul et de l'hôpital de la Miséricorde de Québec.

›› ⚲ *Revenez sur vos pas dans la rue Couillard. Descendez la rue Hamel jusqu'à la rue Charlevoix, que vous emprunterez à gauche.*

Les Augustines, sœurs hospitalières, s'installent d'abord à Sillery, où elles fondent un premier couvent. Inquiétées par les Iroquois, elles s'établissent à Québec en 1642 et entreprennent la construction de l'Hôtel-Dieu avec couvent, hôpital et chapelle.

Les bâtiments de l'institution actuelle, refaits à plusieurs reprises, datent pour la plupart du XXᵉ siècle. Subsiste le couvent de 1756, avec ses caves voûtées remontant à 1695, dissimulé derrière la chapelle de 1800, construite avec des matériaux provenant de divers édifices du Régime français ruinés par la guerre. Sa pierre proviendrait du palais de l'Intendant, alors que ses premiers ornements avaient été récupérés de l'église des Jésuites (XVIIᵉ siècle). Seule la balustrade en fer forgé du clocher en témoigne de nos jours. Thomas Baillairgé conçoit l'actuelle façade néoclassique en 1839, après avoir achevé le nouveau décor intérieur en 1835. Le chœur des religieuses est visible sur la droite.

La chapelle a été utilisée comme salle des ventes en 1817, puis en 1821 par l'abbé Louis-Joseph Desjardins, qui venait d'acheter une collection de tableaux d'un banquier français en faillite. Celle-ci était constituée d'œuvres confisquées aux églises de Paris pendant la Révolution française. *La Vision de sainte Thérèse d'Avila*, œuvre de François-Guillaume Ménageot placée au-dessus d'un des autels latéraux, provient du Carmel de Saint-Denis, près de Paris.

Au moment de notre passage, le **monastère des Augustines de l'Hôtel-Dieu de Québec** *(réouverture prévue pour 2014; 32 rue Charlevoix, 418-692-2492, www.augustines.ca)* était fermé pour cause de rénovation en vue de la réalisation de nouveaux projets pour la mise en valeur de l'œuvre et de l'histoire des Augustines. On envisage d'y créer le «Lieu de mémoire habité des Augustines», qui comptera un centre d'hébergement et de ressourcement ainsi qu'un musée. L'inauguration est prévue pour 2014.

▸▸▸ ⚲ *Empruntez la petite rue de l'Hôtel-Dieu, qui fait face à la chapelle. À l'angle de la rue Saint-Jean, vous jouirez d'une belle vue de la côte de la Fabrique, qui donne sur l'hôtel de ville, sur votre droite, et sur la basilique-cathédrale Notre-Dame, au fond de la perspective. Tournez à droite dans la rue Saint-Jean, agréable artère commerciale du Vieux-Québec qui se prolonge dans le faubourg Saint-Jean-Baptiste.*

Un détour par la gauche, dans la rue Saint-Stanislas, permet de voir l'ancienne église méthodiste, belle réalisation néogothique

de 1850. Elle loge de nos jours **L'Institut Canadien de Québec** *(42 rue St-Stanislas)*, centre des arts et des lettres qui eut bien des démêlés avec le clergé avant la Révolution tranquille des années 1960, à cause de ses choix littéraires jugés trop audacieux. La Maison de la littérature de Québec lui succédera d'ici deux ou trois ans.

L'édifice voisin, au numéro 44, est l'**ancienne prison de Québec**, érigée en 1808. En 1868, il est réaménagé pour accueillir le Morrin College, affilié à l'Université McGill de Montréal. Cette vénérable institution de la communauté anglophone de Québec abrite aussi la précieuse bibliothèque de la **Quebec Literary and Historical Society**, société savante fondée en 1824.

La portion de la rue Saint-Stanislas située entre la rue Sainte-Anne et la place de l'Institut-Canadien porte le nom de «**Chaussée des Écossais**».

L'édifice coiffé d'un clocher palladien, à l'angle de la rue Cook et de la rue Dauphine, est l'**église presbytérienne St. Andrew**, terminée en 1811.

▸▸▸ ⚲ *Poursuivez vers le nord dans la rue Saint-Stanislas, tournez à gauche dans la rue McMahon, puis rendez-vous au Site patrimonial du parc de l'Artillerie.*

Le **Site patrimonial du Parc-de-l'Artillerie ★★** *(4$; mi-mai à début sept tlj 10h à 18h, début sept à mi-oct tlj 10h à 17h; 2 rue D'Auteuil, 418-648-7016 ou 888-773-8888, www.pc.gc.ca/fra/lhn-nhs/qc/artiller/index.aspx)* occupe une partie d'un vaste site à vocation militaire situé en bordure des murs de la ville. Le centre d'interprétation loge dans l'ancienne fonderie de l'Arsenal, où l'on a fabriqué des munitions jusqu'en 1964. On peut y voir une fascinante maquette de Québec exécutée de 1806 à 1808 par l'ingénieur militaire Jean-Baptiste Duberger aux fins de planification tactique. Expédiée en Angleterre en 1810, puis à Ottawa en 1910, elle est de retour à Québec depuis 1981. La maquette est une source d'information sans pareille sur l'état de la ville dans les années qui ont suivi la Conquête.

La visite nous amène à la redoute Dauphine, un beau bâtiment fortifié, revêtu d'un crépi blanc et situé à proximité de la rue McMahon. En 1712, l'ingénieur militaire Dubois Berthelot de Beaucours trace les plans de la redoute, qui sera achevée par Chaussegros de Léry en 1747. Une redoute est un ouvrage de fortification autonome qui sert en cas de repli des troupes. Jamais véritablement utilisée à cette fin, elle sera plutôt à l'origine de la vocation de casernement du secteur. En effet, on retrouve derrière la redoute un ensemble de casernes érigées par l'Armée britannique au XIX⁰ siècle, auquel s'ajoute une cartoucherie, aujourd'hui fermée. La visite *(juil et août seulement)* du mess des officiers (1820), reconverti en un centre d'initiation au patrimoine, termine le parcours. Toujours durant cette période estivale, vous pouvez assister en après-midi à une démonstration de tir à la poudre noire. Des personnages historiques, un caporal et un soldat animent bruyamment cette activité. On peut participer à une visite commentée par des guides en costumes d'époque, ou faire la visite de façon autonome aidé d'un audioguide.

›› ∦ *Remontez la rue D'Auteuil.*

La plus récente des portes de Québec, la **porte Saint-Jean** ★ ★, a pourtant les origines les plus anciennes. Dès 1693, on trouve à cet endroit l'une des trois seules entrées de la ville. Elle sera renforcée par Chaussegros de Léry en 1757, puis reconstruite par les Anglais. En 1867, on aménage une porte «moderne» à deux tunnels carrossables jouxtés de passages piétonniers, pour faire taire les marchands qui réclament la démolition pure et simple des fortifications. Cette porte, non conforme au projet romantique de Lord Dufferin, est supprimée en 1898. Elle ne sera remplacée par la porte actuelle qu'en 1936.

›› ∦ *Entreprenez l'ascension de l'abrupte pente de la rue D'Auteuil.*

Sur la gauche, au n° 29, se trouve un **ancien orphelinat anglican**, construit pour la Society for Promoting Christian Knowledge en 1824, et qui fut le premier édifice néogothique de Québec. Son architecture est lourde de symbolisme, puisqu'elle introduit le courant romantique dans une ville dont ce sera par la suite le véritable leitmotiv. Condamné et laissé à l'abandon pendant de nombreuses années, l'édifice est sur le point

de retrouver son lustre d'antan grâce aux travaux de rénovation majeurs qu'il subit. Les propriétaires entendent conserver l'aspect historique du bâtiment et envisagent de le louer à la Maison Dauphine, un organisme qui vient en aide aux jeunes en difficulté et qui est situé juste à côté.

Notez au passage, dans le parc de l'Esplanade face au n° 57, les deux bustes élevés à la mémoire d'Émile Nelligan et d'Alexandre Pouchkine, inaugurés en août 2004 conjointement par les villes de Saint-Pétersbourg et de Québec.

Le dernier des jésuites de Québec meurt en 1800, sa communauté ayant été frappée d'interdit, d'abord par le gouvernement britannique, à qui sa puissance politique fait peur, ensuite par le pape lui-même (1774). Mais elle ressuscite en 1814 et elle est de retour en force à Québec en 1840. Son collège et son église de la place de l'Hôtel-de-Ville n'étant plus disponibles, la communauté trouve un havre accueillant chez les congréganistes. Ces paroissiens, membres d'une confrérie fondée par le jésuite Ponert en 1657 regroupant de jeunes laïcs désireux de propager la dévotion mariale, ont pu ériger une chapelle dans la rue D'Auteuil. François Baillairgé trace les plans de la **chapelle des Jésuites** ★ *(20 rue Dauphine, 418-694-9616)*, qui sera terminée en 1818. En 1930, la façade est complètement refaite à l'image de la cathédrale. L'ornementation de l'intérieur débute en 1841 par la construction de la fausse voûte. L'autel de Pierre-Noël Levasseur (1770) en constitue la pièce maîtresse. Aujourd'hui, le sous-sol de la chapelle accueille la Maison Dauphine, un organisme qui sert de refuge aux jeunes marginaux de la ville.

La **porte Kent** ★, tout comme la porte Saint-Louis, est le fruit des efforts déployés par Lord Dufferin pour donner à Québec une allure romantique. Les plans de la plus jolie des portes du Vieux-Québec ont été élaborés en 1878 par Charles Baillairgé d'après les propositions de l'Irlandais William H. Lynn.

›› ∦ *Gravissez l'escalier qui conduit au sommet de la porte Kent, puis marchez sur le mur d'enceinte en direction de la porte Saint-Louis, soit vers la gauche.*

Hors les murs, on aperçoit l'Hôtel du Parlement et, à l'intérieur, plusieurs maisons patriciennes le long de la rue D'Auteuil. Au n° 69, la **maison McGreevy** *(on ne visite pas)* se démarque par sa monumentalité. Œuvre de Thomas Fuller, auteur des plans du capitole de l'État de New York, elle s'apparente à un édifice commercial. L'entrepreneur en construction Thomas McGreevy, qui l'a fait bâtir en 1868, est responsable de la construction du premier parlement canadien d'Ottawa, dont Fuller a dressé les plans. Derrière la façade de grès jaune de Nepean se déploie un décor victorien somptueux et absolument intact.

››› ⅄ *Descendez du mur à la porte Saint-Louis. La côte de la Citadelle se trouve de l'autre côté de la rue Saint-Louis.*

La **Citadelle** ★ ★ ★ *(à l'extrémité de la côte de la Citadelle, www.lacitadelle.qc.ca)* représente trois siècles d'histoire militaire en Amérique du Nord. Depuis 1920, elle est le siège du Royal 22e Régiment de l'Armée canadienne, qui s'est distingué par sa bravoure au cours de la Seconde Guerre mondiale. On y trouve quelque 25 bâtiments distribués sur le pourtour de l'enceinte, dont le mess des officiers, l'hôpital, la prison et la résidence officielle du gouverneur général du Canada, sans oublier le premier observatoire astronomique du pays. L'histoire de la Citadelle débute en 1693, alors que l'ingénieur Dubois Berthelot de Beaucours fait ériger la redoute du cap Diamant au point culminant du système défensif de Québec, quelque 100 m au-dessus du niveau du fleuve. Cet ouvrage solide se trouve de nos jours contenu à l'intérieur du bastion du Roi.

Tout au long du XVIIIe siècle, les ingénieurs français, puis britanniques, élaboreront des projets de citadelle qui demeureront sans suite. L'aménagement d'une poudrière par Chaussegros de Léry en 1750, bâtiment qui abrite maintenant le Musée du Royal 22e Régiment, et le terrassement temporaire à l'ouest (1783) sont les seuls travaux d'envergure effectués pendant cette période. La citadelle, telle qu'elle apparaît au visiteur, est une œuvre du colonel Elias Walker Durnford et fut édifiée entre 1820 et 1832. Même si la ville de Québec est surnommée «le Gibraltar d'Amérique» en raison de la présence de la Citadelle sur le cap Diamant,

l'ouvrage, conçu selon les principes élaborés par Vauban au XVIIe siècle, n'a jamais eu à essuyer le tir d'un seul canon, mais fut pendant longtemps un élément dissuasif important.

Le **Musée du Royal 22e Régiment** *(10$; nov-mar visite bilingue à 13h30, avr tlj 10h à 16h, mai à sept tlj 9h à 17h, oct tlj 10h à 15h; à la Citadelle, 418-694-2815, www.lacitadelle.qc.ca)* présente une intéressante collection d'armes, d'uniformes, de décorations et de documents officiels du XVIIe siècle à nos jours. Il est aussi possible de se joindre à une visite commentée de l'ensemble des installations et d'assister à la relève de la garde. D'une durée de 45 min, la relève s'effectue tous les jours à 10h, de la fin de juin au début de septembre, sauf en cas de pluie. Afin de souligner les 100 ans du Royal 22e Régiment en 2014, le musée sera agrandi afin d'offrir plus d'espace d'exposition.

Le Petit-Champlain et Place-Royale ★ ★ ★

⛰ *p. 138*   🍴 *p. 163*   🛍 *p. 182*   🏨 *p. 188*

🕐 *deux jours*

À ne pas manquer
- La place Royale p. 68
- La Fresque des Québécois p. 73
- Le Musée de la civilisation p. 75
- La rue du Petit-Champlain p. 68
- L'Hôtel Jean-Baptiste-Chevalier p. 69
- L'église Notre-Dame-des-Victoires p. 72

Les bonnes adresses
Restaurants
- Café Bistro du Cap p. 164
- Le Cochon Dingue p. 163

Achats
- La rue du Petit-Champlain p. 188
- Boutique Métiers d'art p. 192
- Boutique du Musée de la civilisation p. 192

Le très populaire quartier historique du Petit-Champlain, dont la jolie rue éponyme renferme théâtre, cafés, restos, ateliers, galeries et boutiques, demeure un lieu sans égal pour la flânerie, la contemplation et les rencontres entre amis. Plusieurs artistes et artisans de renom y ont pignon sur rue.

Le secteur de **Place-Royale**, le plus européen de tous les quartiers d'Amérique du Nord, rappelle un village du nord-ouest de la France. Le lieu est lourd de symboles puisque c'est sur cet emplacement même que Québec a été fondée en 1608. Après de multiples tentatives infructueuses, ce fut le véritable point de départ de l'aventure française en Amérique. Sous le Régime français, le site représentait le seul secteur densément peuplé d'une colonie vaste et sauvage, et c'est aujourd'hui la plus importante concentration de bâtiments des XVIIe et XVIIIe siècles en Amérique au nord du Mexique.

›››   *Ce circuit débute à la porte Prescott, qui enjambe la côte de la Montagne. Les personnes à mobilité réduite devraient plutôt prendre le funiculaire, dont l'accès est situé sur la terrasse Dufferin, afin de commencer le circuit au pied de la rue du Petit-Champlain.*

Le **funiculaire** *(2$; début avr à fin juin et sept à fin oct tlj 7h30 à 23h30, fin juin à début sept tlj 7h30 à 24h, fin oct à début avr tlj 7h30 à 23h; accès par l'entrée de la maison Louis-Jolliet, 16 rue du Petit-Champlain, 418-692-1132, www.funiculaire-quebec.com)* fut exploité dès novembre 1879 par l'entrepreneur W.A. Griffith afin de faciliter les déplacements entre la Haute-Ville et la Basse-Ville. Au départ, le funiculaire fonctionnait à l'eau, laquelle se transvidait d'un réservoir à l'autre. Il fut converti à l'électricité en même temps qu'on illumina la terrasse Dufferin, soit en 1906. Aussi appelé «ascenseur», il nous évite d'emprunter l'escalier et de faire le détour par la côte de la Montagne.

La **porte Prescott** *(côte de la Montagne)* est directement accessible du parc Montmorency ou de la terrasse Dufferin par un charmant escalier situé à gauche du pavillon d'entrée du funiculaire. La structure discrètement postmoderne a été réalisée en 1983 en souvenir de la première porte érigée à cet endroit en 1797 par Gother Mann. Les piétons peuvent passer directement de la terrasse Dufferin au parc Montmorency, et vice-versa, grâce à la passerelle juchée sur son linteau.

››› 𝕏   *Descendez la côte de la Montagne jusqu'à l'escalier Casse-Cou, sur votre droite.*

Il existe un escalier à l'endroit où se trouve aujourd'hui l'**escalier Casse-Cou** *(côte de la Montagne)* depuis 1682. Jusqu'au début du XXe siècle, il était fait de planches de bois qu'il fallait constamment réparer ou remplacer. Il relie la Basse-Ville et la Haute-Ville. Certains commerces se sont installés au niveau de ses différents paliers.

Au pied de l'escalier s'allonge la **rue du Petit-Champlain** ★ ★, autrefois habitée par des Irlandais travaillant au port qui la nommaient «Little Champlain Street» (Petite rue Champlain). Cette étroite voie piétonne est bordée de jolies boutiques et d'agréables cafés installés dans des maisons des XVIIe et XVIIIe siècles. Certains bâtiments, au pied du cap, ont été détruits par des éboulis, avant que la falaise ne soit stabilisée au XIXe siècle.

Envie...

... de vous offrir un bijou original? La boutique **Mandy** (voir p. 197) propose de très jolis vêtements et bijoux créés par des designers québécois.

La **maison Louis-Jolliet** ★ *(16 rue du Petit-Champlain)* est une des plus anciennes demeures de Québec (1683) et l'une des rares œuvres de Claude Baillif encore debout. Elle fut construite après le grand incendie de 1682 qui détruisit la Basse-Ville. La tragédie incita les autorités à imposer la pierre comme matériau pour bâtir. La maison fut habitée par Louis Jolliet (1645-1700), qui, avec le père Marquette, découvrit le Mississippi et explora la baie d'Hudson. Pendant les dernières années de sa vie, Jolliet enseigna l'hydrographie au Séminaire de Québec. L'intérieur du bâtiment a été complètement chambardé, puisque l'on y retrouve maintenant l'entrée inférieure du funiculaire.

Un peu plus loin dans la rue du Petit-Champlain, vous croiserez le joli petit **parc Félix-Leclerc**, dédié au célèbre chanteur québécois. On y retrouve une œuvre de la sculpteure Hélène Rochette, *Le souffle de l'île*, suspendue à même le roc de la falaise.

››› 𝕏   *Suivez la rue du Petit-Champlain jusqu'au bout, là où elle rejoint le boulevard Champlain. Sur la façade de la dernière maison de la rue, vous verrez apparaître une fresque multicolore.*

Vous aurez sans doute besoin de plusieurs minutes pour admirer les nombreux détails que recèle la belle **Fresque du Petit-Champlain** *(102 rue du Petit-Champlain).*

Quelque 35 personnages, connus ou anonymes, qui ont façonné l'histoire du Québec, et plus particulièrement de Québec et du quartier du Petit-Champlain, sont mis en scène dans six pièces, du rez-de-chaussée au grenier, faisant revivre des lieux différents de leur vie quotidienne tels que des ateliers d'artisans ou une auberge. Comme si les murs de la maison que vous avez sous les yeux s'étaient soudain ouverts sur des pans de l'histoire!

››› ⚲ *Revenez un peu sur vos pas pour descendre l'escalier qui mène vers le boulevard Champlain. Au bas de l'escalier, retournez-vous et contemplez l'exceptionnelle vue en contre-plongée du Château Frontenac.*

La **maison Demers** *(28 boul. Champlain)*, cette imposante maison de marchand érigée en 1689 par le maçon Jean Lerouge, est typique des habitations bourgeoises de la Basse-Ville. Elle présente une façade résidentielle à deux étages dans la rue du Petit-Champlain, dont seul le rez-de-chaussée n'est pas d'origine, alors que l'arrière, haut de quatre étages, permettait d'emmagasiner les biens dans les voûtes des niveaux inférieurs, qui donnaient directement sur l'anse du Cul-de-Sac. Ce havre naturel est aujourd'hui remblayé et construit, et un comptoir servant des «queues de castor», ces fameuses pâtisseries canadiennes, occupe maintenant l'arrière de la maison sur le boulevard Champlain.

L'**anse du Cul-de-Sac**, aussi appelée «anse aux Barques», fut le premier port de Québec. En 1745, l'intendant Gilles Hocquart fait aménager dans sa partie ouest un important chantier naval, où seront construits plusieurs vaisseaux de guerre français avec du bois canadien.

Au XIXᵉ siècle, on érige, sur les remblais, le terminus ferroviaire du Grand Tronc (1854) et le marché Champlain (1858), détruit par le feu en 1899. Le site comprend actuellement des bâtiments administratifs et le **terminus du traversier Québec-Lévis** (voir p. 41). Il est recommandé d'effectuer le bref aller-retour sur le traversier afin de jouir, à partir de la **Terrasse de Lévis**, d'un des meilleurs points de vue sur Québec. En hiver, la traversée est une rare occasion de se confronter aux glaces du Saint-Laurent.

Voûtes

Les maisons du Vieux-Québec étaient souvent munies de caves voûtées servant à soutenir l'édifice et à garder nourriture et boissons au frais. Certaines de ces caves ont résisté au temps et se visitent encore aujourd'hui. À Place-Royale entre autres, la maison Fornel, qui loge l'Association Québec-France, ouvre ses voûtes aux visiteurs *(en été seulement tlj 10h à 17h; 877-236-5856)* et y présente même des petites expositions. On y accède par le nᵒ 25 de la rue Saint-Pierre ou par le nᵒ 9 de la place Royale.

››› ⚲ *Suivez le boulevard Champlain jusqu'à la rue du Marché-Champlain, vers l'est. L'accès au traversier est situé à l'extrémité sud de cette large artère.*

Si vous désirez contempler une vue magnifique du fleuve Saint-Laurent et de la ville de Lévis à l'abri des intempéries, franchissez les portes qui donnent accès au traversier. L'espace portuaire, bien aménagé avec de larges baies vitrées, permet l'observation de ce splendide panorama.

L'**Hôtel Jean-Baptiste-Chevalier** ★ ★ *(60 rue du Marché-Champlain)*, un ancien hôtel particulier, fut le premier des immeubles du secteur de Place-Royale à retenir l'attention des restaurateurs de bâtiments. Il comprend en réalité trois maisons érigées à des époques différentes : la **maison de l'armateur Chevalier**, en forme d'équerre (1752), la **maison Frérot**, au toit mansardé (1683), et la **maison Dolbec** (1713). Tous ces bâtiments seront réparés ou en partie reconstruits après la Conquête. L'ensemble a été tiré de l'oubli en 1955 par Gérard Morisset, directeur de l'Inventaire des œuvres d'art, qui suggère alors son rachat et sa restauration par le gouvernement du Québec. Cette démarche aura un effet d'entraînement bénéfique et évitera que Place-Royale ne soit rasée.

La **maison Chevalier** *(entrée libre; fin juin à début sept tlj 9h30 à 17h, début sept à mi-oct et début mai à fin juin mar-dim 10h à 17h,* *mi-oct à début mai sam-dim 10h à 17h; 50 rue du Marché-Champlain, 418-692-5550)* abrite une annexe du Musée de la civilisation : le **Centre d'interprétation de la vie urbaine de la ville de Québec** *(10$; fin juin à début sept tlj 10h à 17h, reste de l'année mar-dim 10h à 17h; www.civuquebec.ca).* Ce centre propose des circuits pédestres dans la ville et des activités éducatives. Son exposition permanente, *Vieux-Québec, secrets et anecdotes,* et son parcours sonore convient à la découverte des coups de cœur de l'historien Jean Provencher. Sur place, vous pourrez également vous procurer les écouteurs *(15$)* qui vous permettront de profiter du circuit pédestre autonome *Circuit-Québec.* Cette exposition urbaine accessible de mai à novembre comprend 32 bornes sonores qui diffusent de l'information sur l'histoire de la ville en français, en anglais et en espagnol.

D'inspiration classique française, de la deuxième moitié du XVIIIᵉ siècle, la maison Chevalier témoigne de l'architecture urbaine en Nouvelle-France. En plus de rappeler l'histoire de ce bâtiment, l'exposition *Ambiances d'autrefois* présente des reconstitutions d'intérieurs des XVIIIᵉ et XIXᵉ siècles aménagés grâce aux pièces de la collection du Musée de la civilisation.

››› 🔏 *Empruntez la rue Notre-Dame, puis tournez à droite dans la rue Sous-le-Fort.*

Avant d'accéder à la Batterie royale, traversez le petit passage de la Batterie qui mène à la jolie cour de la **maison Grenon** (1763), pour une vue en contre-plongée du Château Frontenac et une autre sur le fleuve et les traversiers.

La Basse-Ville n'étant pas emmurée, il fallut trouver d'autres solutions pour la protéger des tirs provenant des navires. Au lendemain de l'attaque de William Phips en 1690, on décida d'aménager la **Batterie royale** ★ *(à l'extrémité de la rue Sous-le-Fort).* Son emplacement stratégique permettait en outre de mener une offensive sur la flotte ennemie, si jamais elle s'aventurait dans l'étranglement du fleuve Saint-Laurent en face de Québec. En 1974, les vestiges de la batterie, longtemps camouflés sous des entrepôts, sont mis au jour. On reconstitue alors les créneaux supprimés au XIXᵉ siècle ainsi que le portail de bois, visible sur un dessin de 1699.

››› 🔏 *Longez la rue Saint-Pierre, puis grimpez à gauche la petite ruelle de la Place menant à la place Royale.*

La partie basse de la vieille ville, commerçante et portuaire, est une étroite bande de terre en forme de U coincée entre les eaux du fleuve Saint-Laurent et l'escarpement du cap Diamant. Elle constitue le berceau de la Nouvelle-France puisque c'est sur le site de la place Royale que Samuel de Champlain (1567-1635) choisit en 1608 d'ériger son «Abitation», à l'origine de la ville de Québec. À l'été de 1759, elle est aux trois quarts détruite par les bombardements anglais. Il faudra 20 ans pour réparer et reconstruire les maisons.

Au XIXᵉ siècle, de multiples remblais élargissent la Basse-Ville et permettent de relier par des rues les secteurs de Place-Royale et du palais de l'Intendant (au pied de la côte du Palais). Le déclin des activités portuaires, au début du XXᵉ siècle, a provoqué l'abandon graduel de Place-Royale, que l'on a entrepris de restaurer en 1959. Le quartier

★ **ATTRAITS TOURISTIQUES**

1.	AX	Funiculaire	14.	BX	Maison Fornel
2.	BX	Porte Prescott	15.	BX	Place Royale / Buste en bronze de Louis XIV
3.	BX	Escalier Casse-Cou	16.	BX	Église Notre-Dame-des-Victoires
4.	AY	Rue du Petit-Champlain	17.	BX	Maison Barbel
5.	AY	Maison Louis-Jolliet	18.	BX	Maison Dumont
6.	AY	Parc Félix-Leclerc	19.	BX	Maison Bruneau-Rageot-Drapeau
7.	AZ	Fresque du Petit-Champlain	20.	BX	Galerie d'art Les Peintres Québécois
8.	BY	Maison Demers	21.	BX	Fresque des Québécois
9.	BY	Anse du Cul-de-Sac	22.	BX	Centre d'interprétation de Place-Royale
10.	BY	Hôtel Jean-Baptiste-Chevalier / Maison de l'armateur Chevalier / Maison Frérot / Maison Dolbec	23.	CX	Place de Paris
			24.	CX	Entrepôt Thibaudeau
			25.	BW	Maison Estèbe
11.	BY	Maison Chevalier / Centre d'interprétation de la vie urbaine de la ville de Québec	26.	BW	Ancien édifice de la Banque de Québec
			27.	BW	Ancienne Banque Molson
12.	BY	Maison Grenon	28.	CW	Musée de la civilisation
13.	BY	Batterie royale	29.	CW	Ex Machina

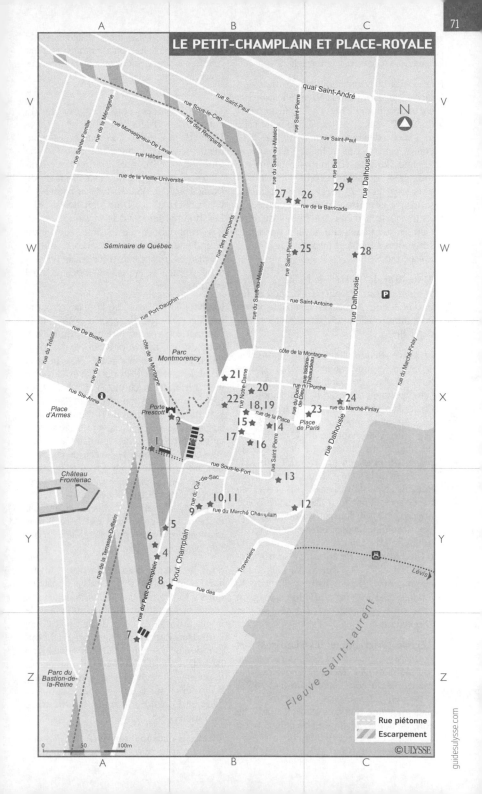

LE PETIT-CHAMPLAIN ET PLACE-ROYALE

du Petit-Champlain, avec sa rue du même nom, a quant à lui été récupéré par des artisans qui y ont ouvert leurs ateliers.

Les deux maisons crépies de la rue Saint-Pierre, qui avoisinent la Batterie royale, ont été érigées pour Charles Guillemin au début du XVIIIe siècle. La forme étriquée de celle de gauche démontre à quel point l'espace était précieux dans la Basse-Ville sous le Régime français, chaque parcelle, même irrégulière, devant être construite. Un peu plus loin, au no 25 de la rue Saint-Pierre, se trouve la **maison Fornel**, aménagée au XVIIe siècle à même les ruines du château fort de Champlain. Il est à noter que ses voûtes s'étendent jusque sous la place Royale même.

Place-Royale ★ ★ ★ renferme 27 caves voûtées parmi les plus anciennes et les plus belles de Québec. En comparaison, on dénombre quelque 65 caves voûtées résidentielles.

La **place Royale** même est inaugurée en 1673 par le gouverneur Frontenac, qui en fait une place de marché. Celle-ci occupe l'emplacement du jardin de l'«Abitation» de Champlain, sorte de château fort incendié en 1682 au même moment que toute la Basse-Ville. En 1686, l'intendant Jean Bochart de Champigny fait ériger, au centre de la place, un **buste en bronze de Louis XIV**, conférant de la sorte au lieu le titre de place Royale. Le buste disparaît sans laisser de traces après 1700. En 1928, François Bokanowski, ministre français du Commerce et des Communications, offre au Québécois Athanase David une réplique en bronze du buste en marbre de Louis XIV se trouvant dans la Galerie de Diane, à Versailles, afin de remplacer la statue disparue. L'œuvre du fondeur Alexis Rudier ne fut installée qu'en 1931, car on craignait par ce geste d'insulter l'Angleterre!

L'**église Notre-Dame-des-Victoires** ★ ★ *(entrée libre; mai à oct tlj 9h à 17h; fermé lors des mariages, des baptêmes et des funérailles; 32 rue Sous-le-Fort, 418-692-1650),* cette petite église sans prétention, est la plus ancienne qui subsiste au Canada. Sa construction a été entreprise en 1688 selon les plans de Claude Baillif sur le site de l'«Abitation» de Champlain, dont elle a

intégré une partie des murs. D'ailleurs, sur le sol à côté de l'église, on a marqué de granit noir l'emplacement des vestiges des fondations de la seconde Abitation de Champlain, découverts en 1976.

D'abord placée sous le vocable de l'Enfant-Jésus, l'église est rebaptisée «Notre-Dame-de-la-Victoire» à la suite de l'attaque infructueuse de l'amiral Phips en face de Québec (1690), puis Notre-Dame-des-Victoires en rappel de la déconfiture de l'amiral Walker, dont la flotte fit naufrage à l'île aux Œufs lors d'une tempête en 1711. Les bombardements de la Conquête ne laisseront debout que les murs, ruinant du coup le beau décor intérieur des Levasseur. L'église est rétablie en 1766, mais ne sera achevée qu'avec la pose du clocher actuel en 1861.

Raphaël Giroux exécute la majeure partie du décor intérieur entre 1854 et 1857, mais l'étrange tabernacle «forteresse» du maître-autel est une œuvre plus tardive de David Ouellet (1878). Enfin, en 1888, Jean Tardivel peint les scènes historiques sur la voûte et sur le mur du chœur. Mais ce sont les pièces autonomes qui retiennent davantage l'attention : on remarque d'abord l'ex-voto suspendu au centre de la voûte et représentant le *Brézé*, un navire venu au Canada en 1664 avec à son bord les soldats du régiment de Carignan-Salières, puis le beau tabernacle déposé dans la chapelle Sainte-Geneviève, attribué à Pierre-Noël Levasseur (vers 1730). Parmi les tableaux accrochés aux murs, il faut signaler la présence d'œuvres de Boyermans et de Van Loo provenant de la collection de l'abbé Desjardins.

Sous le Régime français, la place Royale attire de nombreux marchands et armateurs qui s'y font construire de belles demeures. Haute maison formant l'angle sud-ouest de la place Royale et de la ruelle de la Place, la **maison Barbel** fut érigée en 1755 pour la redoutable femme d'affaires Anne-Marie Barbel, veuve de Louis Fornel. Elle était à l'époque propriétaire d'une manufacture de poteries sur la rivière Saint-Charles et détenait le bail du lucratif poste de traite de Tadoussac.

Quant à la **maison Dumont** *(1 place Royale)*, elle fut construite en 1689 pour le marchand de vins Eustache Lambert Dumont, en incorporant les vestiges du magasin de la Compagnie des Habitants (1647). Transformée en auberge au XIXᵉ siècle, la maison était l'étape choisie par le président américain Howard Taft (1857-1930) lors de son passage annuel à Québec, en route pour La Malbaie, où il passait ses vacances estivales.

Au nº 3-A se trouve la **maison Bruneau-Rageot-Drapeau**, reconstruite en 1763 sur les fondations de la demeure de Nicolas Jérémie, interprète en langue innue, puis commis aux postes de traite de la baie d'Hudson.

La maison Paradis, rue Notre-Dame, abrite la galerie d'art **Les Peintres Québécois** *(entrée libre; 42 rue Notre-Dame, 418-648-9292, www.lespeintresquebecois.com)*. La galerie regroupe plusieurs œuvres d'artistes qui ont déjà fait leur marque dans l'univers artistique du Québec comme Marc-Aurèle Fortin et Jean-Paul Lemieux, mais elle accueille également les œuvres d'artistes de la relève.

Si vous continuez dans la rue Notre-Dame vers la côte de la Montagne et que vous vous retournez, vous serez surpris par un spectacle multicolore. Sur le mur aveugle de la maison Soumande, devant le parc de la Cetière, s'étalent les couleurs de la **Fresque des Québécois** ★★. En fait, les passants pourraient fort bien ne pas la remarquer puisqu'il s'agit d'un trompe-l'œil! Cette fresque, qui a donné naissance à l'entreprise québécoise Murale Création, a été réalisée par des

peintres muralistes de Cité Création de Lyon (France) associés à des artistes québécois, en collaboration avec la Sodec et la Commission de la capitale nationale du Québec, assurant à l'œuvre une qualité réaliste fort instructive. Dans cette fresque, qui a nécessité 600 litres de peinture (!), on a amalgamé sur 420 m² des architectures et des lieux caractéristiques de Québec tels que le cap Diamant, les remparts, une librairie, les maisons du Vieux-Québec, bref, tous ces lieux que côtoient chaque jour les habitants de la ville. On peut s'amuser de longues minutes, comme la foule de passants admiratifs qui s'amasse à ses pieds, beau temps, mauvais temps, à repérer les personnages historiques et à tenter de se remémorer le rôle qu'ils ont joué. De haut en bas et de gauche à droite, on aperçoit Marie Guyart, Catherine de Longpré, François de Laval, Jacques Cartier, Thaïs Lacoste-Frémont, François-Xavier Garneau, Louis-Joseph Papineau, Jean Talon, le comte de Frontenac, Marie Fitzbach, Marcelle Mallet, Louis Jolliet, Alphonse Desjardins, Lord Dufferin, Félix Leclerc et, finalement, Samuel de Champlain, par qui tout a commencé!

Envie...
... de vous sucrer le bec? Le Petit Cochon Dingue (voir p. 163) vend de délicieuses pâtisseries dont l'une des meilleures tartes au sucre de la ville.

Revenez à la place Royale et arrêtez-vous pour une visite au **Centre d'interprétation de Place-Royale** ★★ *(7$, entrée libre début nov à fin mai les mar et jan et fév sam 10h*

Les petits pains bénits

Si vous visitez la capitale québécoise dans le temps des Fêtes, allez faire un tour sur la place Royale dans la Basse-Ville. Le 3 janvier, on y célèbre sainte Geneviève, patronne de Paris, à l'église Notre-Dame-des-Victoires, où une chapelle avec autel lui avait été dédiée en 1724.

Ce jour-là, on bénit des pains qui sont ensuite distribués aux fidèles. La tradition veut que les petits pains bénits à la fête de sainte Geneviève protègent de façon particulière les mères et les chômeurs. Lors du siège de Paris par les Francs, la courageuse sainte s'était assurée de bien nourrir les assiégés, et aujourd'hui elle est invoquée pour la protection contre la famine.

La petite rue qui longe un des murs de l'église porte d'ailleurs le nom de la «rue des Pains-Bénits». Et n'oubliez pas d'aller jeter un coup d'œil sur la crèche exposée à l'intérieur.

Attraits touristiques – Le Petit-Champlain et Place-Royale

Attraits touristiques – Le Petit-Champlain et Place-Royale

à 12h; *début sept à fin juin mar-dim 10h à 17h, fin juin à début sept tlj 9h30 à 17h; 27 rue Notre-Dame, 418-646-3167 ou 866-710-8031, www.mcq.org).* Pour le loger, les maisons Hazeur et Smith, qui avaient été incendiées, ont été remises à neuf dans un style moderne laissant une bonne place aux matériaux d'origine. Le verre y est omniprésent, permettant d'admirer de partout les pièces exposées autant que l'architecture des bâtiments. Plusieurs expositions permanentes ludiques et instructives y sont présentées pour le plaisir des petits et des grands. Différentes activités, comme un atelier de costumes d'époque et des visites commentées, permettent de revivre les 400 ans d'histoire de l'un des plus anciens quartiers en Amérique du Nord.

Entre les deux maisons du centre d'interprétation, un escalier descend de la côte de la Montagne jusqu'à la place Royale en longeant des murs vitrés qui laissent déjà entrevoir les trésors qu'abrite le centre. Sur chacun de ses trois niveaux, une exposition dévoile des pans de l'histoire de Place-Royale. Y sont présentés des vestiges découverts lors des fouilles effectuées sous la place. Objets intacts ou minuscules pièces difficilement identifiables, ils restent tous instructifs.

Vous pourrez aussi assister à un spectacle multimédia et admirer des maquettes comme celle représentant Québec en 1635. On y apprend, entre autres choses, que la première auberge à avoir vu le jour à Québec fut ouverte en 1648 par un certain Jacques Boisdon, au nom prédestiné! La tradition hôtelière de la place se poursuit jusqu'au milieu du XXᵉ siècle, alors que Place-Royale perd son dernier hôtel dans un incendie. Par ailleurs, vous pourrez faire la rencontre de Samuel de Champlain grâce à un film et à des maquettes. Ses récits de voyage, ses cartes et ses dessins vous permettront de suivre ses aventures pour y découvrir à votre tour un Nouveau Monde.

› › › 🏃 *Redescendez la ruelle de la Place, qui débouche sur la place de Paris.*

La **place de Paris** *(en bordure de la rue du Marché-Finlay),* belle réussite d'intégration de l'art contemporain à un contexte ancien, a été aménagée en 1987 par l'architecte québécois Jean Jobin. Au centre trône une œuvre de l'artiste français Jean-Pierre Raynault, offerte par la Ville de Paris à l'occasion du passage à Québec de son maire. Le monolithe de marbre blanc et de granit noir avec support lumineux, baptisé *Dialogue avec l'histoire,* rend hommage aux premiers Français qui débarquèrent en ce lieu. De la place, autrefois occupée par un marché public, on jouit d'une vue magnifique sur la Batterie royale et le fleuve Saint-Laurent.

L'**entrepôt Thibaudeau** *(215 rue du Marché-Finlay)* se présente comme un vaste immeuble dont la façade principale en pierre donne sur la rue Dalhousie. Il représente la dernière étape de développement du secteur, avant qu'il ne sombre dans l'oubli à la fin du XIXᵉ siècle. L'entrepôt de style Second Empire (version nord-américaine du style Napoléon III), caractérisé par un toit mansardé et des ouvertures à arcs segmentaires, a été érigé en 1880, selon les plans de Joseph-Ferdinand Peachy, pour Isidore Thibaudeau, président fondateur de la Banque Nationale.

› › › 🏃 *Remontez vers la rue Saint-Pierre, que vous emprunterez à droite.*

Au nᵒ 92 de la rue Saint-Pierre se dresse une imposante demeure de marchand datant de 1752, la **maison Estèbe**, aujourd'hui intégrée au Musée de la civilisation, dont on aperçoit les murs de pierres lisses en bordure de la rue. Guillaume Estèbe était directeur des Forges du Saint-Maurice, aux Trois-Rivières, et négociant. Ayant conduit plusieurs affaires louches avec l'intendant Bigot pendant la guerre de Sept Ans, il fut emprisonné quelques mois à la Bastille pour malversation. Sa maison, où il vécut cinq ans avec sa femme et ses 14 enfants, est érigée sur un remblai qui donnait autrefois sur un large quai privé correspondant à la cour du musée. Cette cour est accessible par la porte cochère, sur la gauche. L'intérieur, épargné par les bombardements de 1759, comprend 21 pièces, dont certaines revêtues de belles boiseries Louis XV.

À l'angle de la rue de la Barricade se trouvent l'ancien édifice de la **Banque de Québec** (1861) et, en face, l'ancienne **Banque Molson**, installée dans une maison du XVIIIᵉ siècle.

›› ⚸ *Tournez à droite dans la rue de la Barricade.
L'entrée du Musée de la civilisation se trouve
dans la rue Dalhousie, sur la droite.*

Le **Musée de la civilisation** ★★ *(13$, entrée
libre les mar du début nov à fin mai et les
sam de 10h à 12h en jan et fév; début sept à
fin juin mar-dim 10h à 17h, fin juin à début
sept tlj 9h30 à 18h30; 85 rue Dalhousie, 418-
643-2158 ou 866-710-8031, www.mcq.org),*
inauguré en 1988, se veut une interprétation
de l'architecture traditionnelle de Québec,
à travers ses toitures et lucarnes stylisées
et son campanile rappelant les clochers
des environs. L'architecte Moshe Safdie, à
qui l'on doit également le révolutionnaire
Habitat 67 de Montréal et le Musée des
beaux-arts du Canada, à Ottawa, a créé là
un édifice sculptural, au milieu duquel trône
un escalier extérieur, véritable monument en
soi. Le hall central offre une vue charmante
sur la maison Estèbe et son quai, tout en
conservant une apparence contemporaine,
renforcée par la sculpture d'Astri Reuch, intitulée *La Débâcle.*

Le Musée de la civilisation propose des
expositions temporaires des plus variées.
L'humour, le cirque et la chanson par
exemple ont déjà fait l'objet de présenta-
tions des plus vivantes. On y accueille aussi
des expositions venues raconter les grandes
civilisations de ce monde.

Parallèlement, les expositions permanentes
dressent un portrait des civilisations d'ici.
Le Temps des Québécois suit l'histoire de
l'évolution du peuple québécois. *Nous, les
Premières Nations,* une exposition à grand
déploiement élaborée conjointement avec
des Autochtones, retrace l'histoire des
11 nations amérindiennes et inuites qui
peuplent le territoire québécois. On y voit
une foule d'objets ainsi que des documents
audiovisuels comme ceux du cinéaste
Arthur Lamothe. Enfin, l'exposition permanente *Territoires* vous convie à explorer de
grands thèmes comme l'occupation du territoire (Un territoire habité), l'exploitation
des ressources naturelles (Un territoire de
ressources), la quête de nature (Un territoire
de loisirs) et l'adaptation à l'hiver (Un territoire nordique).

Esses

Peut-être votre regard a-t-il déjà remar-
qué ces S en fer forgé qui ornent certains murs des maisons anciennes de
la cité? Ses pièces, appelées «esses»,
avaient pour fonction de retenir les
pierres du mur sur lequel reposait tout
le poids du toit.

Parmi les objets les plus intéressants, on
notera la présence d'une grande barque du
Régime français dégagée lors des fouilles
sur le chantier du musée, de corbillards à
chevaux très ornés datant du XIXᵉ siècle et
d'objets d'art et d'ébénisterie chinois provenant de la collection des Jésuites, incluant un
beau lit impérial. Une cave voûtée du XVIIIᵉ
siècle abrite la boutique du musée.

›› ⚸ *Dirigez-vous vers le nord-est, en direction
du Vieux-Port, par la rue Dalhousie.*

Juste à côté du Musée de la civilisation, on
aperçoit un imposant édifice de style Beaux-
Arts datant de 1912. Il s'agit d'une ancienne
caserne de pompiers qui a été rénovée pour
accueillir **Ex Machina** *(103 rue Dalhousie,
418-692-5323, www.lacaserne.net),* un
centre de production artistique multidisciplinaire parrainé par l'homme de théâtre
Robert Lepage. Remarquez la haute tour
coiffée d'un dôme en cuivre qui se dresse à
l'angle sud-est, tel un clocher d'église, et qui
s'inspire de la tour du Parlement. Les pompiers s'en servaient pour suspendre leurs
longs boyaux d'arrosage, faits de tissu à cette
époque, pour qu'ils sèchent sans risquer de
s'abîmer. L'édifice a été agrandi et, afin de
préserver son caractère, on a érigé devant
la nouvelle partie un faux mur rappelant
le mur de pierres d'origine. Coiffant cette
partie, une petite installation de verre et de
métal s'illumine le soir venu. En façade, dans
une vitrine, on peut voir les nombreuses sta-
tuettes qui représentent autant de prix rem-
portés par Robert Lepage tant au Québec
qu'ailleurs dans le monde dans les domaines
du théâtre et du cinéma.

Attraits touristiques – Le Petit-Champlain et Place-Royale

Le Vieux-Port ★

▲ *p. 139* 🍴 *p. 164* 🛏 *p. 182* 🏛 *p. 188*

🕐 *une demi-journée*

À ne pas manquer

- La rue Saint-Paul
  p. 78
- *Le Moulin à images*
  p. 78

Les bonnes adresses

Restaurants
- L'Échaudé p. 165
- Laurie Raphaël p. 165

Achats
- La rue Saint-Paul
  p. 188
- Le Marché du Vieux-
  Port p. 188

À l'époque des bateaux à voiles, Québec était une des principales portes d'entrée de l'Amérique, plusieurs navires ne pouvant affronter les courants contraires du fleuve plus à l'ouest. Son port, très fréquenté, était entouré de chantiers navals importants, dont l'existence était justifiée par l'abondance et la qualité du bois canadien. Les premiers chantiers royaux apparaissent sous le Régime français à l'anse du Cul-de-Sac. Le blocus napoléonien de 1806 force les Britanniques à se tourner vers leur colonie du Canada pour l'approvisionnement en bois et pour la construction de vaisseaux de guerre, donnant le coup d'envoi à de multiples chantiers qui feront la fortune de leurs propriétaires.

Mais les temps ont bien changé, et aujourd'hui le Vieux-Port est souvent critiqué pour son caractère trop nord-américain dans une ville à sensibilité tout européenne. D'abord réaménagé par le gouvernement du Canada dans le cadre de l'événement maritime «Québec 1534-1984», le Vieux-Port l'a été de nouveau en 2008, à l'occasion des festivités entourant le 400e anniversaire de la ville de Québec.

Envie...

... d'une pause? **Le Café du Monde** (voir p. 165) est le lieu tout désigné pour se restaurer ou pour se détendre devant un café.

L'**édifice de la Douane** *(2 quai St-André)* présente, avec son dôme et ses colonnes, une belle architecture néoclassique. Notez qu'à l'époque de sa construction (1856-1857) l'eau du fleuve venait mourir à son pied.

Le secteur situé entre la rue Dalhousie et le fleuve porte le nom de **Pointe-à-Carcy**. Il comporte entre autres les quais 19, 21 et 22.

››› 🚶 *Poursuivez votre promenade dans la rue Dalhousie, en direction du Vieux-Port, jusqu'au quai 19.*

Le **Musée naval de Québec** *(entrée libre; juin à début sept tlj 10h à 17h, reste de l'année horaire variable; 170 rue Dalhousie, 418-694-5387, www.mnq-nmq.org)* a été inauguré en mai 1995 en l'honneur du lieutenant-commandeur Joseph Alexis Stanislas Déry, vétéran de la Seconde Guerre mondiale. Situé à la jonction du bassin Louise et du fleuve Saint-Laurent, ce musée fait partie intégrante du Complexe naval de la Pointe-à-Carcy, qui abrite les édifices de la Réserve navale du Canada. Son exposition permanente se consacre à faire découvrir l'histoire navale du fleuve Saint-Laurent tout en conscientisant les visiteurs aux valeurs pacifiques. Dehors, au bout du quai, le fleuve et les navires se laissent admirer tout simplement.

››› 🚶 *Revenez au quai Saint-André et empruntez la rue Saint-Pierre à gauche.*

Au carrefour formé par les rues Saint-Pierre, Saint-Paul et du Sault-au-Matelot se trouve la **place de la FAO**. Cette place rend hommage à l'Organisation des Nations Unies pour l'agriculture et l'alimentation (FAO), dont la première assemblée eut lieu en 1945 au Château Frontenac. Au centre de la place se dresse une sculpture représentant la proue d'un navire semblant émerger des flots. Sa figure de proue féminine, *La Vivrière*, tient à bras le corps des fruits, des légumes et des céréales de toutes sortes.

Devant la place de la FAO, à l'angle de la rue Saint-Pierre, l'ancien édifice de la **Banque canadienne de commerce** en impose par son large portique arrondi.

››› 🚶 *Empruntez la rue du Sault-au-Matelot jusqu'à la rue de la Barricade, ainsi nommée en l'honneur de la barricade qui repoussa l'invasion des révolutionnaires venus de ce qui allait devenir les États-Unis, pour tenter de prendre Québec le 31 décembre 1775.*

La rue de la Barricade, sur la droite, mène à la **rue piétonnière Sous-le-Cap** ★. Cet étroit passage, qui était autrefois coincé entre les

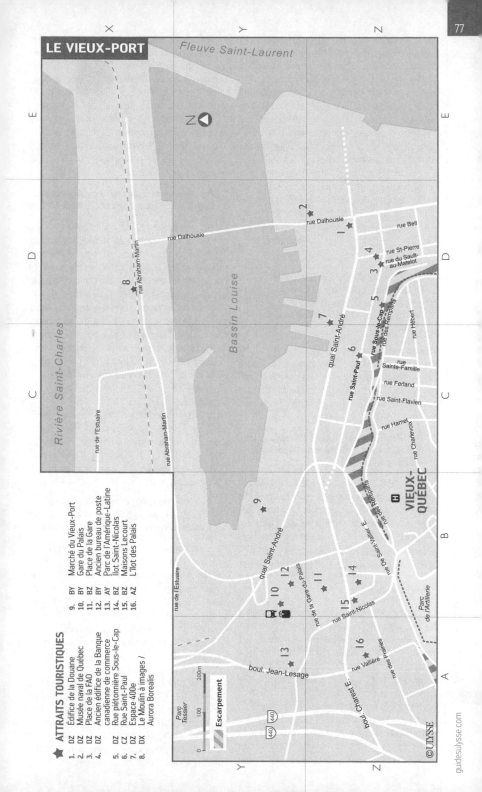

LE VIEUX-PORT

Fleuve Saint-Laurent

Bassin Louise

Rivière Saint-Charles

VIEUX-QUÉBEC

★ ATTRAITS TOURISTIQUES

1. DZ Édifice de la Douane
2. DZ Musée naval de Québec
3. DZ Place de la FAO
4. DZ Ancien édifice de la Banque
        canadienne de commerce
5. DZ Rue piétonnière Sous-le-Cap
6. CZ Rue Saint-Paul
7. DZ Espace 400e
8. DX Le Moulin à images /
        Aurora Borealis

9.   BY Marché du Vieux-Port
10. BY Gare du Palais
11. BZ Place de la Gare
12. BY Ancien bureau de poste
13. AY Parc de l'Amérique-Latine
14. BZ Îlot Saint-Nicolas
15. BZ Maisons Lecourt
16. AZ L'Îlot des Palais

boul. Jean-Lesage

Escarpement

Parc Tessier

Parc de l'Artillerie

0   100   200m

© ULYSSE

guidesulysse.com

eaux du Saint-Laurent et l'escarpement du cap Diamant, fut pendant longtemps le seul chemin pour rejoindre le quartier du palais de l'Intendant (au pied de la côte du Palais). À la fin du XIXᵉ siècle, cette rue abritait des familles ouvrières d'origine irlandaise. Les habitants d'aujourd'hui, qui disposent de trop peu d'espace, ont aménagé des cabanons du côté de la falaise, qui rejoignent les maisons par des passerelles enjambant la rue à la hauteur des cordes à linge. On emprunte la rue Sous-le-Cap presque sur la pointe des pieds, tant on a l'impression qu'elle fait partie d'un petit monde à part! Au bout de la rue, vous déboucherez dans la côte du Colonel-Dambourgès puis dans la rue Saint-Paul.

Envie...

... d'une soirée dans la bonne humeur? Le **48 Saint-Paul Cuisine Monde** (voir p. 165) est un endroit haut en couleur qui allie bonne chère et ambiance de cirque...

La **rue Saint-Paul** est aussi des plus charmantes et agréables. S'y alignent plusieurs boutiques d'antiquaires et des galeries d'art, qui exhibent de belles pièces du patrimoine québécois, sans oublier quelques bons restaurants.

›› ↟ *Pour atteindre l'Espace 400ᵉ, rejoignez le quai Saint-André par la rue Rioux ou par la rue des Navigateurs.*

L'**Espace 400ᵉ** *(100 quai St-André, 418-648-3300, www.quebec400.gc.ca/pc-fra.cfm)*, où se sont déroulées une partie des festivités reliées au 400ᵉ anniversaire de Québec, est géré par Parcs Canada, et son pavillon présente désormais des expositions et des événements ponctuels, tel le salon **Plein art** (voir p. 185), présenté tous les ans au début du mois d'août.

Derrière le pavillon, de l'autre côté du bassin Louise, vous ne manquerez pas de remarquer les immenses silos de la Bunge, sur lesquels on présente la splendide mégaprojection sur l'histoire du Québec, *Le Moulin à images* ★★, signée Robert Lepage. Ce spectacle sera présenté jusqu'en 2013, tous les soirs de la fin juin au début septembre (les heures de projection varient de 21h à 22h). D'une durée d'une quarantaine de minutes, le projet est revu et amélioré chaque année (en 2011, l'ajout d'un effet 3D fut des plus réussis).

Depuis octobre 2009, et ce, jusqu'en 2013, les silos de la Bunge servent également d'écran pour une autre création de Robert Lepage, *Aurora Borealis* ★. Cet éclairage permanent, présenté tous les soirs à la tombée du jour à 23h30, s'inspire des véritables couleurs des aurores boréales pour témoigner de la grandeur et de la beauté de la nature. En été, l'éclairage débute quelques minutes après la projection du *Moulin à images* (voir ci-dessus).

›› ↟ *Empruntez la promenade qui serpente le long du bassin jusqu'au Marché du Vieux-Port.*

La plupart des marchés publics du Québec ont fermé leurs portes au début des années 1960, car ils étaient perçus comme des services obsolètes. Mais l'attrait des produits frais de la ferme et celui du contact avec le producteur sont demeurés, de même que la volonté de vivre en société dans les lieux publics. Aussi les marchés publics ont-ils réapparu timidement au début des années 1980, pour éventuellement redevenir les lieux animés et chaleureux que l'on connaît aujourd'hui. Le **Marché du Vieux-Port** ★ *(lun-ven 9h à 18h, sam-dim 9h à 17h; angle rue St-Thomas et quai St-André, www.marchevieuxport.com)*, érigé en 1987, succède à deux marchés de la Basse-Ville, aujourd'hui disparus (marchés Finlay et Champlain). Il est agréable d'y flâner en été et de jouir des vues sur la marina du bassin Louise, accolée au marché.

›› ↟ *Prenez la rue Saint-Paul, puis tournez à droite dans la rue Abraham-Martin pour emprunter la rue de la Gare-du-Palais jusqu'à la gare même.*

Pendant plus de 50 ans, les citoyens de Québec ont réclamé qu'une gare prestigieuse soit construite pour desservir leur ville. Leur souhait sera finalement exaucé par le Canadien Pacifique en 1915. Érigée selon les plans de l'architecte new-yorkais Harry Edward Prindle dans le même style que le Château Frontenac, la superbe **gare du Palais** ★★ donne au passager qui arrive à Québec un avant-goût de la ville romantique et pittoresque qui l'attend. Le hall, haut de 18 m, qui s'étire derrière la grande verrière de la façade, est baigné de lumière grâce aux puits en verre plombé de sa toiture. Ses murs sont recouverts de carreaux de faïence et de briques multicolores, conférant un aspect éclatant à l'ensemble.

La gare fut fermée pendant près de 10 ans (de 1976 à 1985), à une époque où les compagnies ferroviaires tentaient d'imiter les compagnies aériennes, en déplaçant leurs infrastructures dans la lointaine banlieue. Elle fut heureusement rouverte en grande pompe et tient lieu aujourd'hui de gare ferroviaire et de gare d'autocars.

En face, la **place de la Gare** offre un petit espace de détente marqué par une impressionnante fontaine de Charles Daudelin, *Éclatement II*.

L'édifice voisin, sur la droite, est l'**ancien bureau de poste** construit en 1938 selon les plans de Raoul Chênevert. Il illustre la persistance du style château comme emblème de la ville.

Un peu plus loin, sur le boulevard Jean-Lesage, s'étend le **parc de l'Amérique-Latine**. S'y dressent plusieurs monuments honorant la mémoire des personnages les plus importants de l'histoire de l'Amérique latine, si proche du Québec. Entre autres, les monuments des deux grands libérateurs que sont Simón Bolívar et José Martí ont été offerts respectivement par le gouvernement du Venezuela et par la République de Cuba.

⋆⋆⋆ ⚲ *Revenez par le boulevard Jean-Lesage, qui devient la rue Vallière, jusqu'à la rue Saint-Paul, à l'angle de la rue Saint-Nicolas. Vous vous trouvez maintenant au cœur du quartier du Palais, ainsi nommé parce qu'il s'étend de part et d'autre du site du palais de l'Intendant. Pour rejoindre ce dernier, vous emprunterez ensuite la rue De Saint-Vallier Est vers l'ouest.*

Les architectes De Blois, Côté, Leahy ont restauré avec brio, au milieu des années 1980, l'ensemble de ce quadrilatère, connu sous le nom d'**îlot Saint-Nicolas** et délimité par la ruelle de l'Ancien-Chantier, la rue De Saint-Vallier Est, la rue Saint-Paul et la rue Saint-Nicolas. Le beau bâtiment d'angle en pierre, de même que les deux autres situés derrière dans la rue Saint-Nicolas, ont abrité de 1938 à 1978 le célèbre **Cabaret Chez Gérard**, où se produisaient régulièrement Charles Trenet et Rina Ketty, ainsi que plusieurs autres vedettes de la chanson française, et où Charles Aznavour a fait ses débuts. Aznavour y a chanté tous les soirs pendant deux ans contre un maigre cachet dans les années 1950. C'était ça, la bohème!

Le grand bâtiment revêtu de brique d'Écosse, coiffé d'un clocheton et appelé les **maisons Lecourt**, a été érigé en face de l'îlot Saint-Nicolas, à même les vestiges du magasin du Roi de l'intendant Bigot (1750). Surnommé «La Friponne» en raison de la surenchère des prix pratiquée par Bigot et ses acolytes au détriment de la population affamée, le site était, avec l'anse du Cul-de-Sac, un des deux seuls points d'accostage à Québec sous le Régime français. Dès le XVIIe siècle, on érige dans l'estuaire de la rivière Saint-Charles des entrepôts, des quais ainsi qu'un chantier naval avec cale sèche, qui a donné son nom à la rue de l'Ancien-Chantier.

L'intendant voyait aux affaires courantes de la colonie. C'est pourquoi on retrouvait, à proximité de son palais, les magasins royaux, les quelques industries d'État de même que la prison. L'intendant ayant maintes occasions de s'enrichir, il était normal que sa demeure soit la plus luxueuse des résidences construites en Nouvelle-France. Devant apparaissent les restes d'une aile du palais, constituée du mur de fondation de la structure en briques brunes qui s'élève maintenant au-dessus. Le site fut d'abord occupé par la brasserie créée en 1671 par Jean Talon (1625-1694), premier intendant. Talon fit de grands efforts pour peupler et stimuler le développement économique de la colonie. À son retour en France, il fut nommé secrétaire du cabinet du roi. Sa brasserie sera remplacée par le palais conçu selon les dessins de l'ingénieur La Guer Morville en 1716. Le bel édifice comportait notamment un portail classique en pierre de taille s'ouvrant sur un escalier en fer à cheval. Une vingtaine de pièces d'apparat, disposées en enfilade, accueillaient réceptions et réunions officielles du Conseil supérieur.

Épargné par les bombardements de la Conquête, le palais sera malheureusement incendié lors de l'invasion américaine de 1775-1776. Ses voûtes serviront de fondation à la brasserie Boswell, érigée en 1872. L'endroit effectuait ainsi un retour aux sources inattendu. Aujourd'hui, le site accueille **L'îlot des Palais** *(8 rue Vallière)*, le chantier-école du département d'archéologie de l'Université Laval.

⋆⋆⋆ ⚲ *Pour retourner à la Haute-Ville, grimpez la côte du Palais, prolongement de la rue Saint-Nicolas.*

Attraits touristiques – Le Vieux-Port

La colline Parlementaire et la Grande Allée ★★

▲ *p. 139* ❂ *p. 165* ➷ *p. 182* ☐ *p. 188*

🕐 *une journée*

À ne pas manquer

- L'Hôtel du Parlement p. 80
- Le Musée national des beaux-arts du Québec p. 86
- Le parc des Champs-de-Bataille p. 87

Les bonnes adresses

Restaurants
- Bügel p. 166
- Le Graffiti p. 167
- Voo Doo Grill p. 167

Sorties
- L'Inox p. 182

Achats
- Morena p. 189
- Halles du Petit-Quartier p. 189
- Boutique du Musée national des beaux-arts du Québec p. 192

La colline Parlementaire accueille des milliers de fonctionnaires provinciaux venus travailler dans les divers édifices qui la parsèment. Grâce à son bel aménagement, elle attire également des milliers de touristes qui apprécient son patrimoine architectural et paysager.

La magnifique Grande Allée, située *extramuros*, est une des agréables voies d'accès au Vieux-Québec. Elle relie entre autres différents ministères de la capitale, ce qui ne l'empêche pas d'avoir jour et nuit la mine plutôt joyeuse, même que, sur sa dernière portion est, plusieurs des demeures bour-geoises qui la bordent ont été reconverties en cafés, en restaurants ou en boîtes de nuit pour tous les goûts, toutes les bourses et tous les groupes d'âge.

⁺⁺⁺ *Le circuit débute sous la porte Saint-Louis et s'éloigne graduellement de la ville fortifiée vers l'ouest.*

Sur la droite s'élève le **monument à l'historien François-Xavier Garneau** du sculpteur Paul Chevré. Sur la gauche, on aperçoit la **croix du Sacrifice**, en face de laquelle se tient tous les ans la cérémonie du Souvenir, qui a lieu le jour de l'Armistice (11 novembre).

L'**Hôtel du Parlement** ★★★ *(entrée libre; visites guidées fin juin à début sept lun-ven 9h à 16h30, sam-dim 10h à 16h30; début sept à fin juin lun-ven 9h à 16h30; en raison des travaux parlementaires l'horaire est sujet à changement, il est donc préférable d'appeler la veille ou le matin même de la visite; angle av. Honoré-Mercier et Grande Allée E., 418-643-7239 ou 866-337-8837, www.assnat.qc.ca)* est le siège de l'**Assemblée nationale du Québec**. Ce vaste édifice, construit entre 1877 et 1886, arbore un fastueux décor Second Empire qui se veut le reflet de la particularité ethnique du Québec dans le contexte nord-américain. Eugène-Étienne Taché (1836-1912), son architecte, s'est inspiré du palais du Louvre à la fois pour le décor et pour le plan, développé autour d'une cour carrée. Conçu à l'origine pour loger l'ensemble des ministères ainsi que les deux chambres d'assemblée calquées sur le modèle du système parle-

★ **ATTRAITS TOURISTIQUES**

1.	EY	Monument à l'historien François-Xavier Garneau / Croix du Sacrifice
2.	DX	Hôtel du Parlement / Assemblée nationale du Québec
3.	DX	Promenade des Premiers-Ministres
4.	EX	Place de l'Assemblée-Nationale
5.	EX	Fontaine de Tourny
6.	DY	Édifice Jean-Talon
7.	DX	Édifice Honoré-Mercier
8.	DY	Place George-V
9.	DY	Maison de la découverte des plaines d'Abraham
10.	DY	Parc de la Francophonie
11.	DY	Grande Allée
12.	DY	Terrasse Stadacona
13.	DY	Maison du manufacturier de chaussures W.A. Marsh
14.	DY	Maison Garneau-Meredith
15.	DY	Maison William-Price
16.	CY	Place Montcalm / Statue du général français Charles de Gaulle
17.	CY	Jardin Jeanne-d'Arc
18.	DX	Chapelle historique Bon-Pasteur
19.	DX	Édifice Marie-Guyart / Complexe G / Observatoire de la Capitale
20.	CX	Parc de l'Amérique-Française
21.	CX	Grand Théâtre
22.	CY	Église Saint-Cœur-de-Marie
23.	CY	Chapelle des Franciscaines de Marie
24.	BY	Maison Henry-Stuart
25.	BX	Avenue Cartier
26.	BY	Maison Pollack
27.	BY	Foyer néo-Renaissance des dames protestantes
28.	BY	Maison Krieghoff
29.	BY	Monument à la mémoire du général Wolfe
30.	BY	Musée national des beaux-arts du Québec
31.	CY	Plaines d'Abraham / Parc des Champs-de-Bataille
32.	CY	Kiosque Edwin-Bélanger
33.	CZ	Tour Martello nº 1
34.	CY	Tour Martello nº 2

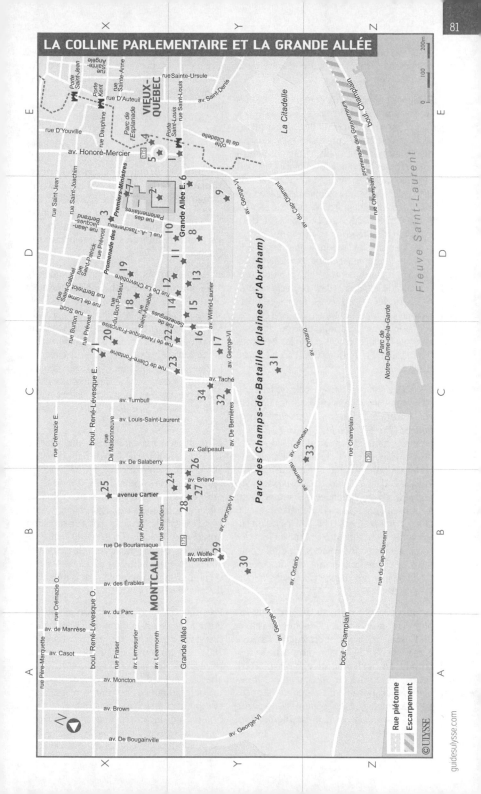

LA COLLINE PARLEMENTAIRE ET LA GRANDE ALLÉE

VIEUX-QUÉBEC

La Citadelle

Fleuve Saint-Laurent

Parc des Champs-de-Bataille (plaines d'Abraham)

Parc de Notre-Dame-de-la-Garde

MONTCALM

Rue piétonne

Escarpement

©ULYSSE

guidesulysse.com

mentaire britannique, il s'inscrit de nos jours en tête d'un groupe d'immeubles gouvernementaux s'étirant de part et d'autre de la Grande Allée.

La façade principale aux nombreuses statues constitue une sorte de panthéon québécois. Les 22 bronzes de personnages marquants de la nation qui occupent les niches et les piédestaux ont été réalisés par des sculpteurs réputés tels que Louis-Philippe Hébert et Alfred Laliberté. Une élévation annotée de la façade, placée à proximité de l'allée centrale, permet d'identifier ces figures. Devant l'entrée principale, un bronze d'Hébert, intitulé *La halte dans la forêt*, qui représente une famille amérindienne, honore la mémoire des premiers habitants du Québec. L'œuvre a été présentée à l'Exposition universelle de Paris en 1889. *Le pêcheur à la Nigog*, du même artiste, est disposé dans la niche de la fontaine. L'intérieur de l'édifice, véritable recueil iconographique de l'histoire du Québec, recèle de belles boiseries dorées, dans la tradition de l'architecture religieuse.

Les députés siègent dans la salle de l'Assemblée nationale, ou Salon bleu, où l'on peut voir *Débat sur les langues à l'Assemblée législative du Bas-Canada le 21 janvier 1793*, du peintre Charles Huot, au-dessus du trône du président de l'Assemblée. La grande composition du même artiste, au plafond, évoque la devise du Québec, *Je me souviens*. Le Salon rouge, aménagé à l'origine pour le Conseil législatif, seconde chambre non élue, supprimée en 1968, fait pendant au Salon bleu. Il est maintenant utilisé lors des commissions parlementaires. Une toile intitulée *Le Conseil souverain*, qui rappelle le mode de gouvernement en Nouvelle-France, y est accrochée.

De magnifiques verrières aux accents Art nouveau ornent plusieurs fenêtres de l'Hôtel du Parlement. La plus spectaculaire est sans contredit celle de l'entrée du très beau restaurant **Le Parlementaire** (voir p. 166), conçue en forme de porte cochère lumineuse. Il est possible d'assister aux séances de l'Assemblée et des commissions parlementaires en obtenant préalablement un laissez-passer.

Dans le parc de l'Hôtel du Parlement, il faut encore signaler la présence de trois monuments importants : celui à la mémoire d'Honoré Mercier, premier ministre de 1887 à 1891; celui de Maurice Duplessis, premier ministre à l'époque de la «Grande Noirceur» (1936-1939 et 1944-1959); et celui représentant René Lévesque, qui occupe une place privilégiée dans le cœur des Québécois et qui fut premier ministre de 1976 à 1985. De plus, la **promenade des Premiers-Ministres** ★ *(le long du boulevard René-Lévesque E., entre l'avenue Honoré-Mercier et la rue De La Chevrotière)* nous informe, à l'aide de panneaux d'interprétation, sur les premiers ministres qui ont marqué le Québec depuis 1867.

Signalons, devant l'Hôtel du Parlement, la belle **place de l'Assemblée-Nationale** ★, bordée par l'élégante avenue Honoré-Mercier. Depuis le 3 juillet 2007, jour du 399e anniversaire de la ville de Québec, on peut admirer la magnifique **fontaine de Tourny** ★ ★ ★ au centre de l'avenue Honoré-Mercier, qui forme un carrefour giratoire qui permet à la fois aux automobilistes et aux piétons d'en contempler la beauté. Sa base repose dans un bassin circulaire comportant 16 grenouilles.

Issue des fonderies françaises Barbezat en 1854, cette fontaine de 7 m de haut constitue un des six exemplaires créés par le sculpteur Mathurin Moreau. Les décorations qui l'ornent sont du sculpteur animalier Alexandre Lambert Léonard. Moreau remporte en 1855 la médaille d'or à l'Exposition universelle de Paris. En 1857, le maire de Bordeaux veille à l'installation de deux fontaines aux extrémités des allées de Tourny, du nom d'un marquis qui fut jadis intendant de la ville sous Louis XV.

Près d'un siècle et demi passe avant que Peter Simons, un homme d'affaires connu des gens de la capitale, ne découvre, en 2003, une des deux fontaines de Tourny aux puces de Saint-Ouen, et ce, en pièces détachées. Il en fait don à Québec. Aujourd'hui, on peut admirer cette œuvre magnifique comprenant à sa base trois femmes et un homme qui incarnent fleuves et rivières, surmontés d'une vasque octogonale parée de poissons et d'éléments marins. De cette vasque surgit un groupe de quatre figures d'enfants qui représentent la pêche et la navigation. Enfin, une dernière vasque circulaire possède en son centre un vase orné. À la nuit tombée, la fontaine s'illumine pour notre plus grand plaisir. La plaque commémorative de la fontaine de Tourny est signée d'un texte de Marie Laberge, auteure à succès originaire de Québec.

Envie...

... de célébrer l'hiver? Les Québécois se donnent rendez-vous chaque année en février sur la place de l'Assemblée-Nationale, qui accueille le concours de sculpture de glace du Carnaval de Québec (voir p. 184).

La croissance fulgurante de la fonction publique dans le contexte de la Révolution tranquille des années 1960 va obliger le gouvernement à construire plusieurs immeubles modernes pour abriter différents ministères. Une belle rangée de demeures Second Empire a dû être sacrifiée pour faire place à l'**édifice Jean-Talon** (autrefois les complexes H et J) *(sur la Grande Allée, en face de l'Hôtel du Parlement)*, un ensemble réalisé en 1970.

Les bureaux du Conseil exécutif et du cabinet du premier ministre se trouvent depuis le printemps 2002 dans le bel **édifice Honoré-Mercier** ★ *(835 boul. René-Lévesque E.)*, du côté nord de l'Hôtel du Parlement. En fait, il s'agit d'un retour, puisque l'édifice a abrité les bureaux du premier ministre jusqu'en 1972. Avant le déménagement, le bâtiment a eu droit à une cure de rajeunissement qui respecte la beauté de son architecture soulignée par ses marbres, ses moulures de plâtre et ses boiseries. Il fut construit entre 1922 et 1925 selon les plans de l'architecte Chênevert.

››› ⚲ *Prenez la Grande Allée vers l'ouest en vous éloignant du Vieux-Québec. Vous croiserez, sur votre gauche, la rue Place-George-V, qui longe la place du même nom. Empruntez-la jusqu'à l'avenue Wilfrid-Laurier.*

La **place George-V**, un espace de verdure, servait de terrain d'exercice et de parade aux soldats du **Manège militaire** voisin, qui fut lourdement endommagé par un incendie en avril 2008. Au moment de mettre sous presse, la reconstruction du Manège était toujours en discussion.

Sur l'avenue Wilfrid-Laurier, derrière les complexes H et J (édifice Jean-Talon), à l'orée des plaines d'Abraham, se trouve le centre d'interprétation du parc des Champs-de-Bataille. Aménagée dans un bâtiment de la Citadelle, la **Maison de la découverte des plaines d'Abraham** ★ *(10$ Odyssée; juil à début sept tlj 8h30 à 17h30; début sept à juil lun-ven 8h30 à 17h, sam 9h à 17h, dim 10h à 17h; 835 av. Wilfrid-Laurier, niveau 0, 418-648-4071)* saura plaire autant aux visiteurs qu'aux gens de Québec. Au rez-de-chaussée, doté d'une entrée sur les plaines, on pourra, en plus de vous offrir quelques services, répondre à vos questions concernant le parc des Champs-de-Bataille, son histoire ainsi que les activités multiples qui s'y déroulent. Y sont présentés une exposition sur la bataille des plaines d'Abraham ainsi que l'*Odyssée*, un spectacle multimédia. De là partent diverses visites guidées dont l'une à bord du *Bus d'Abraham (14$; juil à début sept tlj)*, où vous serez accompagné par Abraham Martin en personne! L'édifice renferme aussi une succursale de l'**Office du tourisme de Québec** *(418-641-6290 ou 877-783-1608)*.

››› ⚲ *Revenez à la Grande Allée.*

Le **parc de la Francophonie** *(entre la rue des Parlementaires et la rue D'Artigny)* et le complexe G (voir plus loin), qui se profile à l'arrière-plan, occupent l'emplacement du quartier Saint-Louis, aujourd'hui presque entièrement détruit. Le parc est aménagé pour la présentation de spectacles en plein air. Il s'anime entre autres pendant le **Festival d'été** (voir p. 185). On l'appelle communément «Le Pigeonnier», nom qui lui vient de l'intéressante structure de béton érigée en son centre (1973), d'après une idée des architectes paysagistes Schreiber et Williams.

››› ⚲ *Continuez sur la Grande Allée vers l'ouest, le long de sa section la plus animée.*

La **Grande Allée** ★ apparaît déjà sur les cartes du XVIIe siècle, mais son urbanisation survient dans la première moitié du XIXe siècle, alors que Québec s'étend en dehors de ses murs. D'abord route de campagne reliant Québec au chemin du Roy, qui conduit vers Montréal, la voie était à l'origine bordée de grandes propriétés agricoles appartenant à la noblesse et aux communautés religieuses du Régime français. À la suite de la Conquête, de nombreux terrains sont aménagés en domaines champêtres, au milieu desquels sont érigées des villas pour les marchands anglophones. Puis la ville néoclassique s'approprie le territoire, avant que la ville victorienne ne lui donne son cachet particulier.

La **terrasse Stadacona** *(nos 640 à 664)* correspond à la première phase d'urbanisation de la Grande Allée. L'ensemble néoclassique, construit en 1847, se définit comme une «terrasse», type d'habitat emprunté à l'Angleterre qui est formé d'un groupe de maisons unifamiliales mitoyennes, aménagées derrière une façade unique. Les maisons ont depuis été reconverties en restaurants et bars, devant lesquels sont déployées des terrasses aux multiples parasols. En face *(nos 661 à 695)*, un groupe de maisons Second Empire, érigées en 1882, à l'époque où la Grande Allée était l'artère à la mode auprès de la bourgeoisie de Québec, dénotent l'influence du parlement sur l'architecture résidentielle du quartier. Trois autres demeures de la Grande Allée retiennent l'attention pour l'éclectisme de leur façade: la **maison du manufacturier de chaussures W.A. Marsh** *(no 625)*, érigée en 1899 selon les plans de l'architecte torontois Charles John Gibson; la **maison Garneau-Meredith** *(nos 600 à 614)*, construite la même année que la précédente; la **maison William-Price** *(no 575)*, véritable petit palais à la manière de Roméo et Juliette qui abrite aujourd'hui restaurants et boîtes de nuit, et qui est malheureusement écrasée par la masse du **Loews Hôtel Le Concorde** (voir p. 140). Du restaurant panoramique **L'Astral** (voir p. 167) de cet hôtel, on a cependant une vue magnifique sur la Haute-Ville et les plaines d'Abraham.

À côté du Loews Hôtel Le Concorde se trouve la petite **place Montcalm**, où un monument commémore la mort du général français survenue lors de la bataille des plaines d'Abraham le 13 septembre 1759. Tournant le dos à Montcalm est érigée une **statue du général français Charles de Gaulle** (1890-1970), qui a soulevé une vive controverse lors de son installation au printemps de 1997.

Envie...

... de danser? La Grande Allée est certes synonyme d'histoire, mais ses vieilles pierres abritent aussi les boîtes les plus branchées de la ville: essayez Le Dagobert (voir p. 183) ou encore Maurice Nightclub (voir p. 183).

Plus loin, à l'entrée des plaines d'Abraham, le **jardin Jeanne-d'Arc** ★ ★ dévoile aux yeux des promeneurs de magnifiques parterres de même qu'une statue de la pucelle d'Orléans montée sur un fougueux destrier, et qui honore la mémoire des soldats tués en Nouvelle-France au cours de la guerre de Sept Ans. Vous vous trouvez présentement au-dessus d'un immense réservoir d'eau potable, niché sous cette partie des plaines d'Abraham!

▸▸▸ 🚶 *Revenez à la Grande Allée vers l'est et tournez à gauche dans la rue De La Chevrotière.*

Derrière l'austère façade de la maison mère des sœurs du Bon-Pasteur, communauté vouée à l'éducation des jeunes filles abandonnées ou délinquantes, se cache une souriante chapelle néobaroque conçue par Charles Baillairgé en 1866. Il s'agit de la **chapelle historique Bon-Pasteur** ★ ★ *(on ne visite pas; 1080 rue De La Chevrotière)*. Haute et étroite, elle sert de cadre à un authentique tabernacle baroque de 1730, réalisé par Pierre-Noël Levasseur. Cette pièce maîtresse de la sculpture sur bois en Nouvelle-France est entourée de petits tableaux peints par les religieuses et disposés sur les pilastres.

Au dernier niveau des 31 étages de l'**édifice Marie-Guyart** du **complexe G**, surnommé «le calorifère» par les Québécois, se trouve l'**Observatoire de la Capitale** ★ *(10$; fév à mi-oct tlj 10h à 17h, mi-oct à jan mar-dim 10h à 17h; 1037 rue De La Chevrotière, 418-643-3117 ou 888-497-4322, www.observatoirecapitale.org)*, d'où l'on bénéficie de vues à 360° exceptionnelles sur Québec. À 221 m d'altitude, c'est le point d'observation le plus haut de la ville. Selon le lieu où l'on se place, on a le loisir d'y observer entre autres le Château Frontenac, la Citadelle, l'île d'Orléans et les Laurentides. Mais pour une vue encore plus perçante, utilisez les lunettes d'approche mises à votre disposition. Tout au long de la visite, une exposition d'objets anciens et de photos en 3D rend le tout plus interactif et bien intéressant.

▸▸▸ 🕵 *Revenez sur vos pas jusqu'à la rue Saint-Amable, que vous emprunterez à droite jusqu'au parc de l'Amérique-Française.*

Connu sous le nom de «parc Claire-Fontaine» jusqu'en 1985, le **parc de l'Amérique-Française** fut inauguré par René Lévesque, alors premier ministre du Québec, quelques mois avant sa défaite face à Robert Bourassa. En plus de ses grands arbres, l'espace de verdure voit flotter un alignement de fleurdelisés.

Le **Grand Théâtre** *(269 boul. René-Lévesque E., 418-643-8131 ou 877-643-8131, www. grandtheatre.qc.ca)*, situé à côté du parc, constituait au moment de son inauguration, en 1971, le fleuron de la haute société de Québec. Aussi le scandale fut-il grand lorsque la murale du sculpteur Jordi Bonet, arborant la phrase de Claude Péloquin : *Vous êtes pas écœurés de mourir, bande de caves? C'est assez!*, fut dévoilée pour orner le hall. Le théâtre, œuvre de Victor Prus, architecte d'origine polonaise, comprend en réalité deux salles (Louis-Fréchette et Octave-Crémazie), où l'on présente les concerts de l'Orchestre symphonique de Québec, des spectacles de variétés, du théâtre et de la danse.

▸▸▸ 🕵 *Du boulevard René-Lévesque Est, rendez-vous jusqu'à la rue de l'Amérique-Française, où vous tournerez à droite pour rejoindre la Grande Allée.*

L'**église Saint-Cœur-de-Marie** *(530 Grande Allée E.)* a été construite pour les Eudistes en 1919 selon les plans de Ludger Robitaille. Elle fait davantage référence à un ouvrage militaire, en raison de ses tourelles, de ses échauguettes et de ses mâchicoulis, qu'à un édifice à vocation religieuse. On dirait une forteresse méditerranéenne percée de grands arcs. Lui fait face la plus extraordinaire rangée de maisons Second Empire qui subsiste à Québec *(nᵒˢ 455 à 555, Grande Allée E.)*, baptisée à l'origine **terrasse Frontenac**. Ses toitures fantaisistes et élancées, qui pourraient être celles d'un conte illustré

pour enfants, sont issues de l'imagination de Joseph-Ferdinand Peachy (1895).

▸▸▸ 🕵 *Continuez sur la Grande Allée vers l'ouest.*

Les sœurs franciscaines de Marie sont membres d'une communauté de religieuses à demi cloîtrées qui se consacrent à l'adoration du Seigneur. En 1901, elles font ériger le sanctuaire de l'Adoration perpétuelle, qui accueille les fidèles en prière. L'exubérante **chapelle des Franciscaines de Marie** ★, de style néobaroque, célèbre la présence permanente de Dieu. On y voit une coupole à colonnes, soutenue par des anges, et un somptueux baldaquin en marbre.

En face, on aperçoit plusieurs belles demeures bourgeoises, érigées au début du XXᵉ siècle, entre autres la maison de John Holt, qui fut propriétaire des magasins Holt-Renfrew, aux nᵒˢ 433-435, et la maison voisine au nᵒ 425, toutes deux érigées dans le style des manoirs écossais. La plus raffinée est sans contredit la maison du juge P.A. Choquette, conçue par l'architecte Georges-Émile Tanguay, qui fait appel à un doux éclectisme, à la fois flamand et oriental.

▸▸▸ 🕵 *Poursuivez votre balade dans la même direction.*

La **Maison Henry-Stuart** *(7$; fin juin à début sept tlj aux heures de 11h à 16h; mai, juin, sept et oct dim aux heures de 13h à 16h; 82 Grande Allée O., angle av. Cartier, 418-647-4347 ou 800-494-4347, www.cmsq. qc.ca/mhs)*, entourée de son jardin, est un des rares exemples de cottage anglo-normand Regency encore debout à Québec. Cette architecture de type colonial britannique se caractérise par une large toiture en pavillon recouvrant une galerie basse qui court sur le pourtour du bâtiment. La maison, élevée en 1849, marquait autrefois la limite entre la ville et la campagne. L'intérieur, qui comprend plusieurs pièces de mobilier provenant du manoir de Philippe Aubert de Gaspé à Saint-Jean-Port-Joli, incendié en 1909, n'a pratiquement pas été modifié depuis 1914. La Maison Henry-Stuart et son joli jardin, qui fait partie de l'Association des jardins du Québec, accueillent aussi les visiteurs pour le service du thé en saison. La maison loge le Conseil des monuments et sites du Québec, qui publie le magazine *Continuité* depuis 1982.

Attraits touristiques – **La colline Parlementaire et la Grande Allée**

Attraits touristiques – La colline Parlementaire et la Grande Allée

L'**avenue Cartier** ★ est une des belles rues commerçantes de la ville. Épine dorsale du quartier résidentiel Montcalm, elle aligne restaurants, boutiques et épiceries fines qui attirent une clientèle qui aime y déambuler.

Envie...

... de chocolat? La réputation du chocolatier Arnold (voir p. 189) n'est plus à faire. On se presse dans sa petite boutique de l'avenue Cartier.

On remarquera, dans les environs, la **maison Pollack** *(1 Grande Allée O.)*, d'inspiration américaine (au moment de mettre sous presse, la maison, qui n'est plus entretenue, était menacée de démolition), le **Foyer néo-Renaissance des dames protestantes** *(111 Grande Allée O.)*, élevé en 1862 par l'architecte Michel Lecourt, et la **maison Krieghoff** *(115 Grande Allée O.)*, habitée en 1859 par le peintre d'origine hollandaise Cornelius Krieghoff.

››› ⚲ *Tournez à gauche dans l'avenue Wolfe-Montcalm, qui constitue à la fois l'entrée au parc des Champs-de-Bataille et l'accès au Musée national des beaux-arts du Québec.*

Au rond-point se dresse le **monument à la mémoire du général Wolfe**, vainqueur de la décisive bataille des plaines d'Abraham. C'est, dit-on, le lieu exact où il s'écroula mortellement. Le monument élevé en 1832 fut maintes fois la cible des manifestants et des vandales. Renversé de nouveau en 1963, il sera reconstruit l'année suivante et muni pour la première fois d'une inscription... en français.

Au cœur du splendide parc des Champs-de Bataille (voir plus loin) a été érigé en 1933 le **Musée national des beaux-arts du Québec** ★★★ *(15$, entrée libre pour les expositions permanentes; début juin à début sept tlj 10h à 18h, mer jusqu'à 21h; début sept à début juin mar-dim 10h à 17h, mer jusqu'à 21h; 1 av. Wolfe-Montcalm, parc des Champs-de-Bataille, 418-643-2150 ou 866-220-2150, www.mnba.qc.ca).* Plafonds sculptés, colonnes surmontées de chapiteaux, matériaux nobles et formes élégantes, bref, l'architecture du musée ne manquera pas de vous impressionner.

Le musée renferme à ce jour trois pavillons: le pavillon Gérard-Morisset, de style néoclassique, le pavillon Charles-Baillairgé, aménagé dans ce qui fut pendant près d'un siècle la prison de Québec, et le Grand Hall, un pavillon tout en transparence qui relie les deux autres et qui sert de lieu d'accueil pour les visiteurs. Le musée s'illumine à la brunante pour révéler ses plus beaux éléments architecturaux. Au moment de mettre sous presse, le monastère des Dominicains *(175 rue Grande Allée O.)* était en cours de démolition afin de permettre la construction d'un nouveau pavillon pour augmenter l'espace d'exposition du musée. L'inauguration de ce quatrième pavillon est prévue pour l'automne 2013.

La visite de cet important musée permet de se familiariser avec la peinture, la sculpture et l'orfèvrerie québécoise, depuis l'époque de la Nouvelle-France jusqu'à aujourd'hui. On y trouve plus de 35 000 œuvres et objets d'art datant du XVIIe siècle à nos jours, dont seulement 2% sont actuellement exposés. Les visiteurs ont accès à 12 salles d'exposition, dont une consacrée en permanence à Jean Paul Riopelle, dans laquelle trône entre autres son imposante murale (42 m) intitulée *Hommage à Rosa Luxembourg*, et une autre entièrement dédiée à Alfred Pellan.

Les collections d'art religieux provenant de plusieurs paroisses rurales du Québec sont particulièrement intéressantes. On y trouve également des documents officiels, dont l'original de la capitulation de Québec (1759). Le musée accueille fréquemment des expositions temporaires en provenance des États-Unis ou de l'Europe.

›››ⵯ *Prenez l'avenue George-VI à gauche puis l'avenue Garneau à droite.*

Juillet 1759: la flotte britannique, commandée par le général Wolfe, arrive devant Québec. L'attaque débute presque aussitôt. Au total, 40 000 boulets de canon s'abattront sur la ville assiégée qui résiste à l'envahisseur. La saison avance, et les Britanniques doivent bientôt prendre une décision, avant que des renforts, venus de France, ne les surprennent ou que leurs vaisseaux ne restent pris dans les glaces de décembre. Le 13 septembre, à la faveur de la nuit, les troupes britanniques gravissent le cap Diamant à l'ouest de l'enceinte fortifiée. Pour ce faire, elles empruntent les ravins qui tranchent, çà et là, la masse uniforme du cap, ce qui permet ainsi de dissimuler leur arrivée tout en facilitant leur escalade. Au matin, elles occupent les anciennes terres d'Abraham Martin, d'où le nom de **plaines d'Abraham** également donné à l'endroit. La surprise est grande en ville, où l'on attendait plutôt une attaque directe sur la citadelle. Les troupes françaises, aidées de quelques centaines de colons et d'Amérindiens, se précipitent sur l'occupant. Les généraux français (Montcalm) et britannique (Wolfe) sont tués. La bataille se termine dans le chaos et dans le sang. La Nouvelle-France est perdue!

Le **parc des Champs-de-Bataille** ★ ★ ★ *(entrée libre; 418-648-4071, www.ccbn-nbc.gc.ca)*, créé en 1908, regroupe les plaines d'Abraham et le **parc des Braves** (voir p. 105). Il commémore la bataille des plaines d'Abraham en plus de donner aux Québécois un espace vert incomparable. Dominant le fleuve Saint-Laurent, ce parc est à Québec ce que le parc du Mont-Royal est à Montréal ou ce que Central Park est à New York : une oasis de verdure urbaine. Il couvre une superficie de 108 ha, jusque-là occupés par un terrain d'exercice militaire, par les terres des Ursulines ainsi que par quelques domaines champêtres. L'aménagement définitif du parc, selon les plans de l'architecte paysagiste Frederick Todd, s'est poursuivi pendant la crise des années 1930, procurant ainsi de l'emploi à des milliers de chômeurs de Québec. Les plaines d'Abraham constituent aujourd'hui un large espace vert sillonné de routes et de sentiers pour permettre hiver comme été des balades de toutes sortes. On y trouve aussi de beaux aménagements paysagers ainsi que des sites d'animation historique et culturelle, tel le **kiosque Edwin-Bélanger**, qui présente des spectacles en plein air.

La **Maison de la découverte des plaines d'Abraham** (voir p. 83), à l'entrée est du parc, s'avère une bonne introduction à la visite des plaines avec ses expositions diverses et ses animations axées sur l'histoire et les sciences naturelles.

Les **tours Martello n°s 1 et 2** ★ sont des ouvrages caractéristiques du système défensif britannique au début du XIXe siècle. La tour n° 1 (1808) est visible en bordure de l'avenue Ontario, et la tour n° 2 (1815) s'inscrit dans le tissu urbain à l'angle des avenues Laurier et Taché. À l'intérieur de la tour n° 1, une exposition retrace certaines stratégies militaires utilisées au XIXe siècle *(droit d'entrée; fin juin à début sept tlj 10h à 17h; 418-648-4071)*. Dans la tour Martello n° 2, on vous propose de participer à des soupers mystère où des personnages vous transportent en 1814, et de démasquer avec eux le coupable d'une sombre intrigue qui se trouve dans la salle (réservations requises). Une troisième tour se dresse plus au nord, à l'autre extrémité du cap, près de la rue Lavigueur, dans le faubourg Saint-Jean-Baptiste.

Riopelle

Né à Montréal en 1923, Jean Paul Riopelle fut l'un des artistes les plus importants de sa génération au Québec. De plus, il jouissait d'une grande renommée internationale. Plusieurs du nombre impressionnant d'œuvres qu'il a signées sont exposées à travers le monde. Personnage haut en couleur qui adorait la vitesse et les belles voitures, peintre abstrait connu surtout pour ses immenses toiles, il a marqué et influencé le monde de l'art moderne. Sa carrière prend forme au sein du groupe des Automatistes, dans les années 1940 auprès de Paul-Émile Borduas. Il sera l'un des signataires du manifeste *Refus global* (1948), qui fit par la suite couler beaucoup d'encre et, d'une certaine façon, érigea les bases esthétiques de la Révolution tranquille. Il vécut à Paris plusieurs années, mais c'est au Québec qu'il revient s'installer à la fin de sa vie. Il meurt le 12 mars 2002 dans son manoir de l'île aux Grues, au milieu du fleuve Saint-Laurent, dans le corridor de migration des oies blanches qu'il affectionnait particulièrement. Une salle du Musée national des beaux-arts du Québec lui est entièrement consacrée.

Attraits touristiques - La colline Parlementaire et la Grande Allée

▸▸▸ 🔥 *Ainsi s'achève ce circuit de la Grande Allée.*

Pour retourner dans la ville fortifiée, suivez l'avenue Ontario, qui mène à l'avenue George-VI, à l'est, ou encore empruntez l'avenue du Cap-Diamant (dans le secteur vallonné du parc), qui donne accès à la promenade des Gouverneurs. Celle-ci longe la Citadelle et surplombe l'escarpement du cap Diamant pour aboutir à la terrasse Dufferin. Elle offre des points de vue panoramiques exceptionnels sur Québec, le Saint-Laurent et la rive sud du fleuve.

Le faubourg Saint-Jean-Baptiste ★

▲ *p. 140* 🍴 *p. 167* 🛏 *p. 183* 🛍 *p. 188*

🕐 deux heures

À ne pas manquer
- La place D'Youville p. 88
- La rue Saint-Jean p. 88

Les bonnes adresses

Restaurants
- La Taverna p. 168
- Le Moine échanson p. 169

Sorties
- Fou-Bar p. 183
- Le Sacrilège p. 183
- Le Temps Partiel p. 183

Achats
- Choco-Musée Érico p. 189
- Lady Kookie Biscuiterie p. 190
- Point d'exclamation p. 194
- Jupon pressé p. 198
- J. A. Moisan p. 190

Depuis toujours un quartier vivant ponctué de salles de spectacle, de bars, de cafés, de bistros et de boutiques, le sympathique faubourg Saint-Jean-Baptiste, très animé de jour comme de nuit, est juché sur un coteau entre la Haute-Ville et la Basse-Ville. S'y presse une foule hétéroclite composée de résidents affairés et de promeneurs nonchalants.

Si l'habitat rappelle celui de la vieille ville par l'abondance des toitures mansardées ou pentues, la trame orthogonale des rues est en revanche on ne peut plus nord-américaine. Malgré un terrible incendie en 1845, cet ancien faubourg de Québec a conservé plusieurs exemples de l'architecture de bois, interdite à l'intérieur des murs de la ville.

▸▸▸ *Le présent circuit débute sous la porte Saint-Jean et se poursuit vers l'ouest par la rue Saint-Jean, véritable épine dorsale du quartier.*

La **place D'Youville** ★, appelée communément «carré d'Youville» par les Québécois, est cet espace public à l'entrée de la vieille ville, qui était autrefois la plus importante place du marché de Québec. Elle constitue de nos jours un carrefour très fréquenté et un pôle culturel majeur. Une large surface piétonne, agrémentée de quelques arbres et de bancs ainsi que d'un large kiosque, sert de lieu de rendez-vous. L'emplacement du mur de contrescarpe, ouvrage avancé des fortifications nivelé au XIXᵉ siècle, a été souligné par l'intégration de blocs de granit noir au revêtement de la place. Dès la fin du mois d'octobre, une portion de la place se recouvre de glace pour le grand plaisir des patineurs.

À l'extrémité ouest de la place D'Youville, on aperçoit *Les Muses*, un bronze étonnant d'Alfred Laliberté (1878-1953). Ces six muses représentent la musique, l'éloquence, la poésie, l'architecture, la sculpture et la peinture.

Envie...
... de flâner? La rue Saint-Jean, bordée de mille et une boutiques, est l'une des plus agréables artères commerciales de la ville.

Au début du XXᵉ siècle, Québec avait désespérément besoin d'une nouvelle salle de spectacle d'envergure, son académie de musique ayant été détruite par un incendie en mars 1900. Le maire, secondé par l'entreprise privée, entreprit des démarches afin de trouver un terrain.

Envie...
... de déjeuner? Nous vous suggérons la terrasse d'Il Teatro (voir p. 169), qui donne sur la place D'Youville.

Le gouvernement canadien, propriétaire des fortifications, offrit une étroite bande de terre, en bordure des murs de la ville, qui s'élargissait toutefois vers l'arrière, rendant possible l'érection d'une salle convenable. L'ingénieux architecte W.S. Painter de Detroit, déjà occupé à l'agrandissement du Château Frontenac, imagina alors un plan incurvé qui permettrait, malgré l'exiguïté

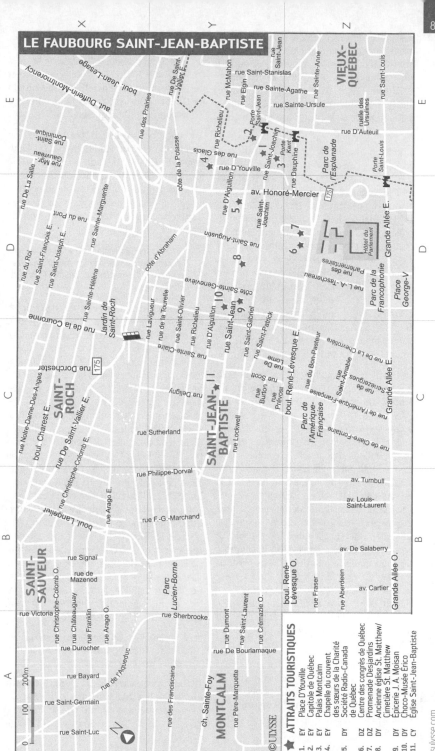

LE FAUBOURG SAINT-JEAN-BAPTISTE

ATTRAITS TOURISTIQUES

1. EY Place D'Youville
2. EY Capitole de Québec
3. EY Palais Montcalm
4. EY Chapelle du couvent des sœurs de la Charité
5. DY Société Radio-Canada de Québec
6. DZ Centre des congrès de Québec
7. DZ Promenade Desjardins
8. DY Ancienne église St. Matthew/ Cimetière St. Matthew
9. DY Épicerie J. A. Moisan
10. DY Choco-Musée Érico
11. CY Église Saint-Jean-Baptiste

© ULYSSE

guidesulysse.com

des lieux, de doter l'édifice d'une façade monumentale. Inauguré en 1903 sous le nom d'Auditorium de Québec, et connu aujourd'hui comme le **Capitole de Québec** ★ *(972 rue St-Jean, www.lecapitole.com)*, ce théâtre constitue l'une des plus étonnantes réalisations de style Beaux-Arts au Canada.

En 1927, le célèbre architecte de cinémas américain Thomas W. Lamb fit du théâtre un luxueux cinéma de 1 700 places. Rebaptisé le «Capitole de Québec», il continua tout de même à présenter des spectacles jusqu'à l'ouverture du Grand Théâtre, en 1971. Délaissé, le Capitole fut abandonné plusieurs années, avant d'être entièrement restauré en 1992 selon les plans de l'architecte Denis Saint-Louis. L'édifice comprend, de nos jours, la grande salle transformée en un vaste café-concert ainsi qu'un luxueux hôtel (voir p. 141) et un restaurant (voir p. 169). Le Capitole a aussi fait l'acquisition du cinéma attenant, sur la devanture duquel trône une grande enseigne ronde. Ce cinéma a été converti en cabaret.

Le pavillon du marché Montcalm fut rasé en 1932 pour la construction du **Palais Montcalm** ★ ★ *(995 place D'Youville, 418-641-6040 ou 877-641-6040, www. palaismontcalm.ca)*. Autrefois un lieu privilégié des assemblées politiques et des manifestations en tout genre, le Palais Montcalm adopte une architecture dépouillée qui s'inspire à la fois du Renouveau classique et de l'Art déco. En 2007, le Palais a été réaménagé pour accueillir les mélomanes de tous les horizons musicaux dans une splendide salle de concerts : la salle Raoul-Jobin. Il accueille également l'orchestre de chambre de renommée internationale Les Violons du Roy. La façade arrière du Palais a été ranimée par l'artiste québécois Florent Cousineau. Son œuvre, *Le fil rouge*, est formée de trois bas-reliefs de pierre traversés par une ligne lumineuse que l'on peut voir de la rue Dauphine.

En quittant les abords de la place D'Youville, vous apercevrez, dans l'axe de la rue du même nom, la délicate façade néogothique de la **chapelle du couvent des sœurs de la Charité** (1856), écrasée par deux immeubles massifs.

↣ ⚲ Traversez l'avenue Honoré-Mercier.

Au n° 888, on remarque l'édifice de briques rouges qui renferme les studios de radio et de télévision de la **Société Radio-Canada de Québec**. Du trottoir, on peut entendre l'émission radiophonique en cours.

Au centre de l'avenue Honoré-Mercier, on observe l'œuvre de Paul Béliveau, *Les Vents déferlant* (2004). Il s'agit d'une allégorie formée de six mâts alignés en groupe de trois de part et d'autre de la rue Saint-Jean, et qui rappellent les vaisseaux de Jacques Cartier accostant au village iroquoien de Stadaconé en 1535.

↣ ⚲ Plus haut, à l'angle de la rue Saint-Joachim, commence le large complexe formé par le Centre des congrès ainsi que les hôtels Hilton Québec et Delta Québec.

Le **Centre des congrès de Québec** ★ *(1000 boul. René-Lévesque E., 418-644-4000 ou 888-679-4000, www.convention.qc.ca)*, qui s'élève au nord de l'Hôtel du Parlement, a été inauguré en 1996. Ce grand bâtiment est pourvu de murs vitrés qui laissent pénétrer toute la lumière à l'intérieur. Il s'agit d'un complexe moderne qui dispose d'une grande salle d'exposition, en plus de plusieurs autres salles à fonctions multiples. Il est relié aux hôtels **Hilton Québec** (voir p. 140) et **Delta Québec** (voir p. 141). Sa construction a permis la réfection de toute cette partie du boulevard René-Lévesque. Entre l'hôtel Hilton Québec et le Centre des congrès se déroule la **promenade Desjardins**, qui rappelle la vie et l'œuvre d'Alphonse Desjardins, fondateur des célèbres caisses populaires du même nom. Au bout de la promenade, on a une belle vue sur la ville et les montagnes au loin. À l'entrée du Centre des congrès se dresse une sculpture tout en mouvement, *Le Quatuor d'airain*, réalisée par Lucienne Payan-Cornet.

↣ ⚲ De la rue Saint-Joachim, empruntez la rue Saint-Augustin, qui vous ramène à la rue Saint-Jean, où vous tournerez à gauche.

D'abord protestante, puis anglicane, l'**ancienne église St. Matthew** *(755 rue St-Jean)* occupe la portion congrue d'un site en bordure de la rue Saint-Jean. Il s'agit d'une œuvre néogothique influencée par les ecclésiologistes, ces mandarins de l'Église d'Angleterre qui voulaient renouer avec les traditions moyenâgeuses. Aussi, plutôt que d'avoir l'apparence d'un bâtiment neuf au décor gothique, l'église St. Matthew rappelle dans son plan, et jusque dans ses matériaux, une très vieille église de village anglais. La nef a d'abord été érigée en 1848; puis, en 1870, l'architecte William Tutin Thomas de Montréal, à qui l'on doit notamment la maison Shaughnessy du Centre Canadien d'Architecture, dessine un agrandissement qui donnera au temple son clocher et son intérieur actuels.

L'atrophie de la communauté anglicane de Québec au XXe siècle a entraîné l'abandon de l'église St. Matthew, qui a été habilement recyclée depuis en une succursale de la Bibliothèque municipale. Plusieurs éléments décoratifs, exécutés par des artistes britanniques, ont été conservés à l'intérieur, dont la très belle clôture du chœur sculptée dans le chêne par Percy Bacon, la chaire en albâtre exécutée par Felix Morgan et les beaux vitraux de Clutterbuck. La sombre voûte à poutres apparentes présente également beaucoup d'intérêt.

Adjacent à l'église, le **cimetière St. Matthew** ★ date de 1771. C'est ici que les protestants de Québec, d'origine française huguenote ou britannique anglicane et presbytérienne, enterraient leurs défunts. Entre 6 000 et 10 000 personnes auraient été inhumées ici entre 1771 et 1860. Plusieurs pierres tombales du début du XIXe siècle subsistent, faisant de ce cimetière un des seuls de cette époque qui n'ait pas été rasé. On peut d'ailleurs y voir la plus ancienne pierre tombale au Québec, celle d'un officier écossais du général Wolfe. Le cimetière est un parc urbain depuis une trentaine d'années. À ses monuments, soigneusement restaurés en 2009-2010, se sont ajoutées quelques sculptures.

▸▸▸ ⅄ *Poursuivez dans la rue Saint-Jean.*

Au nº 699 se trouve l'**épicerie J. A. Moisan**, fondée en 1871, qui s'autoproclame «la plus vieille épicerie en Amérique du Nord». Elle

a en effet des allures de magasin général d'autrefois avec ses planchers et ses étagères tout en bois, ses anciennes publicités et ses multiples boîtes en fer blanc.

La chocolaterie Érico, déjà bien connue des «chocoholiques» comme ils se le disent si bien, a eu la bonne idée de doubler son local d'un tout petit musée relatant l'histoire du chocolat. Si vous voulez en savoir plus sur le chocolat, faites une halte au **Choco-Musée Érico** *(entrée libre; 634 rue St-Jean, 418-524-2122, www.chocomusee.com)*, où vous apprendrez comment les Mayas utilisaient le cacao, comment pousse le fruit (la cabosse), le secret de différentes recettes et plus encore. Vous pourrez même observer, par une fenêtre donnant sur les cuisines, les artisans-chocolatiers à l'œuvre. Et surtout, n'oubliez pas de goûter!...

L'**église Saint-Jean-Baptiste** ★ *(410 rue St-Jean)* est sans contredit le chef-d'œuvre de Joseph Ferdinand Peachy. Fidèle à l'éclectisme français, Peachy est un admirateur inconditionnel de l'église parisienne de la Trinité, qui lui servira plus d'une fois de modèle. Ici, la ressemblance est frappante tant dans le portique extérieur que dans la disposition de l'intérieur. L'édifice, achevé en 1885, entraînera la faillite de son auteur, malencontreusement tenu responsable des fissures apparues dans la façade au cours des travaux. Le parvis de l'église a été réaménagé en une jolie place.

Pour un beau point de vue sur la ville, grimpez les escaliers de la rue de Claire-Fontaine jusqu'à l'angle de la rue Lockwell, sur votre droite. La montée est abrupte, mais le coup d'œil en vaut la peine, surtout le soir, alors que les lumières de la Basse-Ville dansent à vos pieds derrière l'imposante église. D'ailleurs, en vous promenant dans les jolies rues du faubourg, vous retrouverez cette vue en maints endroits. Entre autres, vous pouvez descendre la rue Sainte-Claire jusqu'à l'escalier ou l'ascenseur du Faubourg qui mènent au quartier Saint-Roch (voir ci-dessous), que vous apercevrez avec les Laurentides pour toile de fond.

Attraits touristiques – Le faubourg Saint-Jean-Baptiste

Saint-Roch ★

▲ p. 141 🅞 p. 169 ⤴ p. 183 🄴 p. 188

🕐 *une demi-journée*

À ne pas manquer

• La rue Saint-Joseph
  p. 96

Les bonnes adresses

Restaurants
• L'affaire est Ketchup   • Bistrot le Clocher
  p. 170   Penché p. 170
• Les Bossus p. 170

Sorties
• Le Cercle p. 184

Achats
• Le Croquembouche   • Benjo p. 195
  p. 190

Le quartier Saint-Roch, situé entre le cap Diamant au sud et la rivière Saint-Charles au nord, et entre le boulevard Langelier à l'ouest et l'autoroute Dufferin-Montmorency à l'est, a été l'objet d'une heureuse revitalisation au fil des dernières années et connaît aujourd'hui un essor de popularité sans pareil. Ce quartier tristement célèbre de la ville de Québec, qui a jadis porté les fruits de sa mauvaise réputation, propose maintenant un environnement agréable propice à la promenade. Désormais, le «Nouvo» Saint-Roch, rajeuni, effervescent, embourgeoisé même, constitue un milieu dynamique et vivant.

La ville basse ouvrière de Québec, distribuée de part et d'autre de la rivière Saint-Charles, fait contraste avec le Vieux-Québec emmuré. Pas vraiment de quartiers touristiques ici, mais plutôt l'activité grouillante des passants qui vaquent à leurs occupations quotidiennes. Saint-Roch, Saint-Sauveur et Limoilou sont des noms familiers aux oreilles des Québécois, mais presque étrangers à celles des visiteurs qui ne descendent que trop rarement dans la Basse-Ville.

D'abord faubourg des potiers et des tanneurs, Saint-Roch se développe lentement le long de la rue De Saint-Vallier (Est) à la fin du Régime français. Puis le blocus napoléonien, qui force la Grande-Bretagne à se replier sur ses colonies pour son approvisionnement en bois, amène la création de vastes chantiers maritimes au bord de la rivière Saint-Charles, attirant dans Saint-Roch une importante population ouvrière.

Affligé par une épidémie de choléra en 1832, au cours de laquelle près du quart de ses habitants mourront, puis par deux conflagrations dévastatrices en 1845 et en 1866, le quartier voit son industrie première disparaître en quelques années à la suite du retour à la normale des relations franco-britanniques et de l'apparition des coques de navires en métal (1860-1870).

S'amorce alors une reconversion complète qui fera de Saint-Roch l'un des principaux quartiers de l'industrie au Canada français. S'y ouvrent une série de manufactures de produits de consommation courante (tabac, chaussures, vêtements, meubles), qui s'inscrivent dans la tradition des potiers et tanneurs du XVIIIᵉ siècle. À leurs côtés, de grands magasins, comme Paquet, Pollack et le Syndicat de Québec, qui étaient alignés sur le boulevard Charest, couronnent l'activité commerciale du quartier. Il est à noter aussi que les propriétaires de ces usines et commerces étaient, comme les ouvriers, des Canadiens français, chose rarissime ailleurs au Canada à la même époque. Au début du XXᵉ siècle cependant, cette classe aisée qui y habitait encore quitte Saint-Roch pour s'installer à la Haute-Ville, principalement sur la Grande Allée. Puis, dans les années 1960, l'activité commerciale, qui subissait de plus en plus la concurrence des banlieues, se meurt à petit feu. Les grands magasins et les manufactures doivent, tour à tour, fermer leurs portes. Le quartier, négligé, demeurera ainsi, laissé à lui-même pendant quelques décennies.

★ ATTRAITS TOURISTIQUES

1.	CZ	Rue De Saint-Vallier
2.	DZ	Maison Blanche
3.	CZ	Méduse
4.	BZ	Jardin de Saint-Roch
5.	BY	La Fabrique / Service du développement économique de la Ville de Québec / École des arts visuels de l'Université Laval
6.	BY	Boulevard Charest
7.	AY	Église Notre-Dame-de-Jacques-Cartier
8.	BY	Impérial de Québec
9.	BY	Place Jacques-Cartier / Bibliothèque Gabrielle-Roy
10.	BY	Rue Saint-Joseph
11.	CY	Église Saint-Roch
12.	CY	Rue du Pont

SAINT-ROCH

SAINT-ROCH

SAINT-SAUVEUR

Bassin
Louise

Parc
D'Iberville

Rivière Saint-Charles

Parc Victoria

Parc
du Moulin-
de-l'Hôpital

rue de l'Estuaire

rue Abraham-Martin

quai Saint-André

quai
Saint-André

rue Saint-Paul

rue Saint-Paul

rue Christie

rue Hamel

rue Saint-Flavien

rue Ferland

rue Sainte-
Famille

rue Charlevoix

rue des Remparts

côte du Palais

rue McMahon

rue Saint-
Stanislas

rue Elgin

rue Richelieu

rue des Glacis

rue D'Aiguillon

rue de la
Gare-Du-Palais

boul. Jean-Lesage

aut. Dufferin-Montmorency

rue de la Drave

440

rue Saint-Roch

rue Saint-Dominique

rue Mgr-Gauvreau

rue Mgr-Gauvreau

rue Sagard

rue des Trois-Mâts

rue de la Marée-Haute

rue des Prairies

rue De Saint-Vallier E.

côte de la Potasse

rue Saint-Augustin

175

côte d'Abraham

côte Sainte-Geneviève

rue du Pont

rue de la Chapelle

rue du Prince-Édouard

rue de la Reine

rue De La Salle

rue du Roi

rue Saint-François E.

rue Saint-Joseph E.

rue du Parvis

boulevard Charest E.

rue Sainte-Marguerite

rue Sainte-Hélène

rue Victor-
Révillon

rue Lavigueur

rue de la
Tourelle

rue Saint-Olivier

rue Richelieu

rue Sainte-Claire

rue de la Couronne

175

rue Dorchester

rue Deligny

rue Narcisse-
Belleau

rue des Voltigeurs

rue Sutherland

aut. Laurentienne

rue des Embarcations

rue du Chalutier

rue Lalemant

rue Saint-Anselme

rue des Commissaires E.

rue Caron

rue Notre-Dame-Des-Anges

boul. Charest E.

rue De Saint-Vallier E.

rue Christophe-Colomb E.

rue De
Magellan

rue Horatio-
Nelson

rue Nazaire-
Fortier

rue Philippe-
Dorval

rue Saint-Anselme

boul. Langelier

rue Simon-Napoléon-Parent

rue Jérôme

rue Turgeon

rue Arago E.

rue F.-G.-
Marchand

rue Demers

rue Châteauguay

rue Signaï

rue Franklin

4e Avenue

rue des Sables

1
2
3
4
5
6
7
8
9
10
11
12

N

200m
0   100

©ULYSSE

Ce n'est que depuis le milieu des années 1990 que les projets de construction et de revitalisation ont commencé, d'abord tranquillement, puis à une vitesse surprenante, à transformer le visage de Saint-Roch. En 1992, en effet, la Ville lance un plan d'action pour que le quartier redevienne le centre-ville qu'il était, mais en mieux et en plus beau. Cette régénération a en fait débuté par l'aménagement d'un beau parc urbain, le jardin de Saint-Roch, qui invite à la promenade, et qui a aussi incité habitants et promoteurs à reconsidérer le quartier. Des entreprises, entre autres dans le domaine du multimédia, des écoles, telles l'École des arts visuels de l'Université Laval et l'École nationale d'administration publique (ENAP), des théâtres et autres lieux de culture ont ainsi décidé de porter leurs pénates à Saint-Roch.

▸▸▸ ⬤ *Du Vieux-Québec, descendez la côte du Palais pour sortir de la ville fortifiée, puis tournez à gauche dans la rue De Saint-Vallier Est, que vous suivrez sous les bretelles de l'autoroute Dufferin-Montmorency. Ce circuit peut facilement être jumelé au circuit «Le Vieux-Port», qui se termine à la rue De Saint-Vallier Est.*

La **rue De Saint-Vallier** (Est) est, entre la côte du Palais et la côte d'Abraham, une artère du Régime français qui fait partie de l'arrondissement historique de Québec. Elle a été défigurée en maints endroits, notamment lors de la construction des bretelles de l'autoroute Dufferin-Montmorency en 1970, mais présente tout de même des témoins du passé fort intéressants.

Au n° 870, on peut voir des fragments de la **maison Blanche**, résidence secondaire du richissime marchand Charles-Aubert de La Chesnaye, construite en 1679 selon les plans de Claude Baillif. La maison originale, dont il ne subsiste plus que les voûtes et quelques pans de murs, a beaucoup souffert de l'incendie de 1845.

Un peu plus loin, deux escaliers de fonte et de bois conçus par Charles Baillairgé, l'un en 1883 et l'autre en 1889, permettent de relier timidement les univers séparés géographiquement et complètement étrangers socialement que sont ville basse et ville haute. Au n° 715, on remarquera un ensemble de bâtiments bien préservés appartenant à une entreprise de pompes funèbres depuis 1845.

Envie...
... de prendre un verre ou de jouer au billard? **Les Salons d'Edgar** (voir p. 184) séduisent par leur ambiance feutrée et chaleureuse.

Coincés entre la rue De Saint-Vallier Est et la côte d'Abraham, se trouvent les locaux de **Méduse** ★ *(541 rue De St-Vallier E., 418-640-9218, www.meduse.org)*, un regroupement de divers ateliers d'artistes qui soutiennent la création et la diffusion de la culture à Québec. Le complexe formé de maisons restaurées et de bâtiments modernes intégrés à l'architecture de la ville s'accroche au cap et fait un lien entre la Haute-Ville et la Basse-Ville. Y cohabitent plusieurs groupes qui agissent dans différents domaines comme la photographie, l'estampe, la vidéo, etc. On y trouve donc des salles d'exposition et des ateliers. Y logent aussi Radio Basse-Ville, une radio communautaire, et le café-bistro L'Abraham-Martin. Le long de son côté est, un escalier relie la côte d'Abraham et la rue De Saint-Vallier Est.

▸▸▸ ⚲ *Marchez vers l'ouest dans la rue De Saint-Vallier Est jusqu'à la rue de la Couronne.*

L'angle de la côte d'Abraham et de la rue de la Couronne est souligné par un parc en rocaille doté d'une cascade d'eau et baptisé **jardin de Saint-Roch** ★. De nombreux travailleurs et résidents du quartier viennent s'y reposer le temps d'un pique-nique. C'est l'aménagement de ce parc urbain qui a lancé, en quelque sorte, la revitalisation de tout le quartier.

▸▸▸ ⚲ *Traversez la côte d'Abraham. À l'angle opposé au jardin s'élève l'édifice du Soleil, baptisé ainsi parce qu'il a abrité pendant des années les locaux du grand quotidien de Québec, Le Soleil. Devant, l'escalier et l'ascenseur du Faubourg mènent au faubourg Saint-Jean-Baptiste (voir p. 88).*

Attardez-vous un instant du côté de l'escalier du Faubourg. Pour dompter la falaise et pour habiller le stationnement attenant à l'immeuble d'habitation voisin, l'artiste Florent Cousineau a imaginé *La falaise apprivoisée*. Cette imposante structure de bandes d'acier est coiffée d'un toit végétal qui, la nuit venue, s'illumine d'un «champ de lucioles».

La rue De Saint-Vallier Est est égayée, entre les rues Dorchester et Langelier, d'une jolie auberge, ainsi que de bistros, de bars, de restaurants, de boutiques sympathiques et de salons de coiffure.

➤➤➤ 𝄃 *Tournez à droite dans la rue Dorchester.*

À l'angle de la rue Victor-Révillon, on observe une œuvre d'art public de Florent Cousineau sur le coin d'un édifice, *La Chute de mots.* Les mots reposent sur des bandes métalliques qui, éclairées, forment un genre de cascade.

La Fabrique ★ *(295 boul. Charest E., angle rue Dorchester)* loge dans l'ancienne usine de la Dominion Corset, qui était, comme son nom l'indique, une fabrique de corsets et, plus tard, de soutiens-gorge. Georges Amyot, son président, a fait aménager l'énorme usine de la rue Dorchester entre 1897 et 1911 pour y faire travailler une main-d'œuvre abondante, féminine et obligatoirement célibataire. Le mariage signifiait pour ces jeunes demoiselles le congédiement immédiat, car, pour Amyot, leur devoir était alors à la maison et non plus à l'usine.

L'ancienne usine Dominion Corset a été restaurée, puis rebaptisée «La Fabrique» en 1993. Elle abrite de nos jours notamment le **Service du développement économique de la Ville de Québec**, de même que l'**École des arts visuels de l'Université Laval**. On remarque les jeux de briques complexes de la façade, l'horloge et la tour du château d'eau, éléments qui rappellent l'architecture des manufactures américaines de la fin du XIXᵉ siècle.

➤➤➤ 𝄃 *Traversez le boulevard Charest.*

Le **boulevard Charest** a été créé dès 1928 afin de décongestionner le quartier dont les rues étroites, tracées entre 1790 et 1840, n'arrivaient plus à contenir toute l'activité commerciale et industrielle. Le boulevard Charest Est est dominé par quelques édifices qui abritaient autrefois les grands magasins de Québec. Au n° 740, on peut voir les anciens locaux du magasin Pollack de 1950. À l'angle de la rue du Parvis s'élève la face arrière de l'ancien magasin Paquet et, au coin de la rue de la Couronne, on aperçoit le Syndicat de Québec, reconstruit en 1949, fermé en 1981 et transformé en édifice à bureaux en 2002.

➤➤➤ 𝄃 *Empruntez le boulevard Charest vers l'ouest, sur votre gauche, et tournez à droite dans la rue Caron.*

L'**église Notre-Dame-de-Jacques-Cartier** ★ *(angle rue St-Joseph et rue Caron)* était à l'origine la chapelle des congréganistes de Saint-Roch. Elle fut construite en 1853, puis agrandie en 1875. Elle a regroupé en 1901 une paroisse à part entière. Son décor intérieur très riche, exécuté par Raphaël Giroux, comprend notamment des jubés latéraux encadrés de colonnes dorées. On remarque à l'arrière de l'église son imposant presbytère en pierre bossagée de 1902, mais surtout son clocher incliné!

Si vous vous baladez un peu dans les rues des alentours, vous verrez les **maisons ouvrières de Saint-Roch** ★, uniques à la Basse-Ville de Québec. Compactes et érigées directement en bordure du trottoir, elles sont revêtues de briques brunâtres ou, plus rarement, de bois. Elles sont coiffées de toits à deux versants ou en mansarde et sont dotées de fenêtres à vantaux à la française. On pourrait en parler comme d'un hybride entre l'architecture ouvrière nord-américaine et l'architecture des villes industrielles du nord de la France.

Au début du XIXᵉ siècle, lorsque Saint-Roch connaît un développement accéléré, on construit rapidement des maisons de bois qui s'inspirent directement des maisons de faubourg du Régime français. Mais le grand feu de 1845, qui réduit le quartier en cendres, vient modifier les règles du jeu. Il faudra dorénavant construire en brique ou en pierre et éviter les ornements de bois. L'assouplissement de ces règles à la fin du XIXᵉ siècle permettra de doter plusieurs maisons d'un décor de bois d'inspiration victorienne.

➤➤➤ 𝄃 *Empruntez la rue Saint-Joseph Est en direction de la rue Dorchester.*

L'**Impérial de Québec** ★ *(252 rue St-Joseph E., 418-523-3131 ou 877-523-3131, www.imperialdequebec.com)* est une salle de spectacle qui a connu plusieurs visages avant sa réouverture en 2003. D'abord érigée en 1917, puis détruite par un incendie en 1933 et reconstruite la même année, elle devient le Cinéma de Paris. En 1971, on l'appelle le Midi-Minuit, pour ensuite y ouvrir en 1996 Les Folies de Paris. Bref, l'Impérial, avec sa salle aux allures d'un autre âge et son bistro La Casbah, a su reconquérir le quartier au même titre que le **Théâtre du Capitole** (voir p. 90), dans le faubourg Saint-Jean-Baptiste.

›››⚇ *Poursuivez votre promenade jusqu'à l'angle de la rue de la Couronne.*

En 1831, on décide de l'aménagement d'une place de marché à cet endroit, mais il faut attendre jusqu'en 1857 pour que deux halles y soient érigées. L'une d'entre elles brûle en 1911, alors que l'autre est démolie vers 1930 pour l'aménagement de la **place Jacques-Cartier**, au centre de laquelle on peut voir une statue de l'illustre explorateur malouin Jacques Cartier, offerte par la Ville de Saint-Malo.

Au fond de la place se trouve la **bibliothèque Gabrielle-Roy** *(lun-ven 8h30 à 21h, sam-dim 10h à 17h; 350 rue St-Joseph E., 418-641-6789)*, construite en 1982-1983. Elle porte le nom de l'un des plus illustres écrivains canadiens-français, auteure entre autres du roman *Bonheur d'occasion*, qui décrit la misère d'un quartier ouvrier de Montréal pendant la crise des années 1930. Gabrielle Roy a habité la ville de Québec pendant de nombreuses années. Au moment de mettre sous presse, des travaux de rénovation étaient en cours dans le centre d'exposition de la bibliothèque, un espace généralement consacré à la présentation d'œuvres d'artistes contemporains.

Envie...

... d'un vrai bistro de quartier? Saint-Roch a trouvé le sien avec le Bistrot le Clocher Penché (voir p. 170).

La portion de la **rue Saint-Joseph** qui file vers l'est était autrefois recouverte d'une verrière et faisait partie du Mail Centre-Ville, qu'on appelait aussi «Mail Saint-Roch». On y trouve aujourd'hui d'agréables théâtres, librairies, auberges, restos et boutiques.

›››⚇ *Continuez votre promenade vers l'est dans la rue Saint-Joseph en traversant la rue de la Couronne. Vous verrez bientôt apparaître une église sur votre gauche.*

Étonnamment, aucun des anciens faubourgs de la ville basse ouvrière de Québec n'a conservé son église ancienne. Les incendies et l'accroissement rapide de la population les ont fait disparaître au profit d'édifices plus modernes et plus vastes. La première église Saint-Roch, érigée en 1811, a été remplacée par deux autres bâtiments, avant que l'on ne voit s'élever l'église actuelle, construite de 1916 à 1923. Il s'agit d'une vaste structure néoromane, à deux clochers, dont l'intérieur recèle cependant des vitraux intéressants de la Maison Hobbs de Montréal (vers 1920). L'**église Saint-Roch** ⭑ *(590 rue St-Joseph E.)* était presque oubliée depuis plusieurs années, coincée qu'elle était derrière le Mail Centre-Ville. En réaménageant la rue Saint-Joseph, on a redonné à l'église et à son parvis une place de choix au sein du quartier. Sa façade s'inspire de Notre-Dame de Paris.

›››⚇ *Continuez toujours vers l'est par la rue Saint-Joseph.*

La **rue du Pont** fut baptisée ainsi au moment de l'inauguration en 1789 du premier pont Dorchester, situé à son extrémité nord. Celui-ci, reconstruit maintes fois, franchit toujours la rivière Saint-Charles, permettant de rejoindre **Limoilou** (voir p. 100) et le secteur nord de Québec. À l'est de la rue du Pont, il est possible de retrouver des fragments de l'occupation des lieux sous le Régime français. C'est en effet dans ce secteur, qui s'étend jusque sous les piliers de l'autoroute Dufferin-Montmorency, qu'était situé l'ermitage Saint-Roch des pères récollets, qui a donné son nom au quartier tout entier.

Après avoir cédé en 1692 leur monastère de Saint-Sauveur à Mgr de Saint-Vallier, en vue de sa transformation en **Hôpital Général** (voir p. 98), les Récollets s'installent plus à l'est, où ils aménagent une maison de repos (ermitage) pour leurs prêtres. L'ermitage consistait en une grande maison jouxtée d'une chapelle, dont bâtiments disparus depuis fort longtemps. Viennent bientôt s'y ajouter un hameau et des commerces qui seront à l'origine de la densification du quartier.

›››⚇ *Tournez à droite dans la rue du Pont afin de rejoindre le boulevard Charest, que vous emprunterez en direction est si vous désirez retourner vers la côte du Palais.*

Saint-Sauveur ★

📖 *p. 190*

🕐 *une demi-journée*

Les bonnes adresses

Achats
• Le Pied Bleu p. 190

Tout est plutôt calme dans le charmant quartier Saint-Sauveur comparativement à son très couru quartier voisin, Saint-Roch. Certains considèrent aujourd'hui Saint-Sauveur comme le quartier multiculturel de Québec. En effet, le cordon ombilical qui le relie à Saint-Roch, la rue Saint-Vallier Ouest, est animé de petits restos et boutiques dont les propriétaires sont originaires du Mexique, des Antilles, d'Afrique et d'Asie. Pour de petites fantaisies aux saveurs du monde à des prix raisonnables, Saint-Sauveur demeure un rendez-vous pour les flâneurs avec ses rues étroites et ses «maisons de poupées» desquelles se dégage une atmosphère empreinte des petites choses du quotidien.

Autrefois, l'écrivain québécois Roger Lemelin (1919-1994) contribua à faire connaître le quartier de son enfance et de ses amours. Ses romans *Au pied de la pente douce* (1944) et, surtout, *Les Plouffe* (1948), duquel furent tirés un feuilleton télévisé ainsi que deux longs métrages, décrivent la vie quotidienne, rude et simple à la fois, les travers et le grand cœur des gens de Saint-Sauveur. Ce quartier ouvrier de la Basse-Ville de Québec, situé à l'ouest de Saint-Roch, était alors le secteur le plus pauvre et le plus désœuvré de Québec.

L'histoire de Saint-Sauveur débute très tôt avec l'arrivée des Récollets sur les berges de la rivière Saint-Charles en 1615. Ces franciscains réformés entretiennent de grands projets pour leurs terres. Ils prévoient alors faire venir de France 300 familles, qu'ils installeraient dans un bourg baptisé «Ludovica». En 1621, ils y font d'ailleurs construire la première église en pierre de la Nouvelle-France. Malheureusement, la prise de Québec par les frères Kirke en 1629 viendra mettre un terme à ce projet. Malgré que Québec ait été rendue à la France dès 1632, le projet de colonisation des Récollets ne sera jamais

plus repris. Seul leur couvent est reconstruit avant d'être racheté par l'évêque de Québec pour en faire l'Hôpital Général (1693).

C'est seulement à la suite de la grande conflagration qui détruit le quartier Saint-Roch (1845) que Saint-Sauveur va s'urbaniser. Dans la plus grande confusion, on érige des centaines de maisonnettes en bois sur des terrains exigus et souvent insalubres. En 1866 puis en 1889, des incendies majeurs ravagent une bonne partie du quartier, qui continue pourtant d'attirer nombre d'ouvriers non spécialisés.

➤➤➤ 🚶 🚋 *Ce circuit débute dans la rue Arago, à l'angle de la rue Victoria.*

Les petites maisons aux toitures mansardées de la rue Victoria et des rues avoisinantes confèrent à tout le quartier une atmosphère villageoise et bon enfant. Ces habitations ont été érigées sur les minuscules parcelles tracées par des propriétaires terriens désireux de concentrer un maximum de familles dans un minimum d'espace. Certaines maisons ont même été surélevées au début du XXe siècle par l'adjonction de un ou deux étages dotés de balcons et d'oriels richement ornés.

L'**église Saint-Sauveur** ★ se dresse à l'extrémité nord de la rue Victoria. Elle fut construite en 1867 en réutilisant les murs calcinés de la première église de 1851. L'architecte Joseph-Ferdinand Peachy l'a dotée d'une façade néoromane coiffée d'un clocher qui se rattache davantage à l'esprit baroque. L'intérieur, abondamment décoré à la fin du XIXe siècle, présente une nef étroite encadrée de hautes galeries latérales. On remarquera plus particulièrement les verrières de Beaulieu et Rochon (1897).

➤➤➤ 🚶 *Traversez le parvis de l'église afin de vous retrouver sur l'avenue des Oblats, que vous emprunterez à droite jusqu'à la rue Saint-Vallier Ouest, que vous prendrez à gauche.*

Dans cette rue, vous serez plongé au cœur de l'animation du quartier Saint-Sauveur, avec ses casse-croûte, ses restaurants asiatiques, ses brocanteurs et ses ateliers. On y remarque aussi quelques anciennes demeures de notables dotées de balcons et de tours.

Attraits touristiques - Saint-Sauveur

Les restes de Montcalm

Le 13 septembre 1759, Louis-Joseph de Saint-Véran, marquis de Montcalm, commandant des troupes françaises, perdit la Nouvelle-France, face aux Britanniques, dans la tristement célèbre bataille des plaines d'Abraham. Il y perdit aussi la vie le lendemain, succombant à ses blessures. Il fut enterré au monastère des Ursulines, rue Donnacona, au cœur de la ville fortifiée. Ses restes, en réalité un crâne et un fémur, demeurèrent dans la chapelle du monastère pendant 242 ans. En 2001, on assiste à la translation des restes du marquis menée par un cortège funéraire jusqu'à sa nouvelle sépulture. Il occupera désormais un mausolée érigé en son honneur dans le cimetière de l'Hôpital-Général, là où reposaient déjà nombre de soldats (des camps français et britannique) qu'avaient en vain tenté de soigner les sœurs augustines de l'hôpital. Un mémorial a aussi été élevé en hommage à tous les soldats morts au cours de la guerre de Sept Ans.

La **rue Saint-Vallier** (Ouest) traverse en fait plusieurs quartiers de la Basse-Ville, en un parcours on ne peut moins rectiligne qui se termine devant la place du Marché du Vieux-Port. En fait, elle se nomme «De Saint-Vallier» à l'est du boulevard Langelier et «Saint-Vallier» à l'ouest.

› › › ⚹ *Empruntez la rue de Carillon vers le nord, puis la rue Elzéar-Bédard à droite. Prenez ensuite, presque devant vous, l'avenue Simon-Napoléon-Parent, du nom d'un ancien maire de la ville à la fin du XIXᵉ siècle. On trouvera le long de cette avenue qui mène au parc Victoria quelques demeures victoriennes intéressantes au vocabulaire Second Empire et Queen Anne.*

Le **parc Victoria** fut créé en 1897 afin de pourvoir les quartiers Saint-Roch et Saint-Sauveur d'un peu de verdure, élément qui avait cruellement manqué jusque-là. On y aménagea des sentiers et des pavillons rustiques, faits de rondins et fort populaires auprès des citadins. Le parc a beaucoup perdu de son attrait lors du remblayage du méandre de la rivière Saint-Charles qui l'encerclait presque complètement autrefois. La construction du Quartier général de la police a également contribué à altérer cet espace vert.

› › › ⚹ *Longez le parc en suivant l'avenue Simon-Napoléon-Parent, puis prenez l'avenue Saint-Anselme à droite et l'avenue des Commissaires encore à droite. Vous contournerez ainsi l'enceinte de l'Hôpital Général, dont l'entrée s'ouvre au bout du boulevard Langelier.*

Le site de l'**Hôpital Général** ★ *(260 boul. Langelier)* est d'abord occupé par les Récollets, qui y font construire la première église en pierre de la Nouvelle-France, achevée en 1621, en prévision de la venue de 300 familles que l'on veut établir sur les berges de la rivière Saint-Charles, dans un bourg baptisé «Ludovica». Même si ce projet ne se concrétisera jamais, l'institution prendra racine et grandira lentement. En 1673, la chapelle actuelle est construite; puis en 1682, les Récollets dotent leur couvent d'un cloître à arcades, dont il reste quelques composantes intégrées à des aménagements ultérieurs.

En 1692, Mᵍʳ Jean-Baptiste de la Croix de Chevrières de Saint-Vallier, deuxième évêque de Québec, achète le couvent des Récollets pour en faire un hôpital. Les augustines hospitalières de l'Hôtel-Dieu prennent en charge l'institution qui accueille les démunis, les invalides et les vieillards. Aujourd'hui, l'Hôpital Général est une institution réservée aux soins de longue durée. On a cependant réussi à conserver, plus que dans toute autre institution du genre au Québec, quantité d'éléments des XVIIᵉ et XVIIIᵉ siècles, telles certaines des cellules des récollets, des boiseries, des armoires de pharmacie et des lambris peints. Fait rarissime au Québec, l'hôpital n'a jamais été touché par les flammes et si peu par les bombardements de la Conquête. Ces vestiges demeurent toutefois peu accessibles.

SAINT-SAUVEUR

LIMOILOU

SAINT-SAUVEUR

SAINT-ROCH

© ULYSSE

0   200   400m

★ ATTRAITS TOURISTIQUES

1. AZ   Église Saint-Sauveur
2. BZ   Rue Saint-Vallier
3. BY   Parc Victoria
4. BY   Hôpital Général / Cimetière militaire /
         Mémorial de la guerre de Sept Ans

5. BZ   Ancienne école technique
6. BZ   Moulin de l'Hôpital-Général

On peut visiter sur le site de l'Hôpital Général le **cimetière militaire** où sont inhumés, entre autres, plusieurs des soldats morts au cours de la bataille des plaines d'Abraham. S'y dressent un mausolée où reposent dorénavant les restes du marquis de Montcalm ainsi que le **Mémorial de la guerre de Sept Ans** ★, doublé d'une sculpture de Pascale Archambault intitulée *Traversée sans retour*. Ce mémorial honore la mémoire des 1 058 soldats morts au champ d'honneur entre 1755 et 1760 qui y sont enterrés. Aux côtés des soldats des troupes françaises et britanniques reposent aussi des Canadiens français et des Amérindiens qui se sont fait tuer en défendant leurs terres durant la Conquête.

››› ⚐   *Prenez le boulevard Langelier en laissant le site de l'hôpital derrière vous.*

L'**ancienne école technique** *(310 boul. Langelier)* est l'un des bons exemples du style Beaux-Arts à Québec. Il s'agit d'une œuvre majeure de l'architecte René Pamphile Lemay, réalisée entre 1909 et 1911. Le long bâtiment de briques rouges était autrefois coiffé d'une tour centrale haute de 22 m qui fut malheureusement démolie vers 1955.

Attraits touristiques – Saint-Sauveur

À l'angle du boulevard Langelier et de la rue Saint-François s'élève, au milieu d'un petit parc, le **moulin de l'Hôpital-Général**. Cet ancien moulin à vent est le seul des quelque 20 moulins de Québec à avoir survécu aux affres du temps. Sa tour en pierre a été érigée en 1730 sur des fondations antérieures pour les besoins des religieuses de l'Hôpital Général et de leurs patients. Il a servi à moudre le grain jusqu'en 1862, alors qu'un incendie le ravage entièrement. Les restes du moulin seront intégrés à un bâtiment industriel qui les camoufle jusqu'à les faire disparaître du paysage. Il faut attendre 1976 pour que la tour, ou ce qui en reste, soit dégagée et qu'une nouvelle toiture vienne la couvrir.

›››   � 🚌   *Pour terminer ce circuit et retourner à la Haute-Ville, prenez la rue Saint-François vers l'est et suivez-la un petit moment, jusqu'à ce qu'elle rencontre la rue Dorchester. À l'angle de ces deux rues, vous remarquerez un arrêt d'autobus où vous pourrez prendre le Métrobus n° 801 jusqu'à la place D'Youville.*

Limoilou ★

🚋 *p. 171*   🍴 *p. 184*   🛏 *p. 194*

🕐 *une demi-journée*

À ne pas manquer
• Le Domaine Maizerets
 p. 102

Les bonnes adresses

Restaurants
• Le fun en bouche
 p. 171
Sorties
• Le Bal du Lézard
 p. 184

L'hiver approche. Jacques Cartier, qui, en 1535, en est à son deuxième voyage d'exploration au Canada, doit trouver un mouillage pour sa flottille, avant que les glaces ne l'emprisonnent au milieu du Saint-Laurent. Il déniche un havre bien protégé dans un méandre de la rivière Saint-Charles. Il fait alors construire sur sa rive nord un fortin de pieux dominé par une croix de bois, ornée d'un blason aux armes de François Ier. Ainsi, Limoilou voit les Français ériger une première habitation au Canada. Cependant, après le départ de Cartier, le fortin disparaît complètement. De nos jours, sa présence

est signalée par le **Lieu historique national Cartier-Brébeuf** (voir p. 103).

En 1625, le territoire est concédé aux Jésuites. Ils y créent la seigneurie de Notre-Dame-des-Anges, sur laquelle ils établissent des colons qui cultivent la terre. Il faut attendre le milieu du XIXe siècle pour voir s'urbaniser en partie Limoilou, qui profite de la prospérité des chantiers navals de Saint-Roch, sur l'autre rive de la Saint-Charles. Apparaissent alors de vastes propriétés formées chacune d'un chantier, d'entrepôts et d'un village d'ouvriers, en marge duquel trône la villa du propriétaire entourée de jardins anglais. Fort peu de traces subsistent de cette époque. Ce n'est finalement qu'au début du XXe siècle que le quartier actuel prend sa forme définitive et acquiert son nom, Limoilou, rappel du manoir de Limoilou, près de Saint-Malo, où Cartier s'est retiré après ses nombreux voyages.

›››   � 🚌   *Pour vous rendre au quartier Limoilou depuis le Vieux-Québec, prenez l'autobus n° 3 à la place D'Youville. Il suit la rue de la Couronne avant de traverser la rivière Saint-Charles. Descendez à l'angle de la 4e Rue et suivez la 3e Rue vers l'est.*

Les Amérindiens l'appelaient *Kabir Kouba*, ce qui signifie la rivière aux «mille détours». Cartier, lui, l'avait baptisée «rivière Sainte-Croix» en 1535. Ce sont les Récollets, établis sur sa rive sud, qui, en 1615, lui donnèrent son nom actuel de **rivière Saint-Charles**, en hommage au curé de Pontoise Charles de Boves, qui a financé leur établissement en Nouvelle-France. La rivière sillonne la riche plaine alluviale située au pied du cap Diamant, traversant la Basse-Ville en son centre tout en isolant Limoilou des autres quartiers ouvriers. Elle est formée de multiples boucles qui se terminaient autrefois en un estuaire marécageux, aujourd'hui occupé par le port de Québec et le bassin Louise. De sa source, le lac Saint-Charles, jusqu'au fleuve Saint-Laurent, on a créé le **parc linéaire de la rivière Saint-Charles** *(418-691-4710, www.societerivierestcharles.qc.ca)*, qui permet aux promeneurs de se réapproprier ses berges. On peut y pratiquer plusieurs activités telles que la randonnée et le vélo en été et le patin en hiver.

À la Conquête, en 1763, les Jésuites perdent leur autorisation d'enseigner au Canada. Le dernier d'entre eux meurt à Québec à la fin du XVIIIe siècle. Leur seigneurie de Notre-

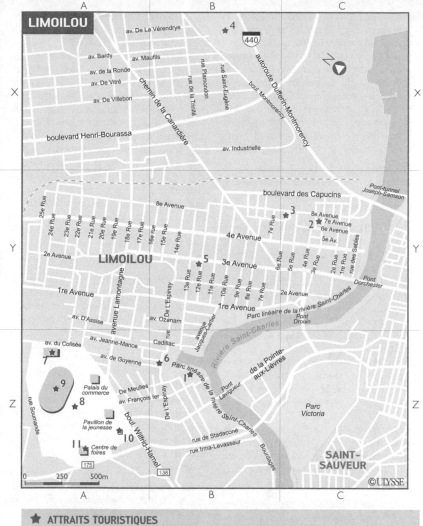

★ **ATTRAITS TOURISTIQUES**

1.	BZ	Parc linéaire de la rivière Saint-Charles
2.	CY	Ancienne école d'Hedleyville
3.	CY	Église Saint-Charles
4.	BX	Domaine Maizerets
5.	BY	Chapel of St. Peter
6.	BZ	Lieu historique national Cartier-Brébeuf

7.	AZ	Colisée Pepsi
8.	AZ	ExpoCité
9.	AZ	Hippodrome de Québec
10.	AZ	Pavillon des Arts
11.	AZ	Centre de foires

Dame-des-Anges revient alors au roi d'Angleterre, qui en redistribue les terres. Vers 1845, William Hedley Anderson crée dans sa portion sud **Hedleyville**, le premier de ces anciens villages de Limoilou spécialisés dans la construction navale et le commerce du bois. Le village, dont il ne subsiste plus que quelques bâtiments, était situé entre la 1re et la 3e Rue, de la 4e à la 7e Avenue.

Au no 699 de la 3e Rue, on peut notamment apercevoir l'**ancienne école d'Hedleyville** *(on ne visite pas)*, construite en 1863, afin d'offrir une éducation sommaire aux enfants des ouvriers. L'école, dont l'architecture ne diffère pas tellement de celle des maisons en bois des faubourgs, a d'ailleurs été transformée en habitation il y a déjà longtemps.

Rendez-vous jusqu'à l'extrémité est de la 3ᵉ Rue, plus précisément à l'angle du boulevard des Capucins, d'où vous bénéficierez d'une percée, entre les piliers de l'autoroute Dufferin-Montmorency, sur l'ancienne papeterie **Anglo Canadian Paper Mills**, aujourd'hui propriété de la compagnie Black Diamond. Ce gigantesque complexe industriel en briques rouges et aux allures de forteresse inexpugnable a été érigé en 1928 sur des remblais de l'estuaire de la rivière Saint-Charles.

››› ∱ *Revenez à la 8ᵉ Avenue, que vous emprunterez en direction nord (tournez à droite si vous vous êtes préalablement rendu jusqu'au boulevard des Capucins).*

La belle **église Saint-Charles** ★ *(8ᵉ Avenue)* se dresse dans l'axe de la 5ᵉ Rue, formant de la sorte une agréable perspective. L'église et les bâtiments conventuels qui l'entourent ont tous été érigés sur une bande de terre qui appartenait autrefois à l'Hôtel-Dieu de Québec. Aménagée derrière une façade néoromane typique (1917-1920), la nef de l'église mère de Limoilou présente une double rangée d'arcades d'inspiration médiévale réalisées par l'architecte Joseph-Pierre Ouellet. Son intérieur est représentatif des églises paroissiales de Québec, en général plus étroites, mais également plus élancées que les églises des autres régions du Québec. Aussi l'influence de la basilique-cathédrale Notre-Dame de Québec, érigée au milieu du XVIIIᵉ siècle, elle-même une œuvre baroque, haute, longue et étroite, s'est-elle fait sentir localement jusqu'à la Seconde Guerre mondiale.

Le long de la 5ᵉ Rue se trouvent quelques-uns des bâtiments civiques de Limoilou, dont l'ancienne caserne de pompiers de style Beaux-Arts, construite en 1910 par la Ville de Québec. Cette dernière avait annexé l'ancienne municipalité autonome de Limoilou l'année précédente, en faisant un quartier de Québec à part entière. Au moment de mettre sous presse, on envisageait de transformer la caserne en un musée qui aurait pour sujet le feu (!).

››› ∱ *Une excursion facultative permet d'explorer la partie est de Limoilou jusqu'au Domaine Maizerets. Il faut compter une bonne demi-heure de marche pour s'y rendre. Poursuivez sur la 8ᵉ Avenue jusqu'au chemin de la Canardière, que vous emprunterez à droite. Tournez à droite dans l'avenue de La Vérendrye, que vous suivrez jusqu'au boulevard Montmorency.*

Le **Domaine Maizerets** ★ *(entrée libre; tlj 10h à 19h, jusqu'à 21h en hiver; 2000 boul. Montmorency, 418-641-6335, www.domainemaizerets.com)* abrite la maison Maizerets, l'une des anciennes résidences d'été du Séminaire de Québec. La maison initiale, construite en 1697, fut agrandie à trois reprises. D'abord connue sous le nom de «domaine de la Canardière», en raison des innombrables volatiles qui venaient se reproduire au milieu des battures autrefois situées à proximité, la maison prend par la suite le nom de «Domaine de Maizerets», en guise d'hommage à Louis Ango de Maizerets, supérieur du Séminaire de Québec à l'époque où il acquiert la propriété. La maison forme, avec ses bâtiments de ferme et son parc, l'un des rares ensembles ruraux du XVIIIᵉ siècle de la région de Québec qui soit toujours intact.

Avec ses grands arbres et ses pelouses, le Domaine Maizerets offre aux résidents et visiteurs un lieu idéal pour la promenade. Son arboretum et ses nombreux aménagements paysagers font la joie des amateurs d'horticulture. Le domaine est d'ailleurs membre de l'**Association des jardins du Québec** (voir p. 128). Été comme hiver, il est possible d'y pratiquer plusieurs activités. À la belle saison, on peut y assister à des concerts en plein air, à des pièces de théâtre ou encore à différentes conférences sur des sujets comme l'ornithologie. L'endroit est aussi très fréquenté pour sa piscine et sa pataugeoire.

››› ∱ *Afin de plutôt poursuivre le circuit principal, remontez la 8ᵉ Avenue, puis tournez à gauche dans la 12ᵉ Rue, où vous verrez la Chapel of St. Peter.*

La **Chapel of St. Peter** *(angle 12ᵉ Rue et 3ᵉ Avenue)* témoigne de la présence, au cours des années 1920 et 1930, de quelques Anglo-Saxons anglicans à Limoilou. La plupart d'entre eux étaient des cadres et des propriétaires d'usines locales. L'évêché anglican de Québec fait ériger cette desserte spécialement pour eux. Cependant, ils ne seront jamais suffisamment nombreux pour justifier la transformation de la chapelle en une véritable église.

Une balade dans les rues avoisinant la chapelle donne une idée de l'**architecture des maisons de Limoilou**, dont la ressemblance avec celle de l'habitat montréalais n'est pas fortuite. En effet, Limoilou se voulait une ville – plus tard un quartier – «moderne», prenant modèle sur les réalisations nord-américaines du début du XXᵉ siècle. Des promoteurs venus de Montréal, mais également des États-Unis, vendirent des lots à bâtir assortis d'exigences particulières qui ont fait apparaître à Limoilou les toits plats, les galeries superposées, les escaliers extérieurs en métal, les parapets, les ruelles et les hangars si typiquement montréalais. On donna même aux rues et avenues ombragées des numéros plutôt que des noms, pour faire plus «américain»...

››› 🚶 *Poursuivez par la 12ᵉ Rue jusqu'à la 1ʳᵉ Avenue, que vous emprunterez à droite avant de tourner à gauche dans la 13ᵉ Rue, qui débouche sur les rues Cadillac et De l'Espinay, où se trouve l'entrée principale du Lieu historique national Cartier-Brébeuf.*

Le **Lieu historique national Cartier-Brébeuf** ★ *(3,90$; mi-mai à début sept tlj 10h à 17h, début sept à mi-oct mer-dim 12h à 16h; 175 rue De L'Espinay, 418-648-4038 ou 888-773-8888, www.pc.gc.ca/lhn-nhs/qc/ cartierbrebeuf.aspx)*, petite aire de verdure au bord de la rivière Saint-Charles, est situé sur l'emplacement où Jacques Cartier a passé l'hiver 1535-1536, entouré de son équipage. Les conditions difficiles de cette hivernation forcée, qui entraîna la mort de 25 marins, est relatée au centre d'interprétation, où l'on peut notamment voir une maquette du fortin de Cartier et qui est animé par des guides en costumes d'époque. Il est à noter que l'expédition du Malouin n'avait pas pour but l'établissement de colons en sol canadien, mais plutôt les découvertes plus lucratives d'un passage vers la Chine et de minéraux aussi précieux que l'or des colonies espagnoles.

Autrefois encaissée entre des murs de béton, la rivière a été libérée de ce joug, du moins à cette hauteur, et parée de plantes aquatiques. Le parc, quant à lui, s'est vu embelli de fleurs et d'arbres décoratifs.

Ce lieu historique est constitué d'un agréable parc de verdure réparti autour d'une crique de la rivière Saint-Charles, qui constituait autrefois l'embouchure de la rivière Lairet, aujourd'hui comblée. Des pistes cyclables le traversent en direction du Vieux-Port ou de la chute Montmorency. On peut y voir une maquette d'une **maison longue iroquoise**, rappel de l'habitat amérindien de la vallée du Saint-Laurent au temps des premiers explorateurs. D'ailleurs, quand Cartier s'installe sur le site, le village amérindien de Stadaconé se trouve à proximité.

Mais Cartier n'est pas le seul dont la mémoire est honorée par ce site historique. Saint Jean de Brébeuf (1593-1649), missionnaire jésuite martyrisé par les Iroquois, est arrivé en ces mêmes lieux en 1625 pour y établir la seigneurie de Notre-Dame-des-Anges. Un monument conjoint, inauguré en 1889, leur rend hommage. Le Lieu historique national Cartier-Brébeuf est bordé au sud par une agréable promenade qui suit les méandres de la rivière Saint-Charles.

››› 🚶 🚌 *Vous pouvez emprunter l'avenue Jeanne-Mance pour vous rendre à ExpoCité. Sachez cependant que le site d'ExpoCité se trouve à une bonne distance de marche et que vous devrez traverser une zone moins intéressante avant d'y arriver. Cette excursion vaut surtout la peine si le Centre de foires est animé, lors de votre passage, par une activité spéciale. Pour revenir, vous pouvez prendre l'autobus nᵒ 37 vers l'est jusqu'à l'angle de la 1ʳᵉ Avenue et de l'avenue Lamontagne (18ᵉ Rue), où vous pourrez prendre l'autobus nᵒ 801 qui mène à la Haute-Ville.*

Le **Colisée Pepsi**, anciennement et toujours communément appelé le «Colisée de Québec», est une patinoire intérieure entourée de gradins où étaient disputées jadis les parties de hockey de l'équipe professionnelle favorite des Québécois, les Nordiques de Québec, déménagée en 1995 à Denver pour devenir l'Avalanche du Colorado. Le Colisée fut érigé en 1950 selon les plans de l'architecte d'origine suisse Robert Blatter, à qui l'on doit par ailleurs quelques belles maisons de style international érigées à Sillery. Rénové et modernisé en 1979, l'amphithéâtre est aujourd'hui le domicile permanent de l'équipe de hockey de la Ligue de hockey junior majeur du Québec Les Remparts et est l'hôte de concerts et spectacles d'envergure internationale.

Le Colisée est érigé sur le site d'**ExpoCité** *(250 boul. Wilfrid-Hamel, 418-691-7110, www.expocite.com)*, qui abrite aussi l'**Hippodrome de Québec**, construit en 1916 et anciennement appelé le Palais central, ainsi que le **Pavillon des Arts**, érigé en 1913. Ces deux anciens pavillons de style Beaux-Arts ont servi à la tenue de l'Exposition provinciale annuelle depuis 1892, et ne sont pas sans rappeler les pavillons de l'Exposition universelle de Chicago (1893). De plus, à ExpoCité, se trouve le vaste **Centre de foires** de Québec, construit en 1997 pour recevoir les multiples expositions et salons qui intéressent les gens de Québec et des environs. En 2011, on annonçait la construction sur le site d'ExpoCité d'un nouvel amphithéâtre dans l'espoir d'y voir jouer une équipe de la Ligue nationale de hockey (LNH). L'ouverture est prévue pour le printemps 2013.

Le chemin Sainte-Foy ★

🚇 *p. 171*   🍴 *p. 184*   🛏 *p. 188*

🕐 *une demi-journée*

À ne pas manquer
• L'avenue des Braves p. 105
• Le Jardin botanique Roger-Van den Hende p. 107

Les bonnes adresses
Restaurants
• Le Bistango p. 171
• La Fenouillère p. 171

Au-delà du faubourg Saint-Jean-Baptiste (voir p. 88) vers l'ouest, quand la rue Saint-Jean devient le chemin Sainte-Foy, le visiteur arpente des rues plus larges dans un secteur où Québec prend des allures de banlieue nord-américaine bien sentie.

Envie...
... de magasiner? Prenez la direction de Place Laurier et de Place Sainte-Foy (voir p. 188), qui comptent parmi les plus grands centres commerciaux de Québec.

Dès la fin du XVIIIe siècle, les murs de la Haute-Ville n'arrivent plus à contenir le développement de Québec. Des faubourgs se forment autour de l'église Saint-Jean-Baptiste et de la Grande Allée. Il est cependant un secteur qui conservera son charme pastoral jusqu'au début du XXe siècle. Il s'agit des terres longeant le chemin Sainte-Foy, cette ancienne route de campagne menant alors au village du même nom.

Le circuit traverse d'abord les quartiers Montcalm et Saint-Sacrement, où se regroupe

une population aisée vivant le long de rues ombragées qui rappellent parfois celles des environs de Londres.

🚶 *Le circuit débute à l'angle de l'avenue Cartier et du chemin Sainte-Foy, que vous prendrez vers l'ouest. Tournez à droite dans l'avenue de l'Alverne.*

L'**ancien monastère des Franciscains** *(angle av. de l'Alverne et rue des Franciscains)*, aujourd'hui converti en un complexe d'habitation, fut érigé en 1901 selon un plan compact gravitant autour d'un cloître qui s'inspire des couvents du Régime français. Il témoigne de l'installation de plusieurs communautés religieuses aux abords du chemin Sainte-Foy au début du XXe siècle. Ces dernières pouvaient alors y dénicher à bon prix de vastes étendues de terrain, loin des bruits de la ville.

🚶 *Tournez à gauche dans la rue des Franciscains, puis encore à gauche dans l'avenue Désy. Reprenez le chemin Sainte-Foy à droite (vers l'ouest).*

Les terres bordant le chemin Sainte-Foy ont été concédées à des notables et à des communautés religieuses de Québec dès la première moitié du XVIIe siècle. Nombre de ces vastes propriétés passeront aux mains de dignitaires britanniques peu après la Conquête. À l'instar des domaines de Sillery (voir p. 108), plusieurs d'entre elles seront réaménagées en parcs champêtres, au centre desquels trône alors une villa. Ces domaines ont été lotis au XXe siècle, et la plupart des villas ont fait place à des ensembles immobiliers résidentiels ou à des bâtiments institutionnels. Toutefois, quelques-unes d'entre elles ont survécu. C'est le cas de la **villa Westfield** *(on ne visite pas; 430 ch. Ste-Foy)*, construite vers 1825 pour Charles Grey Stewart, contrôleur des douanes du Bas-Canada. Il s'agit d'une maison dite de type monumental anglais, sur laquelle fut apposé un décor d'inspiration néoclassique. Elle était autrefois entourée d'un superbe jardin anglais.

Un peu plus loin vers l'ouest se dresse le **couvent des sœurs de Saint-Joseph de Saint-Vallier** *(560 ch. Ste-Foy)*, qui intègre l'ancienne villa d'Andrew Thompson, baptisée *Bijou*. Formant la portion centrale du couvent, celle-ci fut construite en 1874 dans le style Second Empire, reconnaissable notamment à la toiture en mansarde et aux ouvertures à arcs segmentaires. Les ailes ajoutées par les religieuses se marient admirablement bien à l'architecture de la villa. Une chapelle néoromane fut construite à l'est en 1927.

⋙ 🚶 *Tournez à gauche dans l'avenue Brown.*

Face à la cour de l'école Anne-Hébert, on aperçoit alors l'**ancienne villa Sans-Bruit** *(874 av. Brown)*, construite vers 1850 et aujourd'hui un immeuble à logements. Le toit en mansarde fut ajouté en 1880, à l'époque où la maison appartenait à la famille Laurie. Il est à noter que ce secteur de la Haute-Ville était encore, jusqu'à tout récemment, considéré comme un bastion de la petite communauté anglophone de Québec.

⋙ 🚶 *Continuez sur l'avenue Brown vers le sud. Tournez à droite dans la rue du Père-Marquette, où se trouve l'église des Saints-Martyrs-Canadiens (1929), puis tournez encore à droite dans l'avenue des Braves.*

L'**avenue des Braves** ★ s'inscrit dans l'axe du monument du même nom (voir ci-dessous). Lorsqu'elle fut tracée en 1912, on a voulu en faire la plus prestigieuse artère résidentielle de Québec. Aujourd'hui encore, on peut y voir quelques maisons cossues des années 1920 et 1930, revêtues de pierres et de briques. Elles ont été érigées pour la vieille bourgeoisie de Québec, qui avait à l'époque tendance à délaisser les nobles demeures de la vieille ville pour les espaces plus généreux de la cité-jardin.

Au n° 1080 se trouve une belle résidence qui était, de 1953 à 1972, la propriété de Roger Lemelin, auteur du roman *Les Plouffe*. Elle fut aussi, pour une courte période entre 1994 et 1996, la résidence officielle du premier ministre du Québec de l'époque, Jacques Parizeau.

⋙ 🚶 *Remontez l'avenue des Braves jusqu'au monument situé à l'angle du chemin Sainte-Foy.*

Le 27 avril 1760, le chevalier de Lévis et ses 3 800 hommes venus de Montréal tentent de reprendre Québec, tombée aux mains de l'Armée britannique l'automne précédent.

Faute d'entrer dans la ville, ils réussiront tout de même à mettre en déroute les troupes du général Murray à Sainte-Foy, faisant de la bataille de Sainte-Foy l'une des seules victoires françaises de la guerre de Sept Ans en Nouvelle-France. Le nom du **parc des Braves** ★ rend hommage non seulement aux jeunes hommes qui tenteront ce geste téméraire, en attendant l'aide d'une flotte de renfort française, qui ne viendra pas, mais aussi à leurs ennemis britanniques. En 1855, un **monument** à la mémoire de tous les combattants, qu'ils soient français ou anglais, dessiné par Charles Baillairgé, est érigé dans le parc. La colonne de fonte est surmontée d'une statue de Bellone, la déesse romaine de la Guerre, don du prince Jérôme-Napoléon Bonaparte.

Le parc des Braves, l'une des constituantes du **parc des Champs-de-Bataille** (voir p. 87) avec les plaines d'Abraham et l'avenue des Braves, a été redessiné en 1930 selon les plans de l'architecte paysagiste Frederick Todd, attirant du coup dans les environs des familles de notables auparavant établies dans la cité. Le parc offre de belles vues sur la Basse-Ville et sur les Laurentides, dans le lointain.

⋙ 🚶 *Poursuivez vers l'ouest par le chemin Sainte-Foy.*

L'angle du chemin Sainte-Foy et de la rue Belvédère correspond à l'**emplacement de la terre de Jean Bourdon**, ingénieur de la Nouvelle-France dans la première moitié du XVIIᵉ siècle. Bourdon, également propriétaire de la seigneurie de Pointe-aux-Trembles (Neuville), s'était fait construire sur sa terre une ferme fortifiée en pierre comprenant «un grand et un petit corps de logis, une chapelle, deux granges et trois greniers» (vers 1645). Ces bâtiments ont disparu dans la tourmente de la Conquête.

Le chemin Sainte-Foy longe ensuite d'importants bâtiments institutionnels, tel l'imposant hôpital du Saint-Sacrement, au n° 1050.

L'**église du Très-Saint-Sacrement** *(1330 ch. Ste-Foy)*, une œuvre néoromane tardive de 1920, a été réalisée par les architectes Charles Bernier, de Montréal, et Oscar Beaulé, de Québec. Ces deux adeptes de

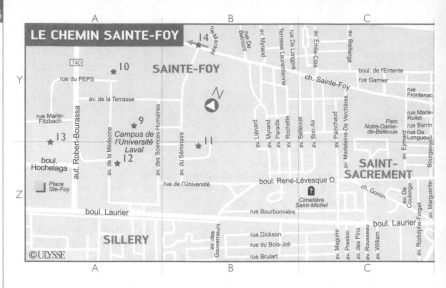

LE CHEMIN SAINTE-FOY

★ **ATTRAITS TOURISTIQUES**
1. FY Ancien monastère des Franciscains
2. FY Villa Westfield
3. EY Couvent des sœurs de Saint-Joseph de Saint-Vallier
4. EZ Ancienne villa Sans-Bruit
5. EZ Avenue des Braves
6. EY Parc des Braves
7. EY Emplacement de la terre de Jean Bourdon
8. DY Église du Très-Saint-Sacrement
9. AY Campus de l'Université Laval

l'architecture médiévale épurée ont doté l'église d'un vaisseau élancé et plutôt austère. Des vitraux de Marius Plamondon ont cependant été ajoutés en 1954, conférant au bâtiment un peu de couleur. Le noviciat des pères du Très-Saint-Sacrement se trouve à l'arrière.

››› ⚐ 🚌 *D'ici, vous pouvez prendre l'autobus n° 7, qui sillonne le chemin Sainte-Foy, pour vous rendre jusqu'au campus de l'Université Laval, 2 km plus à l'ouest. Descendez à l'angle de l'avenue du Séminaire pour atteindre le cœur du campus.*

Le **campus de l'Université Laval** s'étend au sud du chemin Sainte-Foy et à l'ouest de l'avenue Myrand, une petite artère dynamique, rendez-vous des étudiants. L'Université Laval a été fondée en 1852, ce qui en fait la plus ancienne université de langue française en Amérique. Elle fut d'abord installée au cœur de la vieille ville, à proximité du Séminaire et de la cathédrale catholique, avant d'emménager sur le site actuel 100 ans après sa fondation.

Son nom honore la mémoire de monseigneur François de Laval, premier évêque de la Nouvelle-France. Le campus, très étendu, accueille chaque année quelque 45 000 étudiants. Il regroupe de bons exemples d'architecture moderne et postmoderne de la région de Québec.

Parmi les pavillons d'intérêt, mentionnons d'abord le **P.E.P.S.** (Pavillon d'éducation physique et des sports) de 1971, situé approximativement à l'angle du chemin Sainte-Foy et de l'avenue du Séminaire.

Envie...
... de déjeuner? Avec sa cuisine du marché et son ambiance décontractée, Le Bistango (voir p. 171) est la bonne adresse à retenir à Sainte-Foy.

Un peu plus loin sur la gauche se dresse le **pavillon Louis-Jacques-Casault**, qui ferme la perspective symétrique du campus *(1055 av. du Séminaire)*. Il fut construit en 1954-1958 selon les plans d'Ernest Cormier, à qui l'on doit le pavillon principal de

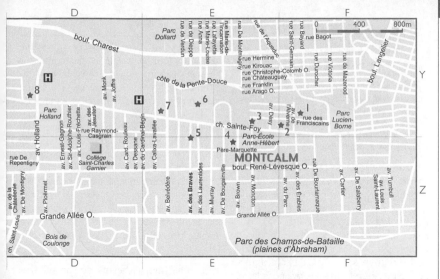

l'Université de Montréal. Le pavillon Louis-Jacques-Casault devait, au départ, servir de «Grand Séminaire» pour la formation des prêtres, expliquant ainsi la présence de l'ancienne chapelle centrale dotée de tours d'inspiration médiévale. À l'approche de la Révolution tranquille, un tel équipement faisait figure de dinosaure, ce qui se reflète d'ailleurs dans son architecture, rattachée aux modèles du passé malgré une date de construction plutôt récente. Acheté par l'Université Laval en 1978, il abrite entre autres la faculté de musique et la **Bibliothèque et Archives nationales du Québec** *(418-643-8904)*. Les **pavillons J.A.-de-Sève** et **La Laurentienne**, situés à proximité, sont de facture nettement plus moderne.

Empruntez l'allée centrale qui conduit au **Centre d'accueil et de renseignements de l'Université Laval** *(lun-ven 8h à 16h30; pavillon Alphonse-Desjardins, local 1106, 418-656-3333)*, où l'on renseigne les visiteurs sur les activités du campus. Enfin, sur l'avenue de la Médecine, à l'ouest de l'avenue des Sciences-Humaines, le pavillon Adrien-Pouliot abrite le **Musée de géologie René-Bureau** *(visite guidée sur demande; 4ᵉ étage, 418-656-2131, poste 8127, www.ggl.ulaval.ca/musee)*, où sont exposés des fossiles et des minéraux du monde entier.

▸▸▸ 🚶 *Traversez l'autoroute du Vallon pour rejoindre le Jardin botanique Roger-Van den Hende.*

Sur le campus universitaire se trouve un des plus intéressants jardins du Québec. Le **Jardin botanique Roger-Van den Hende** ★ *(entrée libre; début mai à fin oct tlj 8h à 20h; 2480 boul. Hochelaga, 418-656-3410, www.jardin.ulaval.ca)* porte le nom d'un chercheur de l'Université Laval qui l'a aménagé à partir de presque rien. Aujourd'hui il est ouvert aux visiteurs et est utilisé pour l'enseignement et la recherche. S'y trouvent un arboretum, un herbacetum, une roseraie, un jardin d'eau... qui valent tous le coup d'œil. On y propose des visites guidées.

›››🚌 *Pour retourner vers la place D'Youville et le Vieux-Québec, prenez le Métrobus n° 800 ou n° 801 devant les pavillons Maurice-Pollack et Alphonse-Desjardins, situés au sud du campus, du côté est de l'autoroute Robert-Bourassa. Notez que pratiquement tous les pavillons de l'université sont reliés entre eux par une longue série de passages souterrains. Vous pouvez également poursuivre votre route par le chemin Sainte-Foy en direction du Centre d'interprétation historique de Sainte-Foy.*

Le **Centre d'interprétation historique de Sainte-Foy** *(entrée libre; juin à sept mar-dim 11h à 17h, avr à mai et oct à déc mer-dim 13h à 17h; 2825 ch. Ste-Foy, à l'angle de la route de l'Église, 418-654-4576)* est aménagé dans un imposant presbytère qui compte parmi les plus anciens en Amérique du Nord. Il est situé à proximité des ruines de l'église Notre-Dame-de-Foy, incendiée en 1977. Du haut du clocher qu'on a sauve-gardé, on obtient un joli panorama de la région. Les nombreuses activités du centre sont liées à l'histoire de l'ancienne ville de Sainte-Foy, fusionnée avec Québec en 2002, et aux citoyens qui l'ont forgée.

De Sillery à Cap-Rouge ☆

🕐 *p. 171* 🍴 *p. 188*

⏱ *une demi-journée*

À ne pas manquer

- Le Bois-de-Coulonge p. 108
- La maison des Jésuites de Sillery p. 109
- L'Aquarium du Québec p. 110
- La promenade Samuel De-Champlain p. 112

Les bonnes adresses

Restaurants
- Paparazzi p. 172

Achats
- L'avenue Maguire p. 188

Ce circuit se promène de haut en bas le long de la falaise qui s'étend depuis le cap Dia-mant jusqu'à Cap-Rouge. Il débute à Sillery, passe par Sainte-Foy et se termine, à l'ouest de la falaise, à Cap-Rouge. Vous ne serez donc jamais très loin du fleuve et pourrez parfois profiter de panoramas magnifiques.

Sillery ★★

Sillery, secteur cossu de Québec, conserve plusieurs témoins des épisodes contrastés de son histoire, influencée par la topogra-phie dramatique des lieux. La ville est en effet répartie entre la base et le sommet de la haute falaise qui s'étend depuis le cap Diamant (est) jusqu'à Cap-Rouge (ouest). En 1637, les Jésuites y fondent, sur les berges du fleuve Saint-Laurent, une mission destinée à convertir les Algonquins et les Montagnais (Innus) qui viennent chaque été pêcher dans les anses en amont de Québec. Ils baptisent leur domaine fortifié du nom du bienfaiteur de la mission, Noël Brulart de Sillery, aris-tocrate converti par saint Vincent de Paul.

Au siècle suivant, Sillery est déjà un lieu recherché pour la beauté de son site. Les Jésuites reconvertissent leur mission en maison de campagne, et une première villa est construite en 1732. À la suite de la Conquête, Sillery devient le lieu de prédilec-tion des administrateurs, militaires et mar-chands britanniques, qui se font construire de luxueuses villas sur la falaise, dans l'esprit romantique, alors en vogue en Angleterre. Le faste de ces habitations, entourées de vastes parcs à l'anglaise, fait contraste avec les mai-sons ouvrières qui s'agglutinent au bas de la falaise. Les occupants de celles-ci travaillent aux chantiers navals qui, depuis le blocus de Napoléon en 1806, font fortune en fabriquant les vaisseaux de la Marine britannique avec le bois acheminé de l'Outaouais. Ces chan-tiers, installés dans les anses protégées de Sillery, ont tous disparu avant l'aménagement du boulevard Champlain, vers 1960.

››› *Le circuit débute à l'entrée du parc du Bois-de-Coulonge, dans le chemin Saint-Louis, qui est la prolongation de la Grande Allée, juste avant qu'il ne bifurque vers le sud et ne laisse le boulevard Laurier filer vers Sainte-Foy.*

Le **Bois-de-Coulonge** ★★ *(entrée libre; 1215 ch. St-Louis, 418-528-0773)* est un beau parc à l'anglaise qui entourait jadis la résidence du lieutenant-gouverneur du Québec. Certaines dépendances du palais, incendié en 1966, ont survécu, comme le pavillon du gardien et les écuries. À la limite est du parc, on peut voir un ravin au fond duquel coule le ruisseau Saint-Denys. C'est par cette ouverture dans la falaise que les troupes britanniques purent accéder aux plaines d'Abraham, où devait se jouer le sort de la Nouvelle-France. Aujourd'hui, le Bois-de-Coulonge, membre de l'Association des jardins du Québec, offre aux promeneurs de magnifiques espaces fleuris ainsi qu'un petit arboretum bien aménagé.

Propriété voisine du Bois-de-Coulonge, la **villa Bagatelle** ★ *(entrée libre; oct à déc et fév à mai mer-dim 13h à 17h, juin à sept mar-dim 11h à 17h; 1563 ch.* St-Louis, 418-654-0259) logeait autrefois un attaché du gouverneur britannique. La villa, construite en 1848, est un bon exemple de l'architecture résidentielle néogothique du XIXᵉ siècle telle que préconisée par Alexander J. Davis aux États-Unis. La maison et son jardin victorien ont été admirablement restaurés en 1984 et sont maintenant ouverts au public. On y trouve un intéressant centre d'interprétation des villas et domaines de Sillery.

Pour une courte excursion facultative au cimetière Saint-Michel de Sillery, suivez le chemin Saint-Louis jusqu'à l'avenue Maguire et tournez à droite, puis à gauche plus loin dans le boulevard René-Lévesque Ouest.

C'est au **cimetière Saint-Michel de Sillery** qu'est inhumé René Lévesque, fondateur du Parti québécois et premier ministre du Québec de 1976 à 1984.

Revenez sur vos pas sur l'avenue Maguire, qui devient la côte de Sillery au sud du chemin Saint-Louis. Suivez la côte de Sillery jusqu'à la rue Cardinal-Persico.

L'**église Saint-Michel** ★ *(1600 rue Cardinal-Persico, à l'angle de la côte de Sillery)* possède plusieurs points en commun avec sa contrepartie anglicane, la **St. Michael's Church** *(1800 ch.* St-Louis), entre autres le patronyme et le style néogothique. Les deux lieux de culte ont en outre été érigés au même moment (1852). L'église Saint-Michel est toutefois beaucoup plus vaste.

Envie...
... d'un *smoked meat*? Essayez la célèbre viande fumée de Brynd (voir p. 171).

Du promontoire de la **Pointe à Puiseaux** ★, situé en face du parvis de l'église, on embrasse du regard un vaste panorama du fleuve Saint-Laurent et de sa rive sud. On remarque sur la droite le **pont de Québec** ★,

un pont cantilever qui était reconnu comme une merveille de l'ingénierie à l'époque où il a été bâti. Sa construction a toutefois été marquée par deux effondrements tragiques. Plus à l'ouest se trouve un second pont, avec de grandes arches blanches: le **pont Pierre-Laporte**, nommé à la mémoire d'un ministre du gouvernement provincial enlevé par les membres du Front de libération du Québec (FLQ) lors de la crise d'Octobre (1970) et décédé au cours de ces événements tragiques.

En bas de la côte, tournez à droite dans le chemin du Foulon, qui tire son nom d'un moulin à carder et à fouler la laine, autrefois en activité dans le secteur.

La **maison des Jésuites de Sillery** ★★ *(entrée libre; juin à sept mar-dim 11h à 17h, avr et oct à mai mer-dim 13h à 17h; 2320 ch. du Foulon, 418-654-0259, www.maisondesjesuites.org)*, faite de pierres revêtues de crépi blanc, occupe le site de la mission Saint-Joseph, dont on peut encore voir les ruines tout autour. Au XVIIᵉ siècle, la mission comprenait une palissade de bois, une chapelle et une maison pour les prêtres, en plus des habitations des Amérindiens, d'un four à pain et d'une brasserie, ainsi qu'un cimetière. Les maladies européennes comme la variole et la rougeole ayant décimé les populations autochtones, la mission fut transformée en maison de repos en 1702. C'est à cette époque que fut construit le fier bâtiment actuel.

En 1763, la maison est louée à John Brookes et à son épouse, la romancière Frances Moore Brookes, qui la rend célèbre en y situant l'action de son roman *The History of Emily Montague*, publié à Londres en 1769. C'est aussi à ce moment que la structure est rabaissée et que les ouvertures sont rapetissées dans la tradition des *salt-boxes* de la Nouvelle-Angleterre. La maison présentera dorénavant deux étages sur la devanture et un seul à l'arrière, couvert par une toiture à pentes asymétriques.

En 1824, la chapelle disparaît alors que la demeure sert de brasserie. Elle abritera par la suite les bureaux de divers chantiers navals. En 1929, la maison des Jésuites devient l'un des trois premiers édifices classés historiques par le gouvernement du Québec. Depuis 1948 s'y trouve un musée qui met en relief l'intérêt patrimonial du site, riche en histoire.

▸▸▸🚶 *Poursuivez dans le chemin du Foulon, puis remontez sur la falaise, sur votre droite, en empruntant la côte à Gignac. En haut de la côte, tournez à droite dans le chemin Saint-Louis.*

Le **Domaine Cataraqui** ★ *(entrée libre, visite guidée sur réservation 8$; 2141 ch. St-Louis, 418-646-7986)*, le plus complet des domaines qui subsistent à Sillery, comprend une grande résidence néoclassique, dessinée en 1851 par l'architecte Henry Staveley, un jardin d'hiver et de nombreuses dépendances disposées dans un beau parc. La maison a été commandée par le marchand de bois Henry Burstall, dont l'entreprise était établie au bas de la falaise. En 1935, Cataraqui devient la résidence du peintre Henry Percival Tudor-Hart et de son épouse, Catherine Rhodes. Pour éviter que le domaine soit morcelé à l'instar de plusieurs autres, il est acheté par le gouvernement du Québec en 1975. Après avoir été fermé pendant de nombreuses années en raison de travaux de rénovation majeurs qu'il subissait, le Domaine Cataraqui a rouvert en 2010. Il est maintenant surtout utilisé pour des réceptions et autres événements, mais il est possible de le visiter sur réservation.

▸▸▸🚶 *Reprenez le chemin Saint-Louis, vers l'ouest cette fois.*

La **maison Hamel-Bruneau** *(entrée libre; juin à août mar-dim 11h à 17h, mars à mai et sept à déc mer-dim 13h à 17h; 2608 ch. St-Louis, 418-641-6280)* est un bel exemple du style colonial britannique du début du XIXᵉ siècle. Celui-ci se définit notamment par la présence de larges toitures à croupes couvrant une galerie basse et enveloppante. La maison Hamel-Bruneau, qui comporte toutefois des fenêtres françaises, a été restaurée avec soin et transformée en un centre culturel avec salle d'exposition.

▸▸▸🚶 *Tournez à gauche dans l'avenue du Parc pour vous rendre à l'Aquarium du Québec.*

L'**Aquarium du Québec** ★ ★ ★ *(15,50$; juin à début sept tlj 10h à 17h, reste de l'année tlj 10h à 16h; 1675 av. des Hôtels, 418-659-5264 ou 866-659-5264, www.sepaq.com/paq/fr/)*, autrefois dénommé l'«aquarium du pont de Québec», a été fondé en 1959. Depuis, il a accueilli quelque 10 millions de visiteurs. Désormais riche de plus de 10 000 spécimens de poissons, entre autres, l'Aquarium du Québec étale sur 16 ha les écosystèmes du Saint-Laurent et des régions polaires. À votre arrivée, on vous présentera un spectacle multimédia qui vous plongera (virtuellement s'entend!) dans le fleuve afin de vous entraîner jusqu'au pôle Nord.

À l'extérieur, vous n'aurez qu'à suivre les circuits pour rencontrer diverses espèces de mammifères. Et vous parcourrez, à travers une vallée rocheuse, les rives du Saint-Laurent dans un décor naturalisé. Autre secteur À ne pas manquer le monde polaire du Nord. Dans cet Arctique reconstitué, ours blancs et phoques du Groenland vous impressionneront. De plus, dans le bâtiment principal, vous serez transporté dans l'univers marin de la source du plateau laurentien aux eaux libres de l'Atlantique Nord.

Les visiteurs pourront enfin s'infiltrer dans les laboratoires, puis un immense bassin circulaire révélera à leurs yeux l'océan subarctique pacifique dans toute sa grandeur: le Grand Océan, dans lequel vous serez entouré de 350 000 litres d'eau où vivent 3 000 spécimens marins. Vous pourrez même assister aux repas des pensionnaires et manipuler de petits invertébrés comme les étoiles de mer et les oursins. L'Aquarium du Québec dispose d'aires de repos, de jeux pour les enfants avec entre autres un parcours d'aventure en forêt, des jeux d'eau et des rallyes interactifs ainsi que d'une boutique de souvenirs.

Parallèlement au chemin Saint-Louis, toute la portion du boulevard Champlain comprise

★ **ATTRAITS TOURISTIQUES**

1.	EX	Bois-de-Coulonge
2.	DX	Villa Bagatelle
3.	DX	Cimetière Saint-Michel de Sillery
4.	DY	Église Saint-Michel
5.	DX	St. Michael's Church
6.	DY	Pointe à Puiseaux
7.	AZ	Pont de Québec
8.	AZ	Pont Pierre-Laporte
9.	CY	Maison des Jésuites de Sillery
10.	CY	Domaine Cataraqui
11.	BY	Maison Hamel-Bruneau
12.	AZ	Aquarium du Québec
13.	BZ	Promenade Samuel-De Champlain
14.	BZ	Quai des Cageux

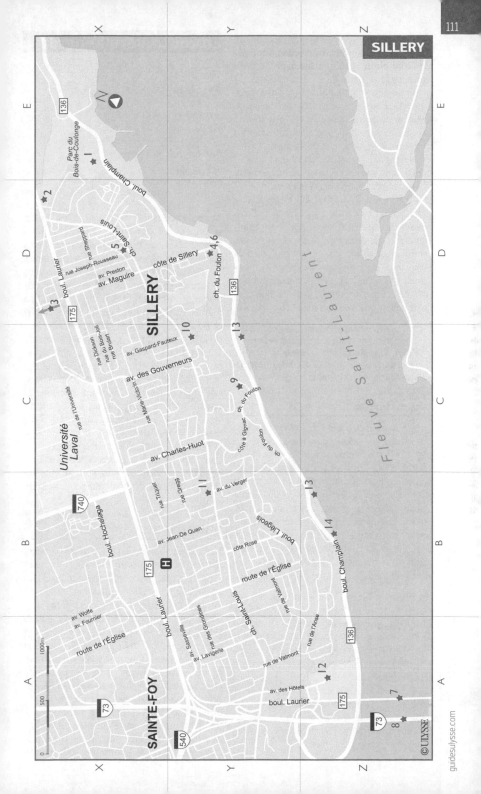

SILLERY

SAINTE-FOY

SILLERY

Fleuve Saint-Laurent

Université Laval

Parc du Bois-de-Coulonge

©ULYSSE

entre la côte de Sillery et le quai des Cageux longe aujourd'hui la **promenade Samuel-De Champlain** ★. L'aménagement de cette promenade, longue de 2,5 km et comptant quatre secteurs thématiques (les stations des Cageux, des Sports et des Quais, ainsi que le Boisé de Tequenonday), vise à redonner vie aux berges du fleuve Saint-Laurent afin que tous les Québécois profitent de vastes espaces verts, d'une piste cyclable et de sentiers de randonnée pédestre. Naturellement, plusieurs activités récréatives et sportives y sont proposées. Au **quai des Cageux**, une tour d'observation de 25 m permet d'embrasser du regard le majestueux fleuve Saint-Laurent. Au moment de mettre sous presse, on entamait des travaux pour prolonger la promenade jusqu'au parc de la Plage-Jacques-Cartier (voir plus bas), ce qui ajoutera un peu plus de 3 km de sentiers. Cette section sera entièrement réservée aux marcheurs.

▸▸▸🚗 *Revenez au chemin Saint-Louis, que vous emprunterez vers l'ouest en direction de Cap-Rouge. À Cap-Rouge, vous suivrez la rue Louis-Francœur, à droite, avant de descendre la côte de Cap-Rouge, sur votre gauche.*

Cap-Rouge

Jacques Cartier et le sieur de Roberval tentent d'implanter une colonie française à Cap-Rouge dès 1541. Ils baptisent leurs campements Charlesbourg-Royal et France-Roy. Les malheureux qui les accompagnent ne se doutent pas encore qu'il fait froid en janvier au Canada et construisent de frêles habitations de bois, dotées de fenêtres en papier! La plupart mourront au cours de l'hiver, victimes du froid mais aussi du scorbut, maladie provoquée par une carence en vitamine C dans l'organisme. Les autres rentreront en France au printemps.

Au bord du fleuve, aux limites de Sainte-Foy et de Cap-Rouge, le **parc de la Plage-Jacques-Cartier** ★ *(3636 ch. de la Plage-Jacques-Cartier, 418-641-6300)* redonne un peu le fleuve aux Québécois. Ils étaient rares en effet, les lieux où l'on pouvait se promener tranquillement sur la grève et admirer le fleuve, ses marées, ses oiseaux et ses bateaux. Dorénavant, cette plage permet à tous d'apprécier à sa juste valeur la majesté de cette importante source de vie. À noter que la baignade y est interdite.

En route vers le nord ★

▲ *p. 143* 🛏 *p. 172* 🍴 *p. 193*

🕐 *une journée*

À ne pas manquer

- Le parc national de la Jacques-Cartier p. 114
- Wendake p. 114
- L'Hôtel de Glace p. 113

Les bonnes adresses

Restaurants
- Restaurant Dazibo p. 173
- La Traite p. 173

La région couverte par ce circuit est en fait sillonnée par plusieurs routes. Le circuit débute à Charlesbourg, une des premières zones de peuplement de la Nouvelle-France. De là, par la route 369, vous pouvez vous rendre à Wendake, un village peuplé par une communauté huronne-wendat. La même route continue ensuite vers l'ouest et peut vous mener vers Sainte-Catherine-de-la-Jacques-Cartier et le lac Saint-Joseph. De Wendake, vous pouvez plutôt opter pour suivre la route 371, qui conduit à Saint-Gabriel-de-Valcartier et Tewkesbury. Ou encore, de Charlesbourg, la route 73 vous conduira jusqu'au lac Beauport, au lac Delage et à Stoneham. La route 175 file ensuite vers le nord et le parc national de la Jacques-Cartier. Vous aurez compris que toute la région est le domaine des amateurs de grands espaces. Référez-vous au chapitre «Plein air» pour de plus amples renseignements.

Charlesbourg ★

En Nouvelle-France, les seigneuries prennent habituellement la forme de longs rectangles quadrillés que parcourent les montées et les côtes. La plupart d'entre elles sont également implantées perpendiculairement à un cours d'eau important. Charlesbourg représente la seule véritable exception à ce système, et quelle exception! En 1665, les Jésuites, à la recherche de différents moyens pour peupler la colonie tout en assurant sa prospérité et sa sécurité, développent sur leurs terres de la seigneurie de Notre-Dame-des-Anges un modèle d'urbanisme tout à fait original. Il s'agit d'un vaste carré, à l'intérieur duquel des lopins de terre distribués en étoile convergent vers le centre, où sont regroupées les habitations. Celles-ci font face à une place délimitée par un chemin appelé le «Trait-Carré», où se trouvent l'église, le cimetière et le pâturage communautaire.

Ce plan radioconcentrique, qui assure alors une meilleure défense contre les Iroquois, est encore perceptible de nos jours dans le vieux Charlesbourg. Deux autres initiatives du genre, le Bourg Royal, à l'est, et la Petite Auvergne, au sud, ne connaîtront pas le même succès, laissant peu de traces.

La seigneurie de Notre-Dame-des-Anges a été concédée aux Jésuites dès 1626, ce qui en fait l'une des premières zones habitées en permanence par les Européens au Canada. Malgré cette présence ancienne et ce développement original, Charlesbourg conserve peu de bâtiments antérieurs au XIXe siècle. Cela s'explique par la fragilité des constructions et la volonté de se moderniser.

››› 🚶 � 🚌   *Il est recommandé de stationner sa voiture à proximité de l'église et de parcourir à pied le quartier du Trait-Carré. On peut aussi prendre le Métrobus n° 801 pour se rendre à Charlesbourg.*

L'**église Saint-Charles-Borromée** ★ ★ *(7950 1re Ave., 418-623-1847)* a révolutionné l'art de bâtir en milieu rural au Québec. L'architecte Thomas Baillairgé, influencé par le courant palladien, innove surtout par la disposition rigoureuse des ouvertures de la façade, qu'il coiffe d'un large fronton. En outre, l'église de Charlesbourg a l'avantage d'avoir été réalisée d'un trait et d'être demeurée intacte depuis. Rien n'est donc venu contrecarrer le projet original. La construction est entreprise en 1828, et le magnifique décor intérieur de Baillairgé est mis en place à partir de 1833.

Au fond du chœur, plus étroit que la nef, se trouve le retable en arc de triomphe, au centre duquel trône un tabernacle, rappelant la basilique Saint-Pierre de Rome, devant une toile du XVIIe siècle d'après Pierre Mignard, intitulée *Saint Charles Borromée distribuant la communion aux pestiférés de Milan.* Deux belles statues de Pierre-Noël Levasseur, datant de 1742, complètent l'ensemble. Au sortir, on aperçoit le vaste presbytère Second Empire de 1876, témoin du statut privilégié des curés de village au XIXe siècle, et la Bibliothèque municipale,

installée dans l'ancien collège des Frères Maristes (1904).

››› 🚶   *Prenez la 1re Avenue vers le sud, puis tournez à gauche dans la rue du Trait-Carré Est, qui conduit au chemin Samuel.*

La **maison Éphraïm-Bédard** *(entrée libre; mer et dim 10h30 à 17h30; 7655 ch. Samuel, 418-624-7745)*, montée en pièce sur pièce à la fin du XVIIIe siècle, est une des rares survivantes du vieux Charlesbourg. La société historique locale s'y est installée en 1986 et y présente une exposition sur l'évolution du Trait-Carré. Les cartes anciennes et les photos aériennes exposées permettent de mieux comprendre la physionomie particulière de Charlesbourg. La société organise aussi des visites guidées du secteur.

Si l'on reprend la rue du Trait-Carré Est, on peut voir, au n° 7970, la **maison Magella-Paradis** *(pour les expositions: mi-juin à mi-août mer-dim 10h30 à 17h30; 418-624-7961)* de 1833. Un peu plus loin, au n° 7985, la **maison Pierre-Lefebvre**, de 1846, abrite la **Galerie d'art du Trait-Carré** *(418-623-1877)*, où sont présentées des œuvres d'artistes variés.

››› 🚶   *Tournez à droite dans la 80e Rue Est. À l'angle du boulevard Henri-Bourassa se trouve l'ancien moulin des Jésuites.*

Le joli **moulin des Jésuites** ★ *(3$ exposition, 5$ incluant la visite du moulin; mi-juin à début sept mer-dim 10h à 18h, début sept à mi-juin sam-dim 10h à 17h; 7960 boul. Henri-Bourassa, 418 624 7720, www. moulindesjesuites.org)*, un moulin à eau en moellons crépis, est le plus ancien bâtiment de Charlesbourg. Il a été érigé en 1740 pour les Jésuites, alors seigneurs des lieux. Après plusieurs décennies d'abandon, le bâtiment de deux étages a enfin été restauré en 1990 et accueille maintenant le **Centre d'interprétation de l'histoire du Trait-Carré** ainsi que le bureau d'information touristique. On y organise aussi des concerts et des expositions.

›››   *Prenez la route 73, qui devient la route 175 vers Lac-Beauport.*

Anciennement situé à la Station touristique Duchesnay, le célèbre **Hôtel de Glace** ★ *(17,50$ visites pendant la journée, 13,50$ visites en soirée; début jan à fin mars; 9530* *rue de la Faune, 418-623-2888 ou 877-505-0423, www.hoteldeglace-canada.com; voir p. 143)* a déménagé ses pénates à Charlesbourg à l'hiver 2011, sur le site de l'ancien zoo de Québec. Inspiré du modèle suédois original, l'Hôtel de Glace est le seul du genre en Amérique du Nord et figure sans contredit parmi les attractions incontournables du continent! Bien sûr, la durée de vie de cette époustouflante réalisation est limitée (début janvier à fin mars), mais, chaque année, les bâtisseurs se remettent à la tâche pour ériger ce magnifique complexe à l'aide de plusieurs tonnes de glace et de neige. Et l'on ne se contente pas d'empiler des blocs de glace, on s'en sert aussi pour décorer l'endroit! Le hall d'entrée, par exemple, se voit surmonté d'un splendide lustre de glace. L'hôtel abrite une galerie d'art où les sculptures de neige et de glace rivalisent d'originalité, une salle d'exposition, une glissade, une chapelle, un café et un bar où l'on sert des cocktails dans des verres de glace. Émerveillement garanti! À noter qu'une navette *(environ 30$/adultes pour le transport et la visite)* fait la liaison plusieurs fois par jour entre la place d'Armes, dans le Vieux-Québec, et l'Hôtel de Glace.

Lac-Beauport

Lieu de villégiature fort prisé tout au long de l'année, la région du lac Beauport attire les skieurs en hiver avec sa station de ski **Le Relais** (voir p. 130) et les amateurs de sports nautiques avec ses belles plages en été.

››› *La route 175 passe en bordure des centres de villégiature de Lac-Delage, de Stoneham et de Tewkesbury. Elle donne accès, plus loin, au parc national de la Jacques-Cartier et à la réserve faunique des Laurentides.*

Le **parc national de la Jacques-Cartier** ★★ *(6$; route 175 N., 418-848-3599 en été ou 800-665-6527 en tout temps, www.sepaq.com/pq/jac/)*, qui se trouve enclavé dans la réserve faunique des Laurentides, à 40 km au nord de Québec, accueille toute l'année une foule de visiteurs. Il est sillonné par la rivière du même nom, laquelle serpente entre les collines escarpées qui lui méritent le nom de «vallée de la Jacques-Cartier». Le site, qui bénéficie d'un microclimat dû à cet encaissement de la rivière, est propice à la

pratique de plusieurs activités de plein air. On y trouve une faune et une flore abondantes et diversifiées qu'il fait bon prendre le temps d'admirer. Les détours des sentiers bien aménagés réservent parfois des surprises, comme un orignal et son petit en train de se nourrir dans un marécage. Un centre d'accueil et d'interprétation permet de bien s'informer avant de se lancer à la découverte de toutes ces richesses. On y loue des emplacements de camping (voir p. 144) et des chalets pour 2 à 14 personnes, le tout complété par diverses installations sportives (voir «Activités de plein air» p. 128).

La **réserve faunique des Laurentides** *(route 175 N., Km 94, accueil Mercier, 418-848-2422 ou 800-665-6527, www.sepaq.com/rf/lau)* couvre un territoire de près de 8 000 km². Vaste étendue sauvage composée de forêts et de rivières, elle abrite une faune diversifiée comprenant des espèces telles que l'ours noir et l'orignal. La chasse et la pêche (à la truite mouchetée) y sont possibles à certaines périodes de l'année. Afin d'accueillir les visiteurs, on y propose des chalets *(réservations: 800-665-6527)* pouvant loger de 2 à 14 personnes. La réserve renferme de beaux sentiers de ski de fond, de courte et de longue randonnée.

››› *Retournez sur vos pas sur la route 175, que vous emprunterez en direction sud. Prenez la sortie 154 vers la rue de la Faune pour vous rendre à Wendake.*

Wendake ★★

Chassées de leurs terres ontariennes par les Iroquois au XVIIe siècle, quelque 300 Hurons s'installent en divers lieux autour de Québec avant de se fixer définitivement, en 1700, à La Jeune-Lorette, aujourd'hui Wendake. Le visiteur sera charmé par le village aux rues sinueuses de cette réserve amérindienne sur les berges de la rivière Saint-Charles. En visitant ses musées et ses boutiques d'artisanat, il en apprendra beaucoup sur la culture des Hurons-Wendat, peuple sédentaire et pacifique.

Onhoüa Chetek8e ★★ *(12$; &; mai à oct tlj 9h à 17h, nov à avr tlj 10h à 16h; 575 rue Stanislas-Koska, 418-842-4308, www.huron-wendat.qc.ca)* est une reconstitution d'un village huron-wendat tel qu'il en existait aux débuts de la colonisation. Les visiteurs sont invités à se joindre à une visite commentée par d'excellents guides amérindiens vêtus d'habits traditionnels wendats. Parmi les aménagements du village, notons la maison longue, la hutte du chaman, la hutte de sudation, le fumoir à viande et les palissades. Sans être vaste, le village est riche en attraits et présente des activités diversifiées et interactives, entre autres un spectacle de danse traditionnelle et du tir à l'arc, et il abrite une boutique d'artisanat. Le site a pour but de faire découvrir aux visiteurs le mode de vie et d'organisation sociale de la nation huronne-wendat. L'agréable restaurant du village permet de goûter à divers mets amérindiens.

L'**Hôtel-Musée Premières Nations** ★ ★ *(5 place de la Rencontre, 418-847-2222 ou 866-551-9222, www.hotelpremieresnations. com)* rappelle les maisons longues iroquoises. En plus d'abriter un superbe hôtel (voir p. 143), il renferme le **Musée huron-wendat** ★ *(10$; fin juin à début sept tlj 9h à 20h; début sept au début nov dim-mer 9h à 16h; nov à fin juin mer-dim 9h à 16h; 15 place de la Rencontre, 418-847-2260, www. museehuronwendat.com)*, où la richesse de la culture huronne-wendat est mise en valeur par une collection qui explore les thèmes du territoire, de la mémoire et du savoir.

On peut se procurer au Musée huron-wendat le **forfait découverte** *(14$; fin juin à oct visites à 10h et 13h, nov à fin juin visite à 10h; réservations requises)*, qui permet de visiter quatre autres attraits en plus du musée: l'église Notre-Dame-de-Lorette, la Maison Tsawenhohi, la Fresque du peuple wendat et la chute Kabir Kouba (voir ci-dessous).

L'**église Notre-Dame-de-Lorette** ★ *(73 boul. Bastien)*, l'église des Hurons-Wendat, terminée en 1730, rappelle les premières églises de la Nouvelle-France. L'humble édifice, revêtu d'un crépi blanc, recèle des trésors insoupçonnés que l'on peut voir dans le chœur et dans la sacristie. Certains de ces objets ont été donnés à la communauté huronne par les Jésuites et proviennent de la première chapelle de L'Ancienne-Lorette (fin XVIIᵉ siècle). Lorsque les Hurons-Wendat ont commencé à se rendre à l'église, il n'y

avait pas de bancs, ni de plancher, afin qu'ils puissent être en contact avec la terre. C'est seulement par la suite qu'on a ajouté ces éléments pour la rendre «plus chrétienne». Lorsqu'on a voulu agrandir l'église, on a dû construire par-dessus un cimetière. Par respect pour les défunts, on décida d'installer les pierres tombales qui s'y trouvaient directement dans l'église, ce qui explique pourquoi quelques pierres tombales sont encastrées dans les murs de l'édifice.

La **Maison Tsawenhohi** *(75 Chef Nicolas Vincent Tsawenhohi, 418-847-2260, www. museehuronwendat.com; voir le forfait découverte)*, dont le nom huron-wendat signifie «l'homme qui voit clair, le faucon», a été achetée en 1804 par le grand chef Nicolas Vincent Tsawenhohi. Elle fait maintenant partie du patrimoine de la nation huronne-wendat et abrite un centre d'interprétation des savoir-faire traditionnels. De nombreuses activités y sont organisées été comme hiver telles initiation à la raquette, excursion en canot et dégustation de produits du terroir.

Au **parc de la Falaise et de la chute Kabir Kouba** ★ *(stationnement à l'arrière du restaurant **Sagamité**, voir p. 172; www. chutekabirkouba.com)*, quelques petits sentiers longent le bord de la falaise, haute de 42 m, au fond de laquelle coule la rivière Saint-Charles. En empruntant un escalier, vous pourrez admirer de plus près cette magnifique chute haute de 28 m. Son nom de Kabir Kouba, qui signifie «grand serpent», s'inspire du tracé sinueux de la rivière. Le site a longtemps été exploité par des entrepreneurs qui y ont installé plusieurs types de moulins (à farine, à scie, à papier…) et une centrale électrique. Le lieu est aussi très chargé de signification pour les Hurons-Wendat, la rivière et la chute étant protectrices de leur nation.

La magnifique **Fresque du peuple wendat** ★, qu'on peut admirer à la place de la Nation, sur un mur près de la rivière Saint-Charles, témoigne de l'histoire et de la culture des Hurons-Wendat. La fresque compte deux sections: sur celle de gauche, on peut voir les tâches qu'accomplissaient les hommes, soit la chasse, la pêche, la politique et la guerre, alors que sur celle de droite, ce sont les femmes qui sont représentées par l'artisanat, la cueillette et l'entretien de la maison et de la famille. On remarque aussi les quatre espèces animales qui représentent les quatre clans qui sont venus s'établir dans les environs dans les années 1700, soit les clans du Loup, de l'Ours, du Chevreuil et de la Tortue.

Le **Centre d'interprétation Kabir Kouba** *(entrée libre; visite guidée du site 5$, réservations requises; début juin à fin oct lun-ven 10h à 16h; 14 rue St-Amand, Loretteville, 418-842-0077, www.chutekabirkouba.com)* est situé de l'autre côté de la rivière, à Loretteville. Il retrace l'histoire du lieu à travers fossiles, photographies et autres artéfacts trouvés sur les lieux.

›››🚗 *De Wendake, vous pouvez poursuivre par la route 369 pour vous rendre dans la région du lac Saint-Joseph, vers le nord-ouest, une région de villégiature populaire auprès des Québécois.*

Fossambault-sur-le-Lac

Sur la rive du lac Saint-Joseph, près du village de Fossambault-sur-le-Lac, s'étend la **plage Lac Saint-Joseph** *(14$ pour la journée; tlj mi-juin à mi-sept; 7001 route de Fossambault, 418-875-1478 ou 877-527-5243, www.quebec-camping.com)*. Eh oui! Une véritable plage de sable où se dressent même des palmiers (importés de Floride chaque année)! En plus de la baignade, vous pourrez y pratiquer toutes sortes d'activités nautiques. Attention toutefois, car elle attire beaucoup de monde par les belles journées d'été.

Sainte-Catherine-de-la-Jacques-Cartier

À 45 km de Québec, au bord du plus grand lac de la région, le lac Saint-Joseph, la **Station touristique Duchesnay** ★ *(toute l'année; 140 montée de l'Auberge, 418-875-2122 ou 877-511-5885, www.sepaq.com/duchesnay)* permet de se familiariser avec la forêt laurentienne. Situé sur un territoire de 90 km², ce centre de recherche sur la faune et la flore de nos forêts fait partie des stations touristiques de la Sépaq. Reconnue depuis longtemps pour ses sentiers de ski de fond, la station s'avère idéale pour pra-

tiquer toutes sortes d'activités de plein air telles que la randonnée pédestre, grâce à ses 25 km de sentiers aménagés, les sports nautiques, etc. La piste cyclable Jacques-Cartier/Portneuf passe par Duchesnay. De plus, l'Auberge Duchesnay offre aux visiteurs des lieux d'hébergement et de restauration très confortables.

›››🚗 *Pour revenir à Québec, reprenez la route 175 vers le sud.*

La Côte-de-Beaupré et l'île d'Orléans ★ ★

▲ *p. 144* 🍴 *p. 173* 🛏 *p. 191*

🕐 *un à deux jours*

À ne pas manquer

- Le parc de la Chute-Montmorency p. 117
- La basilique Sainte-Anne-de-Beaupré p. 119
- L'île d'Orléans p. 121
- La Réserve nationale de faune du cap Tourmente p. 121

Les bonnes adresses

Restaurants
- Auberge La Camarine p. 173
- Panache mobile p. 174
- La Goéliche p. 174

Achats
- Chocolaterie de l'Île d'Orléans p.191
- Les Fromages de l'isle d'Orléans p. 191

La Côte-de-Beaupré, cette longue et étroite bande de terre coincée entre le Saint-Laurent et le massif laurentien, représente encore de nos jours un écrin de peuplement ancien, en contrebas de zones sauvages peu développées. Elle illustre de la sorte la répartition limitée des populations en bordure immédiate du fleuve, dans plusieurs régions du Québec, et rappelle la fragilité du développement à l'époque de la Nouvelle-France. De Beauport à Saint-Joachim, la Côte-de-Beaupré est traversée par le premier chemin du Roy, aménagé à l'instigation de Mgr de Laval au XVIIe siècle, le long duquel s'agglutinent les maisons typiques de la côte, avec leur rez-de-chaussée surélevé et revêtu de stuc, leur longue galerie de bois chantourné et leurs encadrements de fenêtres en dentelle de bois.

De son côté, l'île d'Orléans, cette île de 32 km sur 5 km située au milieu du fleuve Saint-Laurent en aval de Québec, est un des enfants chéris des gens de la région. On comprend très vite pourquoi lorsqu'on s'y rend pour une promenade : de superbes paysages de campagne et des trésors du patrimoine québécois nous apparaissent au détour du chemin Royal.

Beauport ★

Aujourd'hui un arrondissement de la ville de Québec, Beauport a su combiner trois types de développement urbain au cours de son histoire. Cet ancien village agricole devient au XIXe siècle une importante ville industrielle, avant de se métamorphoser en l'une des principales villes de la banlieue de Québec au cours des années 1960 et d'être finalement fusionnée à la capitale en 2002. La seigneurie de Beauport, à l'origine de la ville actuelle, a été concédée dès 1634 à Robert Giffard, médecin-chirurgien originaire de l'ancienne province française du Perche. Enthousiaste, Giffard fait construire manoir, moulin et bourg dans les années qui suivent, faisant de sa seigneurie l'une des plus considérables de la Nouvelle-France. Malheureusement, les guerres et les conflagrations entraîneront la perte de plusieurs bâtiments de cette époque.

Le **chemin Royal** ★ *(route 360 E.)* correspond au chemin du Roy, tracé au milieu du XVIIe siècle, qui suit tantôt la partie supérieure, tantôt la partie inférieure de la côte de Beaupré. Il traverse diagonalement les terres de l'ancienne seigneurie de Beauport, ce qui explique l'implantation en dents de scie des bâtiments limitrophes. On peut y voir plusieurs maisons ancestrales, telle la **maison Marcoux** *(588 av. Royale)*, construite au XVIIIe siècle.

Le **bourg du Fargy** ★, un secteur de Beauport, a été constitué en bourg fortifié au milieu du XVIIe siècle. En 1669, le seigneur Giffard dresse même un plan d'aménagement comprenant une place du marché. La **maison Girardin** *(entrée libre; juin à oct tlj 11h à 17h; 600 av. Royale, 418-821-7049)*, érigée en 1727 par la famille Marcoux sur une terre concédée à Nicolas Bellanger, originaire de Normandie, est l'un des seuls vestiges du bourg. Ses rares et petites ouvertures ainsi que son épais carré de pierre, conçus pour affronter le rude climat,

témoignent des conditions de vie difficiles de l'époque. La maison abrite aujourd'hui la Société d'art et d'histoire de Beauport. Le groupe de maisons victoriennes de la rue du Couvent (vers 1910) offre un contraste intéressant avec cette demeure du Régime français.

À l'extrémité de la rue du Couvent se dresse l'**ancien couvent des Sœurs de la congrégation Notre-Dame-de-Beauport** (1886). Sur la gauche trône l'**église de La Nativité-de-Notre-Dame**, maintes fois rebâtie. Lors de sa dernière reconstruction, en 1916, on a omis les clochers, donnant au bâtiment une apparence trapue.

Le **manoir Montmorency** ★ *(2490 av. Royale, 418-663-3330)*, une grande maison blanche, a été construit en 1780 pour le gouverneur britannique John Haldimand. Cette construction était parvenue à la célébrité en devenant la résidence du duc de Kent, fils de George III et père de la reine Victoria, à la fin du XVIIIe siècle. Le manoir, qui abritait un établissement hôtelier, a été gravement endommagé lors d'un incendie en mai 1993, mais fut reconstruit selon les plans d'origine. Aujourd'hui, on y retrouve un centre d'interprétation, quelques boutiques et le **Grill-terrasse du Manoir** (voir p. 173), d'où l'on bénéficie de vues exceptionnelles sur la chute Montmorency, le fleuve et l'île d'Orléans. La petite chapelle Sainte-Marie et les jardins qui entourent le manoir sont ouverts au public.

Le manoir est niché dans le **parc de la Chute-Montmorency** ★ ★ *(stationnement 9$; téléphérique 10$ aller-retour; toute l'année, vérifiez les heures d'ouverture des stationnements; 418-663-3330 ou 800-665-6527, www.sepaq.com/ct/pcm/)*, aménagé afin de permettre l'observation du spectacle grandiose de la chute. La rivière Montmorency, qui prend sa source dans les Laurentides, coule paisiblement en direction du fleuve, jusqu'à ce qu'elle atteigne une dénivellation soudaine de 83 m qui la projette dans le vide, donnant lieu à la plus haute chute du Québec et l'un des phénomènes naturels les plus impressionnants de la province. Une fois et demie plus élevée que celle du Niagara, la chute Montmorency a un débit qui atteint 125 000 litres d'eau par seconde lors des crues printanières.

Afin de contempler la chute, à partir du manoir Montmorency empruntez la charmante promenade de la Falaise, où se trouve le belvédère de la Baronne, qui offre une vue en plongée sur ce spectacle grandiose. Cette courte randonnée vous conduit au pont «Audessus de la chute» et au pont «Au-dessus de la faille». Il va sans dire que les panoramas qui y sont offerts sont tout à fait extraordinaires. Une fois arrivé à la section est du parc, vous trouverez une aire de jeux pour les enfants et des tables de pique-nique. Vous pouvez descendre par l'escalier panoramique et ses 487 marches ou par le sentier.

En bas, empruntez le sentier au pied de la chute, qui mène à la gare du téléphérique. Vous pourrez remonter tranquillement en admirant encore une fois cette merveille de la nature. En hiver, la vapeur d'eau cristallisée par le gel forme des cônes de glace nommés «pains de sucre», que les plus audacieux peuvent escalader.

Samuel de Champlain, fondateur de Québec, avait été impressionné par cette chute, à laquelle il a donné le nom du vice-roi de la Nouvelle-France, Henri II, duc de Montmorency. Au XIXᵉ siècle, le site de la chute constituait un but de promenade pour les équipages, où se rencontraient les messieurs et les dames en carrosse ou en traîneau.

La partie basse du parc, située en face de la chute, est accessible par un très long escalier en bois ou par le téléphérique.

›››🚍 *Prenez le boulevard Sainte-Anne (route 138) en direction est ou empruntez l'avenue Royale, qui traverse une campagne bucolique et de jolis villages.*

Château-Richer ★

Château-Richer occupe un emplacement au charme pittoresque, accentué par l'implantation inusitée de l'église sur un promontoire. Des fours à pain en pierre et des caveaux à légumes centenaires sont visibles de la route et, parfois, encore utilisés. Dans tout le village, on a apposé de petites pancartes de bois devant les bâtiments historiques. Ces panneaux explicatifs vous informent sur l'époque de construction de l'édifice et sur ses particularités architecturales, ce qui agrémente la promenade.

Un magnifique moulin domine la rivière du Petit Pré sur l'avenue Royale. Mis en valeur par la Corporation du Moulin du Petit Pré, le **Moulin du Petit Pré** ★ *(6$; visite sur réservation; 7007 av. Royale, 418-824-7007, www.moulin-petitpre.com)* propose des visites commentées. Le moulin a été reconstruit après la Conquête sur le modèle du moulin qu'avait fait ériger la direction du Séminaire de Québec en 1695. Il s'agit du plus ancien moulin à céréales en Amérique du Nord. La visite permet de comprendre le mécanisme du moulin et d'observer les meules de pierre moudre le grain. Depuis le début des années 1990, de belles vignes poussent dans un vignoble derrière le moulin. À l'intérieur du moulin, une boutique vend des œuvres d'artisanat.

Le **Centre d'interprétation de la Côte-de-Beaupré** ★ *(6$; ♿; mai à oct tlj 9h30 à 16h30, nov à avr lun-ven 9h30 à 16h30; 7976 av. Royale, 418-824-3677 ou 877-824-3677, www.histoire-cotedebeaupre.org)* se trouve au cœur du village. Dans une ancienne école de quatre étages, le centre présente une exposition renouvelée portant sur l'histoire et la géographie de la Côte-de-Beaupré, ainsi que des expositions temporaires.

Le miel et les abeilles ont toujours piqué votre curiosité? Voilà tout trouvé pour vous un petit économusée des plus intéressants. Le **Musée de l'abeille** *(entrée libre, «safari-abeilles» 4,75$; fin juin à début sept tlj 9h à 18h, reste de l'année horaire variable; 8862 boul. Ste-Anne, 418-824-4411, www.musee-abeille.com)* vous propose une brève intrusion dans le monde de ces ouvrières infatigables. Vous pouvez choisir d'y déambuler à votre guise en lisant les panneaux explicatifs et en observant les objets exposés, ou encore participer à un «safari-abeilles» en compagnie d'un apiculteur qui vous initiera à son art. On y trouve une pâtisserie et une boutique (voir p. 191).

›››🚍 *Pour vous rendre à Sainte-Anne-de-Beaupré, vous pouvez poursuivre par le boulevard Sainte-Anne (route 138) en direction est ou par l'avenue Royale.*

Sainte-Anne-de-Beaupré ★

Cette ville tout en longueur est un des principaux lieux de pèlerinage en Amérique. Dès 1658, une première église catholique y fut dédiée à sainte Anne, à la suite du sauvetage de marins bretons, qui avaient prié la mère de Marie afin d'éviter la noyade lors d'une tempête sur le fleuve Saint-Laurent. Les pèlerins affluèrent bientôt en grand nombre. À la seconde église, construite en pierre vers 1676, on a substitué en 1872 un vaste temple, détruit dans un incendie en 1922. C'est alors que fut entreprise la construction de la basilique actuelle au centre d'un véritable complexe de chapelles, de monastères et d'équipements aussi divers qu'insolites. Chaque année, Sainte-Anne-de-Beaupré accueille plus d'un million de pèlerins, qui fréquentent les hôtelleries et les nombreuses boutiques de souvenirs, au goût parfois douteux, qui bordent l'avenue Royale.

Envie...
... d'un repas gastronomique? Essayez la table de La Goéliche (voir p. 174).

Ouverte toute l'année, la **basilique Sainte-Anne-de-Beaupré** ★★★ *(un comptoir d'information situé à proximité de l'entrée est ouvert de 8h30 à 16h30; 10018 av. Royale, 418-827-3781, www.sanctuairesainteanne.org)*, qui surgit dans le paysage des petits bâtiments de bois et d'aluminium colorés qui bordent la route sinueuse, étonne par ses dimensions importantes, mais aussi par l'activité fébrile qui y règne tout l'été. L'église, dont le revêtement de granit prend des teintes variées selon la lumière ambiante, a été dessinée dans le style néoroman français par l'architecte parisien Maxime Roisin, assisté du Québécois Louis Napoléon Audet. Ses flèches s'élèvent à 91 m dans le ciel de Sainte-Anne-de-Beaupré, alors que sa nef s'étend sur 129 m de longueur et sur plus de 60 m de largeur aux transepts.

L'intérieur est divisé en cinq vaisseaux, supportés par de lourdes colonnes au chapiteau abondamment sculpté (Émile Brunet et Maurice Lord). La voûte de la nef principale est décorée de mosaïques scintillantes racontant la vie de sainte Anne, réalisées par les artistes français Jean Gaudin et Auguste Labouret. Dans un beau reliquaire, à l'arrière-plan,

on peut admirer la Grande Relique, soit un fragment de l'avant-bras de sainte Anne, qui provient de la basilique Saint-Paul-Hors-les-Murs, à Rome. Enfin, il faut emprunter le déambulatoire, qui contourne le chœur, pour voir les 10 chapelles rayonnantes, à l'architecture polychrome d'inspiration Art déco, qui ont été conçues au cours des années 1930.

On s'est servi des matériaux récupérés lors de la démolition de l'église de 1676 pour ériger, en 1878, la **Chapelle commémorative** ★ *(entrée libre; mai à mi-sept tlj 8h à 20h, mi-sept à mi-oct tlj 8h à 17h; av. Royale, 418-827-3781)*. Le clocher (1696) est attribué à Claude Baillif, architecte dont les nombreuses réalisations en Nouvelle-France au XVIIᵉ siècle ont pratiquement disparu du paysage, la plupart victimes de la guerre et des incendies. À l'intérieur se trouvent le maître-autel de l'église du Régime français, œuvre de Jacques Leblond dit Latour (vers 1700), ainsi que des toiles du XVIIIᵉ siècle. Au pied de la Chapelle commémorative se trouve la fontaine de sainte Anne, aux vertus jugées curatives.

La **Scala Santa** ★ *(entrée libre; mai à mi-sept tlj 8h à 20h, mi-sept à mi-oct tlj 8h à 17h; à droite de la Chapelle commémorative, 418-827-3781)*, étrange bâtiment en bois peint en jaune et blanc (1891), sert d'enveloppe à un escalier que les pèlerins gravissent à genoux en récitant des prières. Il s'agit d'une réplique du Saint-Escalier qu'emprunta le Christ en se rendant au prétoire de Ponce Pilate. Dans chacune des contremarches est inséré un souvenir de la Terre Sainte.

Le **chemin de Croix** *(derrière la Chapelle commémorative)* est situé à flanc de colline et donne accès au **monastère des Laïcs**, dont la chapelle de saint Gérard vaut une petite visite. Ses statues, grandeur nature, ont été coulées dans le bronze à Bar-le-Duc, en France.

Dans le **Cyclorama de Jérusalem** ★★ *(9$; mai à oct tlj 9h à 18h; 8 rue Régina, à proximité du stationnement, 418-827-3101, www.cyclorama.com)*, cet édifice circulaire décoré à l'orientale dans un style plutôt kitsch, on peut voir un panorama à 360° de Jérusalem, *Le jour de la Crucifixion*, immense toile en trompe-l'œil de 14 m sur 100 m peinte à Munich, en Allemagne, de 1872 à 1882, par le Français Paul Philippoteaux et ses assistants. Ce spécialiste du panorama a exécuté une œuvre remarquable de réalisme, qui fut d'abord exposée à Montréal avant d'être déménagée à Sainte-Anne-de-Beaupré à la fin du XIXe siècle. Autrefois populaires, très peu de ces panoramas et cycloramas, ont survécu jusqu'à nos jours.

Le **Musée de sainte Anne** ★ *(5$; mai à mi-juin et début sept à début oct tlj 9h30 à 16h30, mi-juin à début sept tlj 9h à 17h; 9803 boul. Ste-Anne, 418-827-3782, poste 2700)* se voue à l'art sacré qui honore la mère de la Vierge Marie. Ces œuvres, accumulées depuis des années dans la basilique et aujourd'hui exposées devant le grand public, sont d'une intéressante diversité. On y trouve des sculptures, des peintures, des mosaïques, des vitraux et des travaux d'orfèvrerie dédiés au culte de sainte Anne, ainsi que des écrits formulant une prière ou en remerciement pour une faveur obtenue. Y sont aussi expliqués des pans de l'histoire des pèlerinages à Sainte-Anne-de-Beaupré. Le tout est exposé sur deux étages d'une façon agréable et aérée.

Pour en savoir davantage sur les légendes qui peuplent l'imaginaire québécois, il faut se rendre à l'**Atelier Paré** *(entrée libre; mi-mai à mi-oct tlj 9h à 17h, mi-oct à mi-mai mer-dim 13h à 16h; 9269 av. Royale, 418-827-3992, www.atelierpare.com)*. Cet atelier de sculpture sur bois fait office d'économusée des contes et légendes puisque toutes les œuvres exposées s'inspirent de ce monde fascinant.

Vous pouvez poursuivre par la route 138 jusqu'à la Réserve nationale de faune du cap Tourmente (voir p. 121), ou encore emprunter la route 360 Est jusqu'à la station touristique Mont-Sainte-Anne et au Canyon Sainte-Anne (voir ci-dessous).

Beaupré

La **station touristique Mont-Sainte-Anne** ★ *(horaire et tarifs varient selon les activités; 2000 boul. Beau-Pré, 418-827-4561* ou *888-827-4579, www.mont-sainte-anne.com)* englobe un territoire de 77 km² et un mont (le mont Sainte-Anne) d'une hauteur de 800 m qui compte parmi les plus beaux centres de ski alpin (voir p. 131) au Québec. Pour héberger les visiteurs, quelques hôtels ont été construits. Par ailleurs, plusieurs autres activités de plein air peuvent y être pratiquées; le site possède notamment un réseau de près de 200 km de pistes pour vélo de montagne (voir p. 132) ou de sentiers de ski de fond (voir p. 131). Sur place, des comptoirs de location d'équipement sportif permettent à tous de s'adonner à ces activités vivifiantes.

Le **Canyon Sainte-Anne** ★ *(11,50$; ♿; début mai à fin juin et sept-oct tlj 9h à 17h, fin juin à début sept tlj 9h à 18h; 206 route 138, 418-827-4057, www.canyonste-anne.qc.ca)* est composé de torrents aux flots agités, d'une chute atteignant une hauteur de 74 m ainsi que d'une marmite d'un diamètre de 22 m, formée dans le roc par les tourbillons d'eau. Les visiteurs ont l'occasion de contempler cet impressionnant spectacle grâce aux belvédères et aux ponts suspendus installés sur les lieux, telle la passerelle qui conduit au fond de la gorge.

Cap Tourmente ★★

Ce cap est le dernier soubresaut de la plaine du Saint-Laurent sur la rive nord, avant que le massif laurentien n'entre directement en contact avec le fleuve Saint-Laurent. Sa colonisation, qui commence dès le début du XVIIe siècle, est liée aux premières tentatives de peuplement de la Nouvelle-France. Samuel de Champlain, fondateur de Québec, y établit une ferme en 1626, dont les vestiges ont été mis au jour. Les terres du cap Tourmente sont ensuite acquises par le Séminaire de Québec, qui aménage au fil des ans une maison de repos pour les prêtres, une école, une colonie de vacances et, surtout, une vaste ferme qui doit subvenir aux besoins alimentaires de l'institution, en plus de lui procurer des revenus appréciables. À la suite de la Conquête, le Séminaire déplace le siège de sa seigneurie de Beaupré au cap Tourmente, laissant derrière les ruines du château Richer. Il fait construire, entre 1777 et 1781, le **Château Bellevue** ★, superbe bâtiment doté d'un portail néoclassique en pierre de taille. La **chapelle de Saint-Louis-de-Gonzague** (1780) s'ajoute à l'ensemble, trop bien dissimulé dans les arbres.

La **Réserve nationale de faune du cap Tourmente** ★★ *(6$, entrée libre lorsque le centre d'interprétation est fermé; fin avr à oct tlj 8h30 à 17h, nov à mi-déc lun-ven 8h30 à 16h, jan à mars sam-dim 8h30 à 16h; 570 ch.* du Cap-Tourmente, St-Joachim, 418-827-4591) est un lieu pastoral et fertile dont les battures sont fréquentées chaque année par des nuées d'oies blanches (également connues sous le nom de «grandes oies des neiges»). Les oies s'y arrêtent pendant quelque temps, en automne et au printemps, afin de reprendre les forces nécessaires pour continuer leur voyage migratoire. La réserve dispose d'installations permettant l'observation de ces oiseaux. Près de 300 espèces d'oiseaux et 30 espèces de mammifères y vivent. Sur place, des naturalistes répondent à vos questions. On peut également profiter des sentiers de randonnée pédestre.

▸▸ 🚗 *En poussant plus loin vers l'est votre route, vous atteindrez la magnifique région de Charlevoix, que vous pouvez visiter à l'aide du guide Ulysse Le Québec. Pour poursuivre le présent circuit sur l'île d'Orléans, reprenez la route 138 en direction ouest; vous verrez bientôt les indications menant au pont qui permet de rejoindre l'île.*

Île d'Orléans ★★

L'île d'Orléans est synonyme de vieilles pierres. C'est en effet, de toutes les régions du Québec, l'endroit le plus évocateur de la vie rurale en Nouvelle-France. Lorsque Jacques Cartier y aborde en 1535, elle est couverte de vignes sauvages, d'où son premier nom d'«île Bacchus». Elle sera toutefois rebaptisée en hommage au duc d'Orléans quelque temps après. À l'exception de Sainte-Pétronille, les paroisses de l'île voient

---

Félix Leclerc

Félix Leclerc, l'un des plus grands auteurs-compositeurs-interprètes et poètes québécois, est né le 2 août 1914 à La Tuque, en Mauricie. Il était le sixième d'une famille de 11 enfants.

Lui qui avait commencé sa carrière à la radio a toujours été un homme de paroles. Par ses chansons, ses poèmes, ses contes et son théâtre, il a su exprimer, de la plus belle des façons, le monde et les hommes.

Lauréat de plusieurs prix internationaux, il vécut une partie de sa vie à Paris, où il a interprété ses chansons «Le p'tit bonheur», «Moi mes souliers», etc., sur les plus grandes scènes. En plus de chanter, il a écrit de la poésie (*Calepin d'un flâneur, Chansons pour tes yeux*), des pièces de théâtre (*Qui est le père?, Dialogues d'hommes et de bêtes*), des contes (*Adagio, Allegro, Andante*), des romans (*Le fou de l'île, Pieds nus dans l'aube*).

Il fonde des compagnies théâtrales, monte des séries radiophoniques, joue, enregistre, publie, chante sur scène... Cet homme solide et fougueux savait par-dessus tout émouvoir.

C'est en décembre 1969 seulement qu'il fait l'acquisition d'une terre sur l'île d'Orléans. Une île qu'il a rendue célèbre grâce à ses récits et à ses chansons. Dès son retour au Québec, il bâtit une maison à Saint-Pierre, sur l'île, où il s'installe avec sa famille. Cette île, qui l'avait ensorcelé lors d'un premier séjour estival en 1946, il a su l'explorer et en tirer son inspiration. Dans sa chanson «Le tour de l'île», il en dit: *L'île, c'est comme Chartres, c'est haut et propre, avec des nefs, des arcs, des corridors et des falaises.*

Félix Leclerc habita Saint-Pierre pendant près de 20 ans. Il s'y est éteint le 8 août 1988, entouré de sa femme, de sa fille Nathalie et de son fils Francis, leur laissant, à eux et à tous les Québécois, un important héritage à chérir. On peut se recueillir sur sa pierre tombale au cimetière de Saint-Pierre-de-l'Île-d'Orléans.

le jour au XVIIᵉ siècle, ce qui entraîne une colonisation rapide de l'ensemble du territoire. En 1970, le gouvernement du Québec faisait de l'île d'Orléans un arrondissement historique, afin de la soustraire au développement effréné de la banlieue et, surtout, afin de mettre en valeur ses églises et maisons anciennes, dans le cadre d'un vaste mouvement de retour aux sources des Québécois de souche française. Depuis 1936, l'île est reliée à la terre ferme par un pont suspendu. L'île d'Orléans est également connue pour être le pays de Félix Leclerc (1914-1988), le plus célèbre poète et chansonnier québécois.

Cette promenade autour de l'île d'Orléans vous invite donc à goûter ses multiples charmes : ses vieux bâtiments datant du Régime français, ses petites chapelles de procession en bordure de la route, ses grands champs qui semblent plonger dans le fleuve, ses vergers... Elle peut aussi vous permettre de participer, selon la saison, à la cueillette de fruits (voir p. 128). Ne vous surprenez pas si, au détour du chemin, vous apercevez au milieu d'un enclos un lama ou une autruche. L'île qui, il y a à peine plus de 10 ans, n'abritait que de bonnes vieilles vaches noires et blanches, voit aujourd'hui se développer de nouveaux types d'élevage qui multiplient encore le nombre de découvertes que l'on peut y faire!

Si vous envisagez de visiter plusieurs attraits, sachez qu'il existe un passeport culturel *(18$, gratuit pour les enfants de moins de 12 ans, valide pour un an)* qui donne accès à la **Maison Drouin** (voir p. 124), à l'**Espace Félix-Leclerc** (voir p. 124), au **Parc maritime de Saint-Laurent** (voir p. 123), à **Cassis Mona & Filles** (voir p. 191), à la **Maison de nos Aïeux** (voir p. 124), au **Manoir Mauvide-Genest** (voir p. 123) et à la **Forge à Pique-Assaut** (voir p. 193). Le passeport est disponible au **bureau d'accueil touristique** (voir p. 48).

> ⏵⏵⏵ *Nous commençons le tour de l'île en prenant le chemin Royal à droite, en haut de la côte du Pont.*

Sainte-Pétronille ★

Paradoxalement, la paroisse de Sainte-Pétronille est à la fois le site du premier établissement français de l'île d'Orléans et sa plus récente paroisse. Dès 1648, François de Chavigny de Berchereau et son épouse, Éléonore de Grandmaison, y établissent une ferme, qui accueillera également une mission huronne-wendat. Mais les attaques incessantes des Iroquois inciteront les colons à s'installer plus à l'est, en face de Sainte-Anne-de-Beaupré. Ce n'est qu'au milieu du XIXᵉ siècle que Sainte-Pétronille voit le jour, grâce à la beauté de son site, qui attire de nombreux estivants. Les marchands anglophones de Québec s'y font construire de belles résidences secondaires. Plusieurs d'entre elles ont survécu aux outrages du temps et sont visibles en bordure de la route.

Envie...
... de casser la croûte? Faites un arrêt au **Panache Mobile** (voir p. 174) afin d'y déguster une appétissante guedille au homard.

Éléonore de Grandmaison aura au cours de sa vie quatre maris. Après la mort de François de Chavigny, elle épouse Jacques Gourdeau, qui donnera son nom au fief, propriété de sa femme. Le **manoir Gourdeau *(143 ch. du Bout-de-l'Île)***, qui domine le fleuve du haut d'un promontoire, porte le nom de Gourdeau même si sa date de construction ne coïncide pas exactement avec la période de la vie du couple. Le long bâtiment aurait été vraisemblablement entrepris à la fin du XVIIᵉ siècle, mais a été considérablement agrandi et modifié par la suite.

> ⏵⏵⏵ *Tournez à droite dans la rue Horatio-Walker, qui mène à la rive et à une promenade.*

La rue tient son nom de la **maison Horatio-Walker** ★ *(11 et 13 rue Horatio-Walker)*. Le bâtiment de briques rouges et la maison recouverte de stuc furent respectivement l'atelier et le lieu de résidence du peintre Horatio Walker de 1904 à 1938. L'artiste d'origine britannique affectionnait la culture française et le calme propice à la méditation de l'île d'Orléans. Son atelier, œuvre de Harry Staveley, demeure toutefois un bel exemple d'architecture anglaise de type Arts & Crafts.

> ⏵⏵⏵ *Revenez au chemin Royal.*

La famille Porteous, d'origine anglaise, s'est installée à Québec dès la fin du XVIIIᵉ siècle. En 1900, elle fait ériger le **domaine Porteous** ★ *(on ne visite pas; 253 ch. Royal)*, entouré de superbes jardins qu'elle baptise «La Groisardière». La demeure, dessinée par les architectes Darling et Pearson de Toronto, est peut-être la première résidence à faire revivre certains traits de l'architecture traditionnelle québécoise, puisque l'on y retrouve des boiseries d'inspiration Louis XV, en plus de son gabarit général, proche de celui du manoir Mauvide-Genest de Saint-Jean (voir plus loin). On y trouve aussi plusieurs toiles marouflées de William Brymner et de Maurice Cullen, qui représentent des scènes champêtres de l'île d'Orléans, ainsi que des détails Art nouveau. Le domaine, aujourd'hui propriété du Foyer de Charité Notre-Dame-d'Orléans, a été augmenté en 1961-1964 par l'ajout d'une aile supplémentaire et d'une chapelle dans l'axe de l'entrée.

Le quai de Sainte-Pétronille date de 1855 et offre une magnifique vue sur Québec. À ses côtés se dresse l'**Auberge Restaurant La Goéliche** (voir p. 145).

▸▸▸☞ *Terminez le tour de la pointe et dirigez-vous vers Saint-Laurent, toujours par le chemin Royal. Vous traverserez alors une forêt de chênes rouges.*

Saint-Laurent-de-l'Île-d'Orléans

Jusqu'en 1950, on fabriquait à Saint-Laurent des chaloupes (barques) et des yachts à voiles dont la renommée s'étendait jusqu'aux États-Unis et à l'Europe. Quelques vestiges de cette activité, aujourd'hui totalement disparue, sont conservés en retrait de la route, à proximité de la rive. Le village, fondé en 1679, recèle quelques bâtiments anciens tels que la belle **maison Gendreau** de 1720 *(2387 ch. Royal, à l'ouest du village)* et le **moulin Gosselin** *(758 ch. Royal, à l'est du village)*, qui abrite un restaurant (voir p. 174).

Le **Parc maritime de Saint-Laurent** ★ *(3,50$; mi-juin à début sept tlj 10h à 17h; 120 ch. de la Chalouperie, 418-828-9672, www.parcmaritime.ca)* a été aménagé sur le site du chantier naval Saint-Laurent. On peut y voir l'atelier de la «chalouperie» Godbout, une entreprise familiale, érigé vers 1840, de

même qu'un ensemble de près de 200 outils artisanaux.

Saint-Jean-de-l'Île-d'Orléans ★★

Saint-Jean était, au milieu du XIXᵉ siècle, le lieu de prédilection des pilotes du Saint-Laurent, qui guidaient les navires dans leur difficile cheminement à travers les courants et les rochers du fleuve. Certaines de leurs maisons néoclassiques ou Second Empire subsistent le long du chemin Royal, témoignant du statut privilégié de ces marins indispensables à la bonne marche de la navigation commerciale.

On trouve à Saint-Jean le plus important manoir du Régime français encore existant, le **manoir Mauvide-Genest** ★★ *(visite libre 6$, visite guidée 8$; mi-mai à fin oct tlj 10h à 17h; 1451 ch. Royal, 418-829-2630, www.manoirmauvidegenest.com)*. Il a été construit en 1734 pour Jean Mauvide, chirurgien du roi, et son épouse, Marie-Anne Genest. Le beau bâtiment en pierre, revêtu d'un crépi blanc, adopte le style traditionnel de l'architecture normande. Le domaine devient manoir au milieu du XVIIIᵉ siècle, lorsque Mauvide, qui s'est enrichi dans le commerce avec les Antilles, achète la moitié sud de la seigneurie de l'île d'Orléans. Le lieu est maintenant un centre d'interprétation du régime seigneurial de la Nouvelle-France.

Saint-François-de-l'Île-d'Orléans ★

Plus petit village de l'île d'Orléans, Saint-François a conservé plusieurs bâtiments de son passé. Certains d'entre eux sont cependant éloignés du chemin Royal et sont donc difficilement visibles de la route. La campagne environnante est charmante et offre quelques points de vue agréables sur le fleuve, Charlevoix et la Côte-de-Beaupré. On trouve encore à Saint-François la fameuse vigne sauvage qui avait valu à l'île son premier nom d'«île Bacchus».

À la sortie du village, une halte routière, avec une **tour d'observation** ★, offre une vue remarquable vers le nord et l'est. On peut apercevoir les îles Madame et au Ruau, au milieu du Saint-Laurent, qui marquent la limite entre l'eau douce et l'eau salée du fleuve, le mont Sainte-Anne, couvert de pistes de ski, et dans le lointain, Charlevoix,

Attraits touristiques – **La Côte-de-Beaupré et l'île d'Orléans** – Île d'Orléans sur la rive nord, ainsi que les seigneuries de la Côte-du-Sud, sur la rive sud.

Sainte-Famille ★

La doyenne des paroisses de l'île d'Orléans, Sainte-Famille, a été fondée par Mgr de Laval en 1666 afin de regrouper en face de Sainte-Anne-de-Beaupré les colons jusque-là concentrés dans les environs de Sainte-Pétronille. Sainte-Famille recèle plusieurs témoins du Régime français, entre autres sa célèbre église, une des meilleures réalisations de l'architecture religieuse en Nouvelle-France et la plus ancienne église à deux tours du Québec.

La **Maison de nos Aïeux** *(4$; mi-juin à fin août tlj 10h à 18h, reste de l'année lun-ven 10h à 16h; 3907 ch. Royal, 418-829-0330, www.fondationfrancoislamy.org)* propose des expositions qui relatent l'histoire des habitants de l'île d'Orléans. Vous pourrez notamment y découvrir l'exposition *La famille avant tout!*, qui présente 300 ans d'histoires familiales.

La belle **église Sainte-Famille** ★★ *(3915 ch. Royal)* a été construite entre 1743 et 1747 en remplacement de la première église de 1669. Sa façade ayant été coiffée de deux tours en façade, l'unique clocher de l'église se trouvait étrangement alors au faîte du pignon. Au XIXe siècle, deux nouveaux clochers sont construits au sommet des deux tours, ce qui porte leur nombre à trois, un cas unique au Québec.

Envie...

... de produits régionaux? Dénichez les chocolatiers, maraîchers et glaciers de l'île d'Orléans. Les bonnes adresses se trouvent à la page 191.

Bien que modifié à quelques reprises, le décor intérieur comporte plusieurs éléments d'intérêt. Sainte-Famille est au XVIIIe siècle une paroisse riche; elle peut donc se permettre d'entreprendre la décoration de son église dès le gros œuvre terminé. Ainsi, en 1748, Gabriel Gosselin installe une première chaire; puis en 1749, Pierre-Noël Levasseur réalise l'actuel tabernacle du maître-autel. C'est en 1812 que Louis-Basile David compose la belle voûte à caissons dans l'esprit de l'école de Quévillon. Plusieurs tableaux

ornent l'église, dont *La Sainte Famille*, peint par frère Luc lors de son séjour au Canada en 1670, *La Dévotion au Sacré-Cœur de Jésus*, de Louis-Augustin Wolff (1766), et *Le Christ en Croix*, de François Baillairgé (vers 1802). Du terrain de l'église, on bénéficie de belles vues sur le fleuve et la Côte-de-Beaupré.

La plupart des maisons de ferme du Régime français de l'île d'Orléans ont été construites à une bonne distance de la route. En outre, elles sont aujourd'hui des propriétés recherchées dont le caractère privé est jalousement gardé par leurs propriétaires, ce qui rend toute visite improbable. Heureusement, grâce à une fondation créée par des citoyens, la **maison Drouin** ★★ *(4$; mi-juin à mi-août tlj 10h à 17h, mi-août à la fin sept sam-dim 11h à 17h; 4700 ch. Royal, 418-829-0330)* s'ouvre chaque été aux visiteurs curieux. Il s'agit d'une des plus vieilles maisons de l'île puisqu'elle fut bâtie vers 1725. Construite de grosses pierres des champs et de poutres de bois, elle fut habitée jusqu'en 1984 et n'a jamais été modernisée. Son histoire vous sera racontée par des guides en costumes d'époque mimant la vie quotidienne des anciens habitants de la demeure. Les pièces du rez-de-chaussée ainsi que son grenier rappellent ce qui fut autrefois l'environnement des premiers colons. Des antiquités, meubles et outils, emplissent la maison et sauront vous illustrer encore mieux la vie des pionniers. Une belle visite!

Saint-Pierre-de-l'Île-d'Orléans

La plus populeuse et la plus urbanisée des paroisses de l'île, Saint-Pierre, a quelque peu perdu de son charme, avant que l'ensemble du site ne soit classé. Elle demeure néanmoins un lieu important dans la mémoire collective des Québécois, car l'auteur-compositeur-interprète et poète Félix Leclerc (1914-1988) y a longtemps vécu. L'auteur du *P'tit Bonheur* a été le premier à faire connaître la chanson québécoise en Europe, dans les années 1950. Il est inhumé au cimetière local.

De plus, on a créé, aux limites de Saint-Pierre, un lieu qui honore la mémoire de Félix Leclerc. Il s'agit de l'**Espace Félix-Leclerc** ★ *(7$; été tlj 9h à 18h, reste de* *l'année horaire variable; 682 ch. Royal, 418-828-1682, www.felixleclerc.com)*, qui abrite une exposition permanente sur la vie et l'œuvre de Félix Leclerc, la reconstitution de son bureau de travail, une boîte à chansons et une boutique. À l'extérieur, vous pourrez profiter des sentiers et des vues sur le fleuve.

L'**église Saint-Pierre** ★ *(mi-mai à mi-oct horaire variable; 1249 ch. Royal, 418-828-9824)*, cet humble mais fort joli lieu de culte érigé en 1716, est la plus ancienne église villageoise qui subsiste au Canada. Elle est aussi l'une des rares survivantes d'un modèle fort répandu en Nouvelle-France, comportant un seul portail surmonté d'un œil-de-bœuf en façade. La plupart de ces petites églises au toit pointu ont été détruites au XIXᵉ siècle pour être remplacées par des structures plus élaborées. L'intérieur de l'église Saint-Pierre, saccagé à la Conquête, a été refait à la fin du XVIIIᵉ siècle. On notera tout particulièrement les autels de Pierre Émond (1795), ornés des armoiries papales. Les tableaux qui les surmontent sont de François Baillairgé.

L'église a été abandonnée en 1955, au moment de l'inauguration du temple actuel, situé à proximité. Menacé de démolition, le vénérable petit édifice a été pris en charge par le gouvernement du Québec. Conservé intact depuis cette date, il présente des équipements aujourd'hui disparus de la plupart des églises du Québec tels qu'un poêle central, doté d'un long tuyau de tôle, et des bancs à portes, qui permettent d'afficher la propriété privée de ces espaces fermés et de les chauffer à l'aide de briques chaudes et de peaux.

▸▸▸ *La boucle est maintenant bouclée. Au feu de circulation, tournez à droite pour descendre la côte du Pont et regagner Québec par la route 138 Ouest.*

Attraits touristiques – La Côte-de-Beaupré et l'île d'Orléans – Île d'Orléans

guidesulysse.com

Les favoris des enfants

Voici une liste d'attraits qui sauront plaire particulièrement aux enfants :

Le magnifique **Musée de la civilisation** (voir p. 75) présente toujours une ou plusieurs expositions qui interpellent les enfants, des plus petits aux plus grands.

Au **Musée national des beaux-arts du Québec** (voir p. 86), la création est à l'honneur ! Les après-midi de fin de semaine, les enfants sont invités à s'adonner aux arts plastiques (sculpture, dessin, etc.) en lien avec l'exposition-vedette du moment. Ils pourront s'en donner à cœur joie !

Le **Choco-Musée Enrico** (voir p. 91) est un centre d'interprétation qui se consacre aux différentes méthodes de fabrication du chocolat couvrant une période historique importante, des Mayas jusqu'à nos jours.

Le **Centre d'interprétation de Place-Royale** (voir p. 73) cache dans ses voûtes l'Espace Découverte, une salle de jeux où les petits et les grands peuvent se costumer pour jouer le rôle des anciens occupants des lieux.

L'**Aquarium du Québec** (voir p. 110) vous offre des expériences multimédias, des jeux interactifs et des balades dans la nature. Il vous fait traverser différents écosystèmes, de la vallée du Saint-Laurent aux eaux arctiques, ce qui vous donne l'occasion de rencontrer plusieurs mammifères impressionnants tels que le morse canadien et l'ours polaire.

Le Mega Parc des **Galeries de la Capitale** (voir p. 188) ne pourra que ravir les jeunes amateurs de sensations fortes avec ses montagnes russes, son mur d'escalade, sa grande roue et son parcours d'aventure. Le centre commercial possède également un cinéma IMAX.

Plusieurs lieux historiques (**Parc-de-l'Artillerie**, voir p. 65, **Cartier-Brébeuf**, voir p. 103, **Fortifications-de-Québec**, voir p. 53) proposent des visites commentées par des guides en costumes d'époque. Une activité qui plaît généralement aux enfants.

Surveillez les festivals ! Du célèbre **Carnaval** au **Festival d'été** (voir p. 185) en passant par les **Fêtes de la Nouvelle-France** (voir p. 185), il y a toujours des activités pour les enfants. De plus, en été, même en dehors des périodes de festivals, le **Vieux-Québec** (voir p. 52) (place Royale, terrasse Dufferin, place de l'Hôtel-de-Ville, etc.) sert de scène à divers amuseurs de rue.

Notez qu'à la place D'Youville, à partir de la fin d'octobre, parents et enfants peuvent se partager une **patinoire** (voir p. 130) extérieure réfrigérée fort agréable.

Le **Théâtre Les Gros becs** (voir p. 181) est, quant à lui, un centre de diffusion de théâtre pour la jeunesse. Certaines représentations sont suivies d'une rencontre avec les artistes.

N'oubliez pas de faire le trajet aller-retour entre Québec et Lévis par le **traversier** (voir p. 69) pour découvrir avec les enfants le magnifique fleuve Saint-Laurent sous un angle nouveau.

Une promenade en **calèche** (voir p. 49) en famille demeure toujours réjouissante aux yeux des petits.

Enfin, si vous avez envie de sortir de la ville, rendez-vous au **parc de la Chute-Montmorency** (voir p. 117), qui impressionnera à coup sûr toute la famille.

Plein air

La vaste région de Québec possède des attraits naturels fort riches et diversifiés, et plusieurs beaux parcs en parsèment le territoire. De la randonnée au vélo en passant par la descente de rivière, la glissade, les croisières, le ski et le patin à glace, les amateurs d'activités de plein air ont l'embarras du choix pour satisfaire leurs envies en toute saison.

Parcs

Parmi les nombreux parcs d'envergure que vous pourrez visiter dans les environs de Québec, on retrouve notamment le **parc national de la Jacques-Cartier** (voir p. 114), la **réserve nationale de faune du cap Tourmente** (voir p. 121), le **Canyon Sainte-Anne** (voir p. 120) et la **Station touristique Duchesnay** (voir p. 116), qui offrent tous de nombreuses activités de plein air, été comme hiver. Vous trouverez la description de ces parcs et de plusieurs autres espaces verts dans le chapitre «Attraits touristiques».

La ville de Québec et sa région comptent également de nombreux jardins, considérés comme une richesse à préserver et surtout à explorer. Ils sont ouverts au public, qui est invité à venir y déambuler pour simplement profiter de leur beauté ou pour en apprendre plus sur l'horticulture et la botanique. L'**Association des jardins du Québec** *(418-692-0886, www.jardinsduquebec.com)* regroupe les plus beaux jardins du Québec.

À Québec, on trouve six de ces jardins, à savoir le **parc des Champs-de-Bataille** (voir p. 87), le **jardin botanique Roger-Van den Hende** (voir p. 107), le **Domaine Maizerets** (voir p. 102), la **Maison Henry-Stuart** (voir p. 85), le **parc du Bois-de-Coulonge** (voir p. 108) et la **Villa Bagatelle** (voir p. 109).

Activités de plein air

Si le cœur vous en dit, lors de votre séjour, vous aurez sûrement l'occasion de pratiquer plusieurs activités de plein air. Pour vous équiper, consultez notre liste de boutiques dans le chapitre «Achats», p. 193. Voici un aperçu des nombreuses possibilités.

➤ Chasse

On peut pratiquer la chasse à l'oie blanche à la **réserve nationale de faune du cap Tourmente** (voir p. 121).

➤ Croisières

Les **Croisières AML** *(124 rue St-Pierre, Vieux-Port, 418-692-1159 ou 866-856-6668, www.croisieresaml.com)* proposent tout l'été des croisières qui vous feront voir Québec et les environs sous un autre angle. Cette compagnie maritime est propriétaire entre autres du *Louis Jolliet (départs à 11h, 13h30 et 15h30),* dont le port d'attache est Québec. Les croisières de jour durent 1h30 et vous mènent jusqu'au pied de la chute Montmorency. Le soir, on vous propose des croisières jusqu'à la pointe de l'île d'Orléans, durant lesquelles vous pourrez dîner dans l'une des deux salles à manger du bateau. Ces croisières nocturnes, d'une durée de quelques heures, sont toujours animées par des musiciens, et l'on peut danser sur le pont du navire!

Au départ de Québec, les **Croisières Groupe Dufour** *(57 rue Ste-Anne, 800-463-5250, www.dufour.ca)* vous proposent de naviguer jusqu'à l'île d'Orléans.

➤ Cueillette de fruits

Ce sont d'abord les fraises puis les framboises... Un peu plus tard viennent le maïs (communément appelé «blé d'Inde»), les poireaux et les pommes... Tout l'été, les récoltes se succèdent, et le visage de la campagne insulaire change avec elles. Tout autour de l'**île d'Orléans**, des cultivateurs ouvrent leurs portes à ceux, petits et grands, qui désirent passer une journée au grand air dans un verger ou dans un champ. Apprenez les secrets de la cueillette et régalez-vous des fruits de votre labeur!

> ## Descente de rivière

La rivière Jacques-Cartier sait depuis long-temps faire sauter et sursauter les braves qui s'y aventurent au printemps et au début de l'été. Deux entreprises installées depuis long-temps dans la région proposent des excursions de rafting bien encadrées et avec tout l'équipement nécessaire. Le **Village Vacances Valcartier** *(1860 boul. Valcartier, St-Gabriel-de-Valcartier, 418-844-7898 ou 888-384-5524, www.valcartier.com)* vous promet une bonne dose d'émotions fortes sur un trajet de 9 km au fil de la rivière Jacques-Cartier. On y propose aussi des descentes en chambre à air et de la luge d'eau. Avec les **Excursions Jacques-Cartier** *(860 av. Jacques-Cartier N., Tewkesbury, 418-848-7238, www.excursionsj-cartier.com)*, vous pourrez aussi faire de belles descentes hautes en couleur.

> ## Glissade

Les collines des **plaines d'Abraham** se prêtent magnifiquement à la glissade en hiver. Habillez-vous chaudement et suivez les enfants tirant une traîne sauvage pour connaître les pentes les plus intéressantes!

Le spécialiste de la glissade, été comme hiver, est sans contredit le **Village Vacances Valcartier** *(1860 boul. Valcartier, St-Gabriel-de-Valcartier, 418-844-7898 ou 888-384-5524, www.valcartier.com)*, une base de plein air qui dispose de toutes les installations pour s'amuser. À partir de Québec, on s'y rend en prenant la route 371 Nord. En été, les toboggans aquatiques *(33$)* et la piscine à vagues attirent les foules. En hiver, les glissoires glacées *(25$)* vous feront oublier le froid pendant un moment. On peut aussi y faire du rafting des neiges *(30$)* et du patin à glace *(6,50$)* sur la patinoire de plus de 1 km qui serpente dans le boisé. On y trouve aussi plusieurs restaurants et un bar. Un énorme camping estival de quelque 600 places y a aussi été aménagé.

> ## Golf

Le **Royal Charbourg** *(17280 ch. de la Grande-Ligne, Charlesbourg, 418-841-3000)* est un golf de 18 trous situé un peu à l'écart de l'agitation de la ville.

Le terrain de golf de 18 trous du **Mont Tour-billon** *(55 montée du Golf, Lac-Beauport,* *418-849-4418, www.monttourbillon.com)* est un beau site pour la pratique de ce sport.

Le terrain de golf de la station touristique Mont-Sainte-Anne, **Le Grand Vallon** *(100 rue du Beau-Mont, Beaupré, 418-827-4653 ou 800-827-4579, www.grandvallon.com)*, offre un parcours à normale 72, agrémenté de plusieurs fosses de sable et de quatre lacs, et reconnu comme l'un des plus intéressants de l'est du Canada.

> ## Jogging

Sur les **plaines d'Abraham**, en face du Musée national des beaux-arts du Québec, un grand anneau revêtu se prête à la pratique du jogging. De même, les rues revêtues et les sentiers des plaines sont parcourus par les joggeurs. Les joggeurs peuvent aussi se rendre à la **promenade Samuel-De Champlain** pour pratiquer leur sport favori tout en profitant d'une magnifique vue sur le fleuve.

> ## Observation des animaux

Des spécialistes organisent dans le **parc national de la Jacques-Cartier** (voir p. 114) des **safaris d'observation de l'original** *(23$; mi-sept à mi-oct; durée 4h)* ainsi que des sorties d'**observation de la faune en rabaska au crépuscule** *(22$; durée 4h)* dans le but de faire connaître les animaux aux participants. Réservations requises.

> ## Observation des oiseaux

Pour observer la faune ailée, un des meilleurs endroits de la région est sans contredit la **réserve nationale de faune du Cap Tourmente** (voir p. 121). Au printemps et en automne, le site est envahi par des milliers d'oies blanches en migration qui offrent un spectacle fascinant. Leur proximité et leur nombre soulèveront certes plusieurs questions auxquelles vous pourrez trouver réponse sur place. La réserve abrite près de 300 espèces d'oiseaux que vous pouvez observer à loisir grâce aux nichoirs et aux mangeoires qui les attirent été comme hiver.

> ## Patin à glace

Par les belles journées d'hiver, la **place D'Youville** offre un spectacle féerique avec la neige qui la recouvre, la porte Saint-Jean givrée, Le Capitole illuminé, les décorations de Noël suspendues à ses lampadaires et les patineurs. En effet, le centre de la place se pare d'une petite patinoire qui reçoit les amateurs au son d'une musique d'ambiance. Si le courage vous manque pour embarquer dans la valse, vous pourrez toujours profiter du spectacle! Grâce à son système de réfrigération, la patinoire ouvre le plus tôt possible, soit vers la fin du mois d'octobre, et ferme le plus tard possible au printemps, pour permettre aux Québécois d'en profiter longtemps! Un vestiaire (apportez votre cadenas) où l'on trouve aussi des toilettes permet aux gens de chausser leurs patins *(entrée libre; location et aiguisage de patins sur place; lun-jeu 12h à 22h, ven-dim 10h à 22h; 418-641-6256)*.

Une belle patinoire qui s'étend sous les arbres est aménagée au **Domaine Maizerets** *(entrée libre; 2000 boul. Montmorency, 418-641-6335, www.domainemaizerets.com)*. On peut chausser ses patins et se réchauffer près du poêle à bois dans le petit chalet. On y loue aussi des patins *(5$; mi-déc à mi-mars tlj 10h à 21h)*.

La **rivière Saint-Charles**, une fois coincée dans les glaces, est entretenue pour permettre aux amoureux du patin d'en profiter. Ainsi, quand la température le permet, une agréable patinoire de 1,5 km serpente entre les quartiers Limoilou et Saint-Roch, dans la Basse-Ville. On y trouve des locaux chauffés *(entrée libre; location et aiguisage de patins sur place; lun-jeu 12h à 22h, ven-dim 10h à 22h; 25 rue de la Pointe-aux-Lièvres; 418-691-4710)*. Location de patins.

> **Patin à roues alignées**

Sur les **plaines d'Abraham**, en face du Musée national des beaux-arts du Québec, un grand anneau revêtu est réservé à la pratique du patin à roues alignées. Il s'agit d'ailleurs du seul endroit où l'on a le droit de faire du patin à roues alignées sur les plaines. Petits et grands juchés sur leurs patins et munis d'un casque de protection défilent en grand nombre par les beaux jours d'été. Un petit kiosque fait la location d'équipement sur place.

> **Randonnée pédestre**

Les sentiers du **parc national de la Jacques-Cartier** (voir p. 114) figurent parmi les favoris des gens de la région. Paisibles ou abrupts, ils nous font découvrir sur plus de 100 km de jolis petits coins de forêt et dévoilent des vues magnifiques sur la vallée et la rivière qui y coule.

Dans la **réserve nationale de faune du Cap Tourmente** (voir p. 121), on peut arpenter les 20 km de sentiers qui montent dans le cap et offrent des vues magnifiques sur le fleuve et la campagne environnante. On peut aussi déambuler sur les trottoirs de bois, adaptés pour les personnes à mobilité réduite, qui sillonnent les battures tout en constituant une promenade tout aussi profitable pour observer la faune et la flore.

La **station touristique Mont-Sainte-Anne** (voir p. 131) dispose de 42 km de sentiers de randonnée.

Le **parc linéaire de la rivière Saint-Charles** (voir p. 100) offre plusieurs kilomètres de sentiers de randonnée le long des berges de la rivière Saint-Charles.

> **Raquette**

La raquette peut se pratiquer dans la plupart des centres de ski de fond de la région. La **Station touristique Duchesnay** (voir p. 131), la **station touristique Mont-Sainte-Anne** (voir p. 131) ainsi que le **parc national de la Jacques-Cartier** (voir p. 114) figurent parmi les plus beaux endroits pour la pratique de la raquette.

> **Ski alpin et planche à neige**

Le Relais *(35$/jour, 21$/soir; lun-jeu 9h à 21h30, ven 9h à 22h, sam 8h30 à 22h, dim 8h30 à 21h30; 1084 boul. du Lac, Lac-Beauport, 418-849-1851 ou 866-373-5247, www.skirelais.com)* offre 29 pistes, dont 25 sont éclairées pour permettre le ski en soirée.

La **Station touristique Stoneham** *(52$/jour, 30$/soir; lun-ven 9h à 21h30, sam-dim 8h30 à 21h30; 600 ch. du Hibou, Stoneham, 418-848-2411 ou 800-463-6888, www.ski-stoneham.com)* propose 39 pistes de ski alpin et de planche à neige, dont 19 sont éclairées en soirée.

La **station touristique Mont-Sainte-Anne** *(64$/jour, 30$/soir; 2000 boul. du Beau-Pré, Beaupré, 418-827-4561 ou 800-463-1568, www.mont-sainte-anne.com)* est l'une des plus importantes stations de ski au Québec. Elle compte 66 pistes pouvant atteindre une dénivellation de 625 m. Il est possible d'y faire du ski en soirée sur 17 pistes éclairées. Elle fait aussi le bonheur des amateurs de planche à neige.

Situé à 15 min de la station touristique Mont-Sainte-Anne par la route 138, **Le Massif** *(64$; Petite-Rivière-St-François, 418-632-5876 ou 877-536-2774, www.lemassif.com)* demeure l'une des stations de ski les plus intéressantes du Québec. D'abord parce que Le Massif offre le dénivelé le plus haut de l'est du Canada, soit 770 m, ensuite parce qu'il reçoit chaque hiver des chutes de neige abondantes qui, en plus de la neige artificielle, créent des conditions idéales. Sans parler de la nature environnante! La montagne, qui se jette presque dans le fleuve, offre depuis son sommet une vue époustouflante. On compte 52 pistes et sous-bois pour tout type de skieur, et plusieurs types d'hébergement sont accessibles à la clientèle.

> **Ski de fond**

Les **plaines d'Abraham** enneigées offrent un site enchanteur aux skieurs de fond. Plusieurs pistes les sillonnent d'un bout à l'autre, se faufilant tantôt sous les arbres, tantôt sur un promontoire avec vue sur le fleuve et ses glaces. Tout ça en plein cœur de la ville!

Le **Domaine Maizerets** *(entrée libre; 2000 boul. Montmorency, 418-641-6601, www.domainemaizerets.com; voir p. 102)* est aussi sillonné par de courtes pistes de ski de randonnée des plus agréables. Au début du parcours se trouve un petit chalet chauffé au bois. On y loue des skis *(mi-déc à mi-mars tlj 10h à 16h)*.

La **Station touristique Duchesnay** *(13$; 143 route Duchesnay, Ste-Catherine-de-la-Jacques-Cartier, 418-875-2122 ou 877-511-5885, www.sepaq.com; voir p. 116)* est très populaire, l'hiver venu, auprès des skieurs de fond de la région. Dans une vaste et riche forêt, on parcourt 55,5 km linéaires de pistes bien entretenues (dont 13 km pour le pas de

patin) en compagnie des petites mésanges et autres oiseaux qui n'ont pas peur du froid!

Niché au cœur de la réserve faunique des Laurentides, le **Camp Mercier** *(13,75$; mi-déc à mi-avr tlj 8h30 à 16h; route 175 N., 418-848-2422 ou 800-665-6527, www.sepaq.com)* offre 120 km de pistes bien entretenues dans un paysage des plus apaisants. Vu sa localisation idéale, on peut y skier depuis l'automne jusqu'au printemps. Les possibilités de longues randonnées (jusqu'à 42 km) sont intéressantes, et le parcours est jalonné de refuges chauffés. De plus, des chalets à louer peuvent loger de 2 à 14 personnes.

La **station touristique Mont-Sainte-Anne** *(23$; lun-ven 9h à 16h, sam-dim 8h30 à 16h; 2000 boul. du Beau-Pré, Beaupré, 418-827-4561 ou 800-463-1568, www.mont-sainte-anne.com)* est sillonnée par près de 350 km de sentiers de ski de fond bien entretenus et ponctués de refuges chauffés. La boutique **Sports Alpins** du rang Saint-Julien à Saint-Ferréol-les-Neiges loue de l'équipement de ski de fond *(21$/jour; 418-826-3153, www.sportsalpins.com)*.

> **Vélo**

La ville de Québec travaille depuis quelques années au développement de son infrastructure cyclable. Aujourd'hui, près de 400 km de pistes cyclables et de corridors parcourent la ville et ses environs. Consultez le guide Ulysse *Le Québec cyclable* pour obtenir des cartes de ces pistes.

Parmi celles-ci, une piste appelée **Le corridor des Cheminots** permet aux cyclistes de parcourir 22 km en traversant le territoire de différentes municipalités et d'aboutir à Val-Bélair.

Plusieurs pistes cyclables existent depuis nombre d'années, comme celle qui se rend à Beauport ou celle qui longe une partie de la rivière Saint-Charles. Il y a aussi nombre de pistes balisées ou de voies partagées qui font de la ville de Québec et des communautés avoisinantes des endroits agréables à découvrir en bicyclette.

La **promenade Samuel-De Champlain** (voir p. 112) offre un parcours de 2,5 km directement sur le bord du fleuve pour la balade à vélo.

Depuis le Vieux-Port de Québec, une piste cyclable se rend jusqu'au parc de la Chute-Montmorency en passant par Beauport. De plus, des routes comme l'avenue Royale sur la Côte-de-Beaupré et le chemin Royal sur l'île d'Orléans, sont censées être des voies partagées entre cyclistes et automobilistes. La prudence est toujours de mise, mais ces promenades valent certes l'effort qu'elles requièrent.

Pour le vélo de montagne, la **station touristique Mont-Sainte-Anne** *(13$/jour, une remontée en télécabine 27$, remontées illimitées 39$; 2000 boul. du Beau-Pré, 418-827-4561 ou 800-463-1568, www.mont-sainte-anne.com)* offre près de 200 km de sentiers aux vrais amateurs! Empruntez les pistes de ski alpin pour vous rendre au sommet du mont ou descendez-les après y avoir accédé par une des télécabines munies de supports à vélos. En tout, s'y trouvent quelque 50 pistes aux noms évocateurs comme «la Grisante» ou «la Vietnam». L'endroit est reconnu; on y dispute d'ailleurs, chaque année, des épreuves de la Coupe du Monde de vélo de montagne (voir p. 185). Location de vélos.

Emprise des anciennes voies ferrées qui traversaient la réserve faunique de Portneuf en passant par la Station touristique Duchesnay (où il est possible de stationner sa voiture et de louer des vélos) et en longeant certains lacs de la région, la **Véloposte Jacques-Cartier/Portneuf** *(gratuit; mi-mai à mi-oct; 418-337-7525, www.velopistejcp.*

com) compte 68 km de trajet entre Rivière-à-Pierre et Saint-Gabriel-de-Valcartier. Son environnement envoûtant et son parcours sécuritaire attirent de nombreux cyclistes. En hiver, la piste est utilisée par les motoneigistes.

Dans le **parc national de la Jacques-Cartier** *(mi-mai à mi-oct; route 175 N., 418-848-3169, www.sepaq.com)*, les mordus de vélo de montagne sont bien servis.

Location et réparation de vélos

L'entreprise **Cyclo Services** *(289 rue St-Paul, 418-692-4146, www.cycloservices.net)*, située près du Marché du Vieux-Port, propose une série d'excursions à vélo dans la région de Québec. On y fait aussi la location de bicyclettes (environ 15$/h).

Si vous voulez vous attaquer aux côtes et aux vallons de la magnifique île d'Orléans, sachez que la boutique **Écolo Cyclo** *(24$/3h; 160 quai St-André, Vieux-Port, 418-692-2517; 1979 ch. Royal, St-Laurent, île d'Orléans, 418-828-0370, www.ecolocyclo.net)* a ce qu'il vous faut. Service de location, de réparation et de transport aller-retour de Québec. Vélos électriques et tandems aussi à louer.

Dans l'entreprise **Bicycles Falardeau** *(174 rue Richelieu, faubourg St-Jean-Baptiste, 418-522-8685)*, Paul Trépanier, cycliste aguerri et concepteur de vélos, fait aussi de la réparation.

Hébergement

G rands hôtels de luxe, hôtels-boutiques au décor créatif, auberges aux murs anciens, gîtes touristiques fleuris, auberges de jeunesse, bref, on trouve à Québec tous les types d'hébergement. Sans doute dénicherez-vous un petit coin à votre goût dans la capitale nationale pour une ou plusieurs nuitées.

Bien qu'il puisse être un peu rudimentaire dans les petites auberges, en général, dans les hôtels, le niveau de confort est élevé, et plusieurs services sont également proposés. Par ailleurs, les nombreux gîtes touristiques de Québec vous offrent l'avantage, outre le prix, de partager une ambiance familiale et chaleureuse.

> Les prix

Les tarifs mentionnés dans ce guide s'appliquent, sauf indication contraire, à une chambre standard pour deux personnes en haute saison.

$	moins de 60$
$$	de 60$ à 100$
$$$	de 101$ à 150$
$$$$	de 151$ à 225$
$$$$$	plus de 225$

Les prix sont, bien sûr, sujets à changement en tout temps. De plus, sachez qu'il peut y avoir une grande variation de prix entre les chambres d'un même hôtel. Informez-vous aussi des forfaits proposés et des rabais offerts aux corporations, membres de diverses associations, etc.

Les tarifs varient aussi grandement d'une saison à l'autre et selon le type d'hébergement choisi. Ainsi, durant la haute saison (l'été), les chambres sont plus chères. Les semaines du **Festival d'été de Québec** en juillet, des **Fêtes de la Nouvelle-France** en août et du **Carnaval de Québec** en février comptent parmi les plus affairées de l'année; il est recommandé de réserver longtemps à l'avance si vous prévoyez séjourner à Québec durant ces périodes de festivités.

Les lieux d'hébergement sont classés ici du plus abordable au plus cher. N'oubliez pas d'ajouter aux prix affichés la taxe fédérale de 5% et la taxe de vente du Québec de 9%. Une taxe applicable aux frais d'hébergement, appelée «Taxe spécifique sur l'hébergement», a été instaurée pour soutenir l'infrastructure touristique de la région de Québec. Il s'agit d'un pourcentage de 3% calculé sur le prix de la chambre par nuitée.

> Le label Ulysse

Le label Ulysse est attribué à nos établissements favoris (hôtels et restaurants). Bien que chacun des établissements inscrits dans ce guide s'y retrouve en raison de ses qualités ou particularités, en plus de son rapport qualité/prix, de temps en temps un établissement se distingue parmi d'autres. Ainsi il mérite qu'on lui attribue un label Ulysse. Les labels Ulysse peuvent se retrouver dans n'importe lesquelles des catégories d'établissements : supérieure, moyenne-élevée, petit budget. Quoi qu'il en soit, dans chacun de ces établissements, vous en aurez pour votre argent. Repérez-les en premier!

Les favoris d'Ulysse

> **Pour les amateurs d'histoire**
Auberge Baker 144
Auberge Le Vieux-Presbytère 146
Fairmont Le Château
 Frontenac 138
Hôtel Clarendon 137

> **Pour la vue**
Château de Pierre 137
Fairmont Le Château
 Frontenac 138
Hôtel Château Bellevue 137
Hôtel Le Germain-Dominion 139
Loews Hôtel Le Concorde 140

> **Pour leur beau décor**
Auberge Place d'Armes 137
Auberge Saint-Antoine 138
Hôtel ALT Québec 142
Hôtel du Capitole 141
Hôtel Le Germain-Dominion 139
Hôtel-Musée
 Premières Nations 143

> **Pour la chaleur de l'accueil**
Auberge du Quartier 139
Hôtel-Musée
 Premières Nations 143

> **Pour l'ambiance conviviale**
Auberge Café Krieghoff 140
Auberge de la Paix 135
Hôtel Belley 139
L'Autre Jardin 141

> **Pour les gens d'affaires**
Delta Québec 141
Hilton Québec 140
Loews Hôtel Le Concorde 140

> **Pour la tranquillité**
Auberge Le Canard Huppé 145
Château Bonne Entente 142

Le Vieux-Québec

Voir carte p. 148.

Auberge de la Paix $ 🌰
31 rue Couillard, 418-694-0735,
www.aubergedelapaix.com
Derrière une belle façade blanche du Vieux-Québec, l'Auberge de la Paix offre une atmosphère propre aux auberges de jeunesse. Convivialité et découvertes priment dans cet établissement qui porte bien son nom. On y trouve 60 lits répartis dans 12 chambres pouvant accueillir de deux à huit personnes, ainsi qu'une cuisinette et un salon. En été, une jolie cour fleurit à l'arrière. Les enfants sont les bienvenus! Salles de bain partagées et frais de literie (5$ pour le séjour) si vous n'apportez pas la vôtre.

Auberge internationale de Québec $-$$
19 rue Ste-Ursule, 418-694-0755 ou 866-694-0950, www.cisq.org
La sympathique Auberge internationale de Québec propose des lits en dortoir et des chambres avec salle de bain, lesquelles peuvent accueillir de deux à cinq personnes. Agréables salles communes et café-bistro sur place.

Maison Sainte-Ursule $-$$
40 rue Ste-Ursule, 418-694-9794, www.quebecweb. com/maisonste-ursule
La Maison Sainte-Ursule est une mignonne petite habitation aux volets verts qui compte 15 jolies chambres toutes différentes, bien que certaines pourront vous sembler biscornues et sombres. En basse saison, on peut les louer à bon prix. Salles de bain privées et partagées.

Au Petit Hôtel *$$*
3 ruelle des Ursulines, 418-694-0965,
www.aupetithotel.com
Nichée au cœur du Vieux-Québec, cette
grande maison rouge et jaune au toit vert,
cachée dans la ruelle des Ursulines, dispose
de 16 chambres qui respirent le bonheur et
la tranquillité. Stationnement payant, séjour
minimal de deux nuitées.

Auberge Saint-Louis *$$-$$$* 🍴
48 rue St-Louis, 418-692-2424 ou 888-692-4105,
www.aubergestlouis.ca
Située dans la trépidante rue Saint-Louis,
l'auberge éponyme se présente comme un
petit hôtel convenable et bien tenu. Le prix
des chambres aux tons neutres et chaleu-
reux varie, les moins chères n'ayant pas de
salle de bain privée.

Marquise de Bassano *$$-$$$* 🍴
15 rue des Grisons, 418-692-0316 ou 877-692-0316,
www.marquisedebassano.com
Le Vieux-Québec a abrité, au cours de son
histoire, des personnages hauts en cou-
leur. À l'angle de la rue des Grisons et de
l'avenue Sainte-Geneviève s'élève une petite
maison victorienne qui, dit-on, fut bâtie pour
l'un d'entre eux. Les sombres boiseries qui
ornent l'intérieur préservent encore, assuré-
ment, les secrets de la marquise de Bassano.
Aujourd'hui transformée en gîte touristique,
la maison est des plus accueillantes avec ses
chambres coquettes et son salon égayé d'un
piano et d'un foyer. Au petit déjeuner, vos
hôtes se feront un plaisir d'animer la discus-
sion! Stationnement payant, salles de bain
privées et partagées.

Au Jardin du Gouverneur *$$-$$$*
16 rue Mont-Carmel, 418-692-1704 ou 877-692-1704,
www.leshotelsduparc.com
Au Jardin du Gouverneur est installé dans
une mignonne petite maison blanche et
bleue en face du paisible parc des Gou-
verneurs. Ses chambres sont de dimensions
appréciables, mais la décoration demeure
sans surprise.

Auberge La Chouette *$$-$$$*
71 rue D'Auteuil, 418-694-0232,
www.aubergelachouette.com
Occupant deux étages au-dessus du restau-
rant **Apsara** (voir p. 160), les 10 chambres
de l'Auberge La Chouette sont toutes sim-
plement décorées et meublées d'antiquités.

La famille d'origine vietnamienne qui gère
le restaurant et l'auberge vous accueille avec
le sourire.

Hôtel Acadia *$$-$$$$* 🍴
43 rue Ste-Ursule, 418-694-0280 ou 800-463-0280,
www.hotelacadia.com
Le long de la rue Sainte-Ursule se dressent
plusieurs anciennes demeures reconverties en petits hôtels. Parmi ceux-ci, l'Hôtel
Acadia se démarque clairement par sa
grande façade blanche. Il abrite de confortables chambres et suites parées de murs de
pierres et décorées de belles boiseries. La
même entreprise familiale tient également
quelques autres établissements qui allient
habilement cachet d'époque et confort
moderne : **Le Grande Allée Hôtel & Suites**
(voir p. 140), l'**Hôtel Ermitage** *($$$* 🍴*; 60
rue Ste-Ursule, 418-694-0968 ou 800-463-
0280)* et l'**Hôtel Louisbourg** *($$$* 🍴*; 68 rue
St-Louis, 418-694-0656 ou 800-463-0280)*.

Auberge du Trésor *$$$*
20 rue Ste-Anne, 418-694-1876 ou 800-566-1876,
www.quebecweb.com/aubergedutresor
Le bâtiment qui abrite l'Auberge du Trésor
a été érigé en 1679. Sans doute rénové à
maintes reprises depuis lors, il a maintenant
fière allure. En outre, ses chambres, malgré
un certain âge, offrent un confort contem-
porain. L'auberge abrite un restaurant (voir
p. 162)

Château de Léry *$$$*
8 rue de la Porte, 418-692-2692 ou 800-363-0036,
www.leshotelsduparc.com
Construit à côté du parc des Gouverneurs,
en face du fleuve, le Château de Léry propose des chambres confortables. Celles qui
donnent sur la rue offrent une jolie vue.
L'hôtel se trouve dans un quartier tranquille
du Vieux-Québec, mais à deux pas de l'animation de la place d'Armes.

Hôtel Champlain *$$$-$$$$* 🍴
115 rue Ste-Anne, 418-694-0106 ou 800-567-2106,
www.champlainhotel.com
Très bien situé au cœur du Vieux-Québec,
l'Hôtel Champlain propose de spacieuses
chambres à la décoration soignée. Certaines
chambres de catégorie standard ont vu sur
un mur : informez-vous lors de la réserva-
tion. Accueil personnalisé et très profes-
sionnel.

Hôtel du Vieux-Québec $$$-$$$$ ☀
1190 rue St-Jean, 418-692-1850 ou 800-361-7787, www.hvq.com

L'Hôtel du Vieux-Québec est un établissement moderne rehaussé de couleurs chaudes et douces. Sans tomber dans un décor extravagant, on a su toutefois y créer une bonne ambiance et un confort véritable. Notez que l'on peut vous servir un petit panier déjeuner avec viennoiseries et fromage à votre chambre. Les chambres sont spacieuses, et les animaux sont acceptés (supplément).

Hôtel Cap-Diamant $$$-$$$$ ☀
39 av. Ste-Geneviève, 418-694-0313 ou 888-694-0313, www.hotelcapdiamant.com

L'Hôtel Cap-Diamant est installé dans une maison ancestrale du Vieux-Québec. Une de ces maisons qui piquent la curiosité et qui, d'une certaine manière, nous racontent des histoires passées dans ses murs... C'est l'endroit tout désigné si vous désirez vous tremper dans une ambiance d'autrefois. Le long escalier, les planchers qui craquent, le papier peint : son style d'un autre âge lui donne beaucoup de cachet. En saison, vous pouvez profiter d'une jolie galerie et d'une cour fleurie où coule une petite source.

Château de Pierre $$$-$$$$
17 av. Ste-Geneviève, 418-694-0429 ou 888-694-0429, www.chateaudepierre.com

Une ancienne maison de style colonial abrite le Château de Pierre. Le hall, orné d'un énorme lustre, est surprenant et un peu clinquant. Les chambres chaleureuses possèdent un charme bourgeois d'antan.

Hôtel Château Bellevue $$$-$$$$
16 rue de la Porte, 418-692-2573 ou 877-849-1877, www.vieux-quebec.com

L'Hôtel Château Bellevue bénéficie d'une jolie vue sur le fleuve. Il dispose de chambres classiques joliment décorées avec une touche légèrement contemporaine.

Hôtel Maison du Fort $$$-$$$$
21 av. Ste-Geneviève, 418-692-4375 ou 888-203-4375, www.hotelmaisondufort.com

Rénovée, cette résidence de style georgien, construite en 1851 par l'architecte Charles Baillairgé, saura vous plonger au cœur d'une autre époque. L'accueil est fort sympathique, ce qui rend le séjour bien agréable. Café, thé et muffins sont servis gracieusement le matin. Il y a deux chats.

Hôtel Sainte-Anne $$$-$$$$
32 rue Ste-Anne, 418-694-1455 ou 877-222-9422, www.hotelste-anne.com

Cet établissement a l'avantage d'offrir un confort contemporain dans un cadre historique. La décoration se caractérise par ses lignes épurées. Aussi, l'hôtel renferme le restaurant Le Grill, dont la terrasse déborde gaiement dans la rue Sainte-Anne.

Hôtel Clarendon $$$$
57 rue Ste-Anne, 418-692-2480 ou 888-222-3304, www.hotelclarendon.com

Aménagé en 1870 dans l'imprimerie Desbarats (1858) et agrandi en 1926, l'**Hôtel Clarendon** (voir p. 60) est sans conteste le plus ancien hôtel de Québec. Il appartient au Groupe Dufour, qui a fait son beurre des croisières aux baleines. Quoique l'extérieur du bâtiment soit d'aspect très simple, sa décoration intérieure, de style Art déco, se révèle gracieuse. Le hall est d'ailleurs fort beau. Les chambres sont spacieuses et confortables à souhait. Le restaurant de l'hôtel, **Le Charles Baillargé** (voir p. 162), sert une cuisine française.

Auberge Place d'Armes $$$$-$$$$$ ☀
24 rue Ste-Anne, 866-333-9485

Tenue par les mêmes propriétaires que l'**Hôtel Champlain** (voir p. 136), l'Auberge Place d'Armes, située en face du Château Frontenac, propose de splendides chambres où chaque détail a été soigneusement pensé. La suite sous les combles vaut largement son pesant d'or. L'accueil est des plus sympathiques. À noter que lors de notre passage (et ceci vaut pour plusieurs autres auberges du Vieux-Québec), l'auberge ne disposait pas d'un ascenseur, mais que ses propriétaires prévoyaient en installer un sous peu. L'auberge abrite un très bon restaurant, **Le Pain Béni** (voir p. 162).

Le Clos Saint-Louis $$$$-$$$$$
71 rue St-Louis, 418-694-1311 ou 800-461-1311, www.clossaintlouis.com

Rue Saint-Louis, deux imposantes maisons victoriennes qui datent de 1844 et 1854 abritent Le Clos Saint-Louis. Les 18 chambres de cet hôtel situé au cœur du Vieux-Québec se répartissent sur quatre étages. Toutes sont aménagées afin de rendre leur cachet historique encore plus chaleureux, avec, ici un lit à baldaquin, là une vieille cheminée ou une bibliothèque. Celles de l'étage sont particulièrement attrayantes avec leurs murs de pierres et leurs poutres apparentes. Les salles de bain sont modernes et bien équipées. Le petit déjeuner est gracieusement offert d'octobre à juin.

Hôtel Manoir Victoria $$$$-$$$$$
44 côte du Palais, 418-692-1030 ou 800-463-6283, www.manoir-victoria.com

L'Hôtel Manoir Victoria, un grand hôtel de 156 chambres niché dans la côte du Palais, présente un décor résolument de style victorien dont le chic vous assure un bon confort. Son hall, en haut d'un long escalier, est accueillant, et s'y trouvent un bar et deux salles à manger. On y loue des suites bien équipées. Plusieurs forfaits culturels et sportifs y sont proposés.

Fairmont Le Château Frontenac $$$$$
1 rue des Carrières, 418-692-3861 ou 888-610-7575, www.fairmont.com/frontenac

Se dressant fièrement dans le Vieux-Québec, sur le célèbre cap Diamant qui surplombe le fleuve Saint-Laurent, le **Château Frontenac** (voir p. 57) est sans doute le bâtiment le plus populaire et le plus photographié de la ville de Québec. Pénétrez dans son hall élégant aux couleurs chaudes et orné de boiseries, et laissez-vous entraîner aux confins de l'histoire. Le Château Frontenac, initialement construit en 1893, fut en effet l'hôte de plusieurs événements historiques d'importance. Partout le décor est d'une richesse classique et raffinée, réellement digne des palaces. Son restaurant peut aussi vous faire goûter la vie de château (voir **Le Champlain**, p. 163). Le luxe des chambres procure aux visiteurs le meilleur confort possible. Les dimensions et les avantages des 618 chambres varient beaucoup, mais toutes sont agréables. Certaines du côté du fleuve possèdent de beaux oriels qui dévoilent, il va sans dire, une vue magnifique.

Le Petit-Champlain et Place-Royale

Voir carte p. 149.

Hayden's Wexford House $$$ ✿
450 rue Champlain, 418-524-0524, www.haydenwexfordhouse.com

Située dans une magnifique rue entre le cap et le fleuve, la Hayden's Wexford House arbore fièrement la façade qui l'annonce depuis 1832. Son nom est en effet inscrit en toutes lettres sur la brique de la belle maison qui a conservé tout son cachet. Ses quatre petites chambres se révèlent tout aussi charmantes. Nichées au dernier étage et permettant d'admirer la vue par leurs lucarnes, elles se parent chacune d'une décoration soignée où règnent le bois et les motifs floraux. Pour ajouter encore au confort de la clientèle, des matelas de qualité ont été fabriqués sur mesure. Le petit déjeuner se déguste dans une belle salle à manger aux murs de pierres, qui conserve, elle aussi, le cachet de la maison. Salles de bain partagées.

Auberge Saint-Antoine $$$-$$$$$
8 rue St-Antoine, 418-692-2211 ou 888-692-2211, www.saint-antoine.com

L'Auberge Saint-Antoine est située près du Musée de la civilisation. Cette superbe auberge occupe deux bâtiments. Les chambres plus anciennes sont époustouflantes, toutes décorées sur un thème différent. Chacune a un charme bien à elle. L'hôtel compte un restaurant réputé, le **Panache** (voir p. 164). Le Panache gère aussi le **Panache Mobile** (voir p. 174), qui s'installe à Sainte-Pétronille, sur l'île d'Orléans, pendant la saison estivale.

Hôtel Le Priori $$$$-$$$$$ ✿
15 rue du Sault-au-Matelot, 418-692-3992 ou 800-351-3992, www.hotellepriori.com

Dans la Basse-Ville, dans une rue paisible, se trouve l'Hôtel Le Priori. L'hôtel est installé dans une maison ancienne qui a été rénovée avec minutie. La décoration marie harmonieusement les murs d'une autre époque au mobilier très moderne. L'hôtel se double d'un excellent restaurant, le **Toast!** (voir p. 163).

Le Saint-Pierre $$$$-$$$$$ ℮
79 rue St-Pierre, 418-694-7981 ou 888-268-1017, www.auberge.qc.ca

Dans un édifice ayant abrité, depuis la fin du XIXe siècle, la première compagnie d'assurances au Canada, on a ouvert une jolie auberge. Le Saint-Pierre a un charme particulier du fait que l'on a tenté de conserver, lors des travaux de rénovation, les atouts du vieux bâtiment. Ainsi, les chambres rappellent un peu les appartements du quartier avec leurs différents paliers et leurs petits couloirs. Chacune comporte de beaux planchers de bois foncé et des murs aux couleurs riches. Les chambres situées aux étages inférieurs bénéficient d'un très haut plafond qui leur donne beaucoup de caractère, tandis que celles aménagées aux étages supérieurs offrent une belle vue.

Hôtel 71 $$$$-$$$$$
71 rue St-Pierre, 418-692-1171 ou 888-692-1171, www.hotel71.ca

L'Hôtel 71 s'inscrit, malgré une façade d'un autre âge, dans le style des nouveaux établissements modernes de type hôtel-boutique avec des chambres vastes aux lignes épurées et aux tons neutres. Le bois, le granit et la pierre apparente dominent dans le décor. Les salles de bain invitantes comportent une douche munie d'un abri de verre transparent et de différents types de jets. De certaines chambres, on peut admirer une vue splendide en contre-plongée du Château Frontenac. L'hôtel abrite aussi un restaurant.

Le Vieux-Port

Voir carte p. 150.

Hôtel Belley $$$-$$$$
249 rue St-Paul, 418-692-1694 ou 888-692-1694, www.quebecweb.com/hotelbelley

Le sympathique Hôtel Belley est situé près du Vieux-Port, non loin de la place du Marché du Vieux-Port, dans un bel édifice qui abrite une auberge depuis 1877. Il se présente de fait comme un petit hôtel particulier auquel on s'attache facilement! S'y trouvent huit chambres douillettes, décorées avec simplicité et arborant qui un mur de briques, qui des poutres en bois et des lucarnes. Elles sont situées au-dessus de la Taverne Belley, qui fait office de bar.

Hôtel des Coutellier $$$$-$$$$$ ℮
253 rue St-Paul, 418-692-4050 ou 888-523-9696, www.hoteldescoutellier.com

Situé en face du **Marché du Vieux-Port** (voir p. 78), l'Hôtel des Coutellier propose de confortables chambres dans un décor sobre. Le petit déjeuner continental, de genre «boîte à lunch», est suspendu à un crochet à l'extérieur des chambres avec le journal du matin. On prépare donc soi-même son café, puis on prend son petit déjeuner en tout intimité dans sa chambre.

Hôtel Le Germain-Dominion $$$$$ ℮
126 rue St-Pierre, 418-692-2224 ou 888-833-5253, www.hoteldominion.com

Dans un des beaux édifices rénovés de la rue Saint-Pierre, celui-ci datant de 1912, se trouve un hôtel qui saura charmer les amateurs d'établissements chics. Le luxueux Germain-Dominion affiche un côté moderne, avec des matériaux tels que le verre et le fer forgé, tout en respectant le cachet des lieux. D'autres éléments du décor, comme les teintes crème et sable, les grandes draperies ou les coussins, sofas et couvre-lits moelleux, en font un lieu confortable à souhait. Les derniers étages offrent une vue magnifique, d'un côté sur le fleuve et de l'autre sur le cap Diamant.

La colline Parlementaire et la Grande Allée

Voir carte p. 151.

B&B De La Tour $$-$$$ ℮
1080 av. Louis-St-Laurent, 418-525-8775 ou 877-525-8775, www.bbdelatour.com

Les hôtes de ce charmant gîte touristique proposent quatre charmantes chambres dans une belle demeure. La chambre rouge, située à l'avant, est la plus spacieuse, bien que les trois autres possèdent autant de charme. Au petit matin, un exquis petit déjeuner vous attend. Stationnement gratuit. Salles de bain partagées.

Auberge du Quartier $$$ ℮
170 Grande Allée O., 418-525-9726 ou 800-782-9441, www.aubergeduquartier.com

Vous recherchez une mignonne petite auberge de quartier? Campée face à l'imposante église Saint-Dominique, donc à 5 min des plaines et du Musée national des beaux-arts du Québec, l'Auberge du Quartier saura vous plaire. Cette grande maison lumineuse renferme des chambres propres, coquettes et modernes, réparties sur quatre étages dont une suite sous les combles. On a ajouté une charmante terrasse sur le toit. L'accueil est fort sympathique.

Relais Charles-Alexandre $$$ ☞
91 Grande Allée E., 418-523-1220, www.relaischarlesalexandre.com

Le Relais Charles-Alexandre propose une vingtaine de chambres confortables réparties sur trois étages. Le petit déjeuner est servi dans ce qui fut une galerie d'art, aujourd'hui encore une salle lumineuse et décorée de multiples reproductions. L'accueil est gentil.

Auberge Café Krieghoff $$$-$$$$ ☞
1089 av. Cartier, 418-522-3711, www.cafekrieghoff.qc.ca

À l'Auberge Café Krieghoff, on a eu une idée originale pour accueillir les voyageurs selon la formule des gîtes touristiques. Ce qu'il y a d'original, c'est que le petit déjeuner est servi dans la salle du café même (voir p. 166), ce qui vous garantit d'un coup une bonne bouffe et une bonne ambiance! Le personnel chaleureux se fera d'ailleurs un plaisir de vous mettre à l'aise dans cette atmosphère presque familiale. Les sept chambres, nichées au-dessus du restaurant, sont simples et propres. Elles ont chacune accès à une salle de bain privée (même si elle ne communique pas avec la chambre) et partagent entre elles un petit salon et un balcon avec vue sur l'animation de l'avenue Cartier.

Le Grande Allée Hôtel & Suites $$$-$$$$ ☞
601 Grande Allée E., 418-647-4433 ou 800-263-1471, www.chateaugrandeallee.com

Les chambres du Grande Allée Hôtel & Suites, tenues avec soin, sont si vastes qu'elles semblent dépouillées de mobilier. Plusieurs petites attentions sont offertes sur place.

Appart Hôtel Riendeau $$$-$$$$
1216 cours du Général-De Montcalm, 418-529-4442, www.apparthotelriendeau.com

À proximité de l'intersection de la Grande Allée et de l'avenue Cartier se trouvent les six maisons victoriennes où des appartements d'une pièce et demie à sept pièces et demie sont offerts en location. Meublés, ils se louent à la journée, à la semaine ou au mois. Stationnement gratuit pour les locations à court terme.

Auberge Louis-Hébert $$$-$$$$
668 Grande Allée E., 418-525-7812, www.louishebert.com

Située sur la trépidante Grande Allée, l'Auberge Louis-Hébert est un établissement chaleureux. Le charme de cette demeure du XVIIᵉ siècle ne fait aucun doute. Le calme est également de la partie. On y a aménagé des chambres décorées avec goût qui offrent certaines commodités. Le service est attentionné.

Hôtel Château Laurier $$$-$$$$
1220 place George-V O., 418-522-8108 ou 877-522-8108, www.vieux-quebec.com/laurier

Le Château Laurier offre une localisation idéale pour les visiteurs. Situé tout près des plaines d'Abraham et du Vieux-Québec, il compte deux sections : la partie moderne comprend des chambres spacieuses à la décoration soignée alors que les chambres de la partie ancienne sont plus exiguës. Ayant subi des travaux de rénovation majeurs au cours des dernières années, le Château Laurier offre désormais un stationnement intérieur, une somptueuse salle de bal, une cour intérieure et un spa.

Loews Hôtel Le Concorde $$$-$$$$$
1225 cours du Général-De Montcalm, 418-647-2222 ou 800-235-6397, www.loewshotels.com

Se dressant aux abords du Vieux-Québec, le Loews Hôtel Le Concorde dispose de chambres spacieuses et confortables offrant une vue magnifique sur tout Québec. Au sommet de la tour se trouve un restaurant tournant (voir **L'Astral**, p. 167).

Le faubourg Saint-Jean-Baptiste

Voir carte p. 152.

Hilton Québec $$$$
1100 boul. René-Lévesque E., 418-647-2411 ou 800-447-2411, www.hiltonquebec.com

Situé tout près du Vieux-Québec, le Hilton Québec propose des chambres offrant un confort qui répond aux normes d'une grande chaîne d'hôtels. L'hôtel est relié au Centre des congrès de Québec. Piscine extérieure chauffée ouverte à longueur d'année.

Courtyard Ville de Québec $$$$-$$$$$
850 place D'Youville, 418-694-4004 ou 866-694-4004, www.marriott-quebec.com

Anciennement le théâtre Le Cambré, puis le Trust Building, ce bel immeuble abrite désormais l'hôtel Courtyard Ville de Québec et son restaurant **Que Sera Sera** (voir p. 169). Les plus belles chambres surplombent la place D'Youville.

Delta Québec *$$$$-$$$$$*
690 boul. René-Lévesque E., 418-647-1717 ou 888-884-7777, www.deltahotels.com
Tout comme le Hilton Québec (voir ci-dessus), le Delta Québec est relié au Centre des congrès de Québec. Cette tour abrite plus de 377 chambres, toutes joliment décorées. Les chambres régulières sont garnies d'un mobilier de pin d'aspect un peu rustique mais élégant. Tout au long de l'année, les clients peuvent profiter d'une piscine extérieure chauffée.

Hôtel du Capitole *$$$$-$$$$$*
972 rue St-Jean, 418-694-4040 ou 800-363-4040, www.lecapitole.com
Adjacent au magnifique théâtre du même nom, l'Hôtel du Capitole occupe les pièces qui ceinturent le bâtiment. Sa petite entrée, cachée dans l'imposante structure, se fait fort discrète. Le décor de cet hôtel n'a rien de luxueux, mais il est amusant. Ainsi, le mobilier des chambres rappelle un décor de théâtre. À l'entrée, on aperçoit le **Ristorante Il Teatro** (voir p. 169).

Hôtel Palace Royal *$$$$-$$$$$*
775 av. Honoré-Mercier, 418-694-2000 ou 800-567-5276, www.jaro.qc.ca
L'Hôtel Palace Royal offre de belles chambres feutrées où domine une décoration victorienne à la fois simple et luxueuse. Le jardin intérieur, aux accents méditerranéens, est doté d'une piscine et d'un bain à remous que vient encadrer un décor ponctué de palmiers et dominé par une grande verrière. Service de valet (payant).

Saint-Roch

Voir carte p. 153.

Appartements-Hôtel Bonséjours *$$-$$$$*
237 rue St-Joseph E., 418-380-8080 ou 866-892-8080, www.bonsejours.com
Face au théâtre Impérial, les Appartements-Hôtel Bonséjours se trouvent au cœur du quartier Saint-Roch. Les 15 suites renferment tout ce qu'il faut pour un séjour en autonomie.

L'Autre Jardin *$$$-$$$$* ☙
365 boul. Charest E., 418-523-1790 ou 877-747-0447, www.autrejardin.com
L'Autre Jardin est une auberge pas ordinaire. Elle est née grâce à une initiative de Carrefour Tiers-Monde, une ONG qui travaille dans le domaine du développement international. Tous les profits de l'auberge sont donc réinvestis dans des projets de solidarité internationale. N'est-ce pas une formidable manière de dépenser votre argent que de vous faire dorloter dans une auberge confortable et d'appuyer du même coup des réalisations visant l'amélioration des conditions sociales, au Nord comme au Sud? Le décor de l'auberge, qui compte trois étages, est simple mais chaleureux, avec quelques petites touches d'originalité. Le service est souriant et accueillant.

Hôtel Royal William *$$$-$$$$*
360 boul. Charest E., 418-521-4488 ou 888-541-0405, www.royalwilliam.com
L'Hôtel Royal William affiche sa façade sur le boulevard Charest. Il propose une quarantaine de chambres dont l'aspect pratique plaira particulièrement aux gens d'affaires. Son décor se veut moderne et confortable, comme celui de la plupart des hôtels de cette catégorie.

Hôtel PUR *$$$$*
395 rue de la Couronne, 418-647-2611 ou 418-647-1444, www.hotelpur.com
Dans un univers dépouillé où dominent le blanc, le noir et le rouge, l'Hôtel PUR propose des chambres confortables avec une bonne fenestration et munies de tous les attraits technologiques d'aujourd'hui. Son restaurant, **Table** (voir p. 170), propose surtout des tapas.

Auberge Le Vincent *$$$$-$$$$$* ☙
295 rue De St-Vallier E., 418-523-5000, www.aubergelevincent.com
Accolée à la falaise pour dominer ainsi la rue De Saint-Vallier Est, la charmante et chaleureuse Auberge Le Vincent saura vous plaire grâce, bien entendu, à son accueil, mais également grâce à ses chambres aux murs de briques et aux persiennes de bois. Le mobilier de bois sombre aux lignes douces et la salle de bain avec douche de verre transparent (large pommeau central et pommeau conventionnel) vous garantissent un confort de premier plan. L'auberge est située à proximité du jardin de Saint-Roch.

Hébergement - Saint-Roch

Sainte-Foy

Voir carte p. 155.

Auberge de la YWCA de Québec $-$$
855 av. Holland, 418-683-2155,
www.ywcaquebec.qc.ca

Dans le quartier Saint-Sacrement se trouve l'Auberge de la YWCA de Québec, qui offre un hébergement à prix modique de courte ou longue durée dans de petites chambres au confort rudimentaire. Cuisinette, buanderie, piscine et stationnement. Literie fournie. Salles de bain partagées.

Université Laval $-$$
Université Laval, pavillon Alphonse-Marie Parent, bureau 1604, 418-656-2921 ou 418-656-5632, www.sres.ulaval.ca

Du mois de mai à la mi-août, il est possible de louer une chambre sur le campus de l'Université Laval. Pour ce faire, il suffit de s'adresser au Service des résidences. Ces chambres offrent un confort élémentaire. Elles sont munies d'un lit simple et d'une commode, et les salles de bain sont communes aux résidents de l'étage. Il s'agit d'une formule peu coûteuse qu'il peut être intéressant de considérer. On propose également un tarif à la semaine. Il est conseillé de réserver.

Auberge Maison Roy $$-$$$ ♥
1365 boul. René-Lévesque O., 418-527-3907, www.aubergemaisonroy.com

Flirtant avec le très beau parc du Bois-de-Coulonge et ses jardins, l'Auberge Maison Roy, toute de briques rouges revêtue, renferme des chambres confortables au décor simple. Sur place, différentes activités vous sont proposées. Le petit déjeuner est servi dans un restaurant du voisinage. Salles de bain privées et partagées.

Hôtel ALT Québec $$$
1200 av. Germain-des-Prés, 418-658-1224 ou 800-463-5253, www.quebec.althotels.ca

Ouvert depuis plusieurs années, l'Hôtel ALT Québec était auparavant connu sous le nom d'Hôtel Germain-des-Prés. Il a changé de nom depuis qu'il est sous la bannière de la chaîne ALT, qui appartient toujours au groupe Germain, et a intensifié ses actions afin de devenir un hôtel écologique, son premier mandat. Ses chambres modernes, décorées avec grand soin, sont on ne peut plus accueillantes et offrent toutes les commodités voulues pour se détendre. Peignoirs dans les salles de bain, fauteuils confortables, couette et oreillers en duvet... Sans oublier toutes les petites attentions caractéristiques des hôtels-boutiques où le service est personnalisé.

Château Bonne Entente $$$$
3400 ch. Ste-Foy, 418-653-5221 ou 888-653-5221, www.chateaubonneentente.com

Le magnifique domaine que constitue le Château Bonne Entente, de style anglo-saxon, s'étend sur un terrain de 4,5 ha couvert de verdure et de fleurs. Des chambres décorées avec goût et raffinement vous y accueillent. Le confort et le charme sont partout présents. De nombreuses activités intérieures et extérieures y sont offertes. Cet établissement permet de retrouver tous les avantages et les bienfaits de la villégiature en pleine ville. Le restaurant Monte Cristo sert une cuisine méditerranéenne. L'établissement compte plusieurs salles de réunion, un spa et un salon de thé. Aire de jeux pour les enfants.

Près de l'aéroport

Le secteur de l'aéroport n'a rien de particulièrement agréable, aussi les voyageurs n'y passent-ils généralement qu'une nuit.

Château Repotel Duplessis $$ ♥
6555 boul. Wilfrid-Hamel, L'Ancienne-Lorette, 418-872-1111 ou 800-463-5255, www.chateaurepotel.com

Le Château Repotel Duplessis est bien aménagé afin de rendre le séjour plaisant. Les chambres ne sont pas luxueuses, mais elles sont bien insonorisées. Elles ont l'avantage d'avoir une grande salle de bain.

Hôtel Le Cofortel $$-$$$ ♥
6500 boul. Wilfrid-Hamel, L'Ancienne-Lorette, 418-877-4777 ou 800-363-7440, www.hotellecofortelquebec.com

L'Hôtel Le Cofortel se présente comme un hôtel qui privilégie le confort. Ses chambres aux couleurs fades semblent austères, mais elles sont spacieuses.

Comfort Inn Airport East $$$ ♥
1255 boul. Duplessis, L'Ancienne-Lorette, 418-872-5900, www.comfortinn.com

L'hôtel Comfort Inn Airport East a été construit sur la route menant à l'aéroport, en face de gros cinémas multisalles. Bien qu'elles soient garnies de meubles en stratifié, ses chambres sont jolies.

Hôtel Must *$$$-$$$$* ☀
1345 route de l'Aéroport, L'Ancienne-Lorette, 418-
380-6878 ou 800-567-5276, www.hotelsjaro.com
Idéal pour les familles, l'Hôtel Must propose
des chambres confortables, une piscine avec
glissade d'eau et une terrasse sur le toit qui
en impressionnera plus d'un.

En route vers le nord

Lac-Delage

Manoir du Lac Delage *$$$-$$$$*
40 av. du Lac, 418-848-2551 ou 888-202-3242,
www.lacdelage.com
Le Manoir du Lac Delage propose une foule
d'installations qui enchanteront les amateurs
de sport, tant en hiver qu'en été. En hiver,
le centre se trouve à proximité de sentiers
de ski de fond, d'une patinoire et de glis-
soires. En été, le lac permet la pratique de
plusieurs sports nautiques. Cependant, la
baignade y est interdite. Les chambres, gar-
nies de meubles en bois, sont confortables.
Bonne table.

Charlesbourg

Hôtel de Glace Québec-Canada
$$$$-$$$$$ ☀
9530 rue de la Faune, 418-623-2888 ou 877-505-
0423, www.hoteldeglace-canada.com
Vous n'oseriez pas prendre son nom au pied
de la lettre, et pourtant il s'agit bel et bien
d'un hôtel de glace (voir p. 113)! Eh oui,
entièrement bâti à même des milliers de
tonnes de glace et de neige. Une époustou-
flante réalisation! Les téméraires accourent
pour avoir la chance de vivre l'expérience
d'une nuit dans cet antre du froid. Mais
grâce à l'isolation naturelle que procure la
glace, il fait toujours entre –3°C et –5°C à
l'intérieur de ses murs. On dort donc tout
de même assez confortablement dans les
36 chambres, aux salles de bain partagées,
bien emmitouflé dans un épais sac de cou-
chage nordique. Un espace détente compre-
nant bains à remous et sauna est également
accessible. Une bonne idée pour bien vous
réchauffer avant d'aller au lit. Si vous êtes un
novice en matière de «camping d'hiver», ras-
surez-vous car vous serez très bien encadré
par une équipe disponible jour et nuit. Une
expérience inoubliable! Il vous est aussi

possible de prendre le forfait **Découverte
Nordique** *(environ 400$)* incluant un dîner
et une nuitée au **Four Points by Sheraton
Québec Resort** *(7900 rue du Marigot, 418-
627-8008)*, situé à proximité et desservi par
une navette. En plus de pouvoir y prendre
une douche et d'y laisser vos bagages au
chaud, vous pourrez venir y dormir si, pour
une raison ou une autre, vous voulez quitter
l'Hôtel de Glace pendant la nuit.

Lac-Beauport

Auberge Quatre Temps *$$-$$$$*
161 ch. Tour-du-Lac, 418-849-4486 ou 800-363-0379,
www.aubergequatretemps.qc.ca
Située directement au bord du lac Beauport, l'Auberge Quatre Temps propose 29
chambres et quatre appartements dans un
site enchanteur. Les chambres sont belles
et décorées avec goût. Douillettes, certaines
ont vue sur le lac, alors que d'autres ont
une baignoire à remous. Une plage est aussi
accessible aux clients, et un spa offre ses
services de soins. Classe et confort.

Wendake

Hôtel-Musée Premières Nations *$$$-$$$$*
5 place de la Rencontre, 418-847-2222 ou
866-551-9222, www.hotelpremieresnations.com
Avec son splendide décor composé de
panaches, de peaux d'animaux, d'arbres
apparents et de bûches qui font office de
tables de chevet, l'Hôtel-Musée Premières
Nations sort de l'ordinaire! Les confortables
chambres, magnifiquement décorées, offrent
toutes une vue sur la rivière Akiawenrahk
(Saint-Charles) et ont chacune un capteur de
rêve pour nous rappeler que nous sommes
en pays huron. Le hall n'est pas en reste
avec son foyer, ses œuvres d'artistes amé-
rindiens, son panache d'orignal et sa grande
baie vitrée qui rappelle que la nature n'est
jamais bien loin. Son restaurant, **La Traite**
(voir p. 173), fait partie des bonnes tables
de la région, et son **musée** (voir p. 115)
permet de découvrir la riche culture
huronne-wendat. Sans oublier l'accueil hors
du commun.

Sainte-Catherine-de-la-Jacques-Cartier

Station touristique Duchesnay
$$$-$$$$ ☞ en auberge
143 route Duchesnay, 418-875-2122 ou
877-511-5885, www.sepaq.com/ct/duc/
Au cœur d'une forêt couvrant près de 90 km²
au bord du grand lac Saint-Joseph, une jolie
auberge, plusieurs pavillons, villas et chalets
en bois ont été conçus pour accueillir les
visiteurs. Plusieurs forfaits sont proposés, le
tout sous le signe de la nature et du confort.
Si vous louez un chalet en famille, pour pro-
fiter du lac et des sentiers pédestres, ou une
chambre en amoureux, pour sillonner les
sentiers de ski de fond, vous risquez fort
de tomber sous le charme des lieux. On y
propose aussi un service de spa scandinave.
Salles de bain privées et partagées.

Parc national de la Jacques-Cartier

Camping du parc national de la Jacques-Cartier *$*
autoroute 175 N., 418-848-3599 ou 800-665-6527,
www.sepaq.com
Au cœur même du parc national de la
Jacques-Cartier, il est possible de camper
dans un environnement absolument magni-
fique. De nombreux emplacements réservés
à la pratique du camping le long de la rivière
sont soit rustiques, soit semi-aménagés. Bien
entendu, vous n'y manquerez pas d'activités!

La Côte-de-Beaupré et l'île d'Orléans

Beauport

Une bonne option existe pour ceux qui
désirent profiter du côté un peu plus
convivial de l'hébergement sur la Côte-de-
Beaupré. L'organisation locale **Hébergement
touristique en famille** *($$; 6074 av. Royale,
L'Ange-Gardien, 418-822-4323, www.
quebecgites.ca)* permet d'être hébergé dans
une famille lors d'un séjour dans la région
de la Côte-de-Beaupré. Une occasion unique
et sympathique de fraterniser avec les «gens
de la place»! Tout le confort est assuré, les
familles d'accueil sont triées sur le volet, et
l'hébergement respecte les normes de la Corporation de l'industrie touristique du Québec
(CITQ). Séjour minimal de deux nuitées.

Ambassadeur Hôtel et suites *$$$*
3401 boul. Ste-Anne, 418-666-2828 ou
800-363-4619, www.hotelambassadeur.ca
L'hôtel Ambassadeur a été construit à
l'entrée de la ville dans un secteur où les
voyageurs ne font généralement halte que
pour la nuit. Ses 145 chambres sont jolies et
spacieuses. Le rez-de-chaussée renferme par
ailleurs un restaurant grec.

Château-Richer

Auberge Baker *$$$ ☞*
8790 av. Royale, 418-824-4478 ou 866-824-4478,
www.auberge-baker.com
L'Auberge Baker est installée dans une
maison centenaire de la Côte-de-Beaupré.
Ses murs de pierres, ses plafonds bas, ses
planchers de bois et ses fenêtres à large
encadrement charment le visiteur. Ses cinq
chambres sont aménagées dans des combles
un peu sombres, mais à cet étage on trouve
aussi une cuisinette, une salle de bain et
une terrasse attenante. Les chambres sont
décorées avec soin, par souci d'authenticité,
et meublées d'antiquités. L'auberge possède
aussi **La petite maison du village**, dont il
est possible de louer une chambre ou qu'on
peut louer en entier, moyennant des frais un
peu plus élevés.

Sainte-Anne-de-Beaupré

Auberge Motel La Bécassine *$-$$*
9341 boul. Ste-Anne, 418-827-4988 ou
877-727-4988, www.aubergemotellabecassine.com
L'Auberge Motel La Bécassine a l'avantage
d'être située à moins de 10 min de la station
touristique Mont-Sainte-Anne. La plupart
des chambres, au décor simple mais assez
agréable, sont situées côte à côte près du
bâtiment principal. L'hôte prépare les repas
pour les occupants des chambres de son
établissement seulement.

Auberge et Motel La Grande Ourse
$$ ☞ (auberge)
9717 av. Royale, 418-827-1244 ou 877-775-1244,
www.quebecweb.com/grandeourse
L'Auberge La Grande Ourse propose des
unités de très bon confort dans une belle
maison ancienne située au centre de Sainte-
Anne-de-Beaupré. Les chambres en auberge

sont plus sympathiques, mais celles en motel sont plus grandes. Toutes sont joliment décorées.

Beaupré

Auberge La Camarine $$$
10947 boul. Ste-Anne, 418-827-5703 ou 800-567-3939, www.camarine.com
La Camarine se dresse en face du fleuve Saint-Laurent. Cette mignonne petite auberge de grand standing loue une trentaine de chambres. Le décor allie harmonieusement l'aspect rustique de la maison avec un mobilier de bois aux lignes modernes. Le lieu est charmant, et son restaurant est réputé (voir p. 173).

Château Mont-Sainte-Anne $$$$-$$$$$
500 boul. du Beau-Pré, 418-827-5211 ou 866-900-5211, www.chateaumontsainteanne.com
Le Château Mont-Sainte-Anne est situé au bas des pentes de ski; on ne pourrait être plus près du mont. Les chambres sont spacieuses, et certaines comportent une mezzanine. On y trouve un spa.

Village touristique Mont-Sainte-Anne $$$$-$$$$$
1000 boul. du Beau-Pré, 418-827-2002 ou 800-463-7775, www.villagetouristique.com
Ce centre de villégiature est situé au pied du mont Sainte-Anne. C'est l'endroit rêvé pour ceux qui ne veulent pas se déplacer d'un site à l'autre. Plusieurs appartements de grandeur variable peuvent accueillir de deux à huit personnes. Certaines chambres sont munies d'une baignoire à remous et d'une mezzanine. Toutes les unités d'hébergement sont équipées d'une cuisine moderne et d'un foyer fonctionnel, et elles s'avèrent très confortables. Plusieurs appartements ont vue sur les pentes.

Saint-Ferréol-les-Neiges

Camping Mont-Sainte-Anne
$ *emplacement pour tente*
$$$ *prêt-à-camper*
mai à oct; 300 rang St-Julien, 418-826-2323 ou 800-463-1568, www.mont-sainte-anne.com
Le Camping Mont-Sainte-Anne, situé à 7 km à l'est de la **station touristique Mont-Sainte-Anne** (voir p. 131), dispose de 166 emplacements dans un site boisé traversé par la rivière Jean-Larose et doté des services essentiels. Vous y êtes, bien sûr, à proximité

de toutes les activités de plein air qu'offre la station touristique Mont-Sainte-Anne. On y offre aussi le «prêt-à-camper»: une roulotte tout équipée située près de la rivière et prête à vous accueillir.

Île d'Orléans

À l'île d'Orléans, on dénombre de nombreux gîtes touristiques. On peut s'en procurer la liste au bureau d'information touristique (voir p. 48). On y trouve aussi quelques auberges dont la réputation n'est plus à faire, de même qu'un camping et une auberge de jeunesse. Vous avez donc toutes les possibilités de faire durer le plaisir d'un séjour dans cette île ensorceleuse.

Sainte-Pétronille

Gîte Au Toit Rouge $$ ☞
41 rue Horatio-Walker, 418-828-9654 ou 800-430-9946, www.toitrouge.com
Située sur le bord de l'eau, cette ancienne maison de repos de religieuses propose trois charmantes chambres offrant une superbe vue sur la chute Montmorency.

Auberge Restaurant La Goéliche $$$-$$$$ ☞
22 ch. du Quai, 418-828-2248 ou 888-511-2248, www.goeliche.ca
Malgré ses installations modernes, l'Auberge Restaurant La Goéliche s'empreint d'un certain cachet champêtre. Ses 16 chambres confortables offrent une vue imprenable sur Québec, et les clients peuvent profiter d'un petit salon avec foyer et jeux de société. Vous pouvez aussi y louer des «chalets-condos» à la nuitée ou pour de plus longs séjours. La salle à manger (voir p. 174) vaut le déplacement.

Saint-Laurent-de-l'Île-d'Orléans

Auberge Le Canard Huppé $$$ ☞
2198 ch. Royal, 418-828-2292 ou 800-838-2292, www.canard-huppe.com
Le Canard Huppé a, depuis plusieurs années, bonne réputation. Ses chambres, réparties dans deux maisons ancestrales, sont propres et confortables, et offrent un décor champêtre parsemé de canards de bois. La table du restaurant est tout aussi réputée et agréable (voir p. 174). L'accueil est attentionné et, puisque l'établissement est situé à l'île d'Orléans, il est entouré de beaux paysages.

Saint-Jean-de-l'Île-d'Orléans

Auberge Le p'tit Bonheur
$ en dortoir
$$ en chambre privée
186 côte Lafleur, 418-829-2588,
www.leptitbonheur.qc.ca

L'Auberge Le p'tit bonheur, campée sur l'île d'Orléans, porte le nom d'une chanson de Félix Leclerc, qui fut amoureux de cette île située au milieu du fleuve Saint-Laurent. Cette auberge de jeunesse est un bon choix abordable pour qui souhaite découvrir ce coin de pays. On peut même dormir en tipi ou en igloo, selon la saison. De la maison principale, tricentenaire, et du site se dégage une atmosphère conviviale. Plusieurs activités de plein air y sont possibles, été comme hiver. À noter que les draps sont fournis dans le dortoir et que les sacs de couchage sont interdits. Salles de bain privées et partagées.

Saint-François-de-l'Île-d'Orléans

Camping Orléans *$*
357 ch. Royal, 418-829-2953 ou 888-829-2953, www.campingorleans.com

Le Camping Orléans compte plus de 150 emplacements, la plupart ombragés, avec vue sur le fleuve. Plusieurs services sont offerts sur place. On a accès à la grève pour faire de belles promenades. Il est conseillé de réserver.

Auberge Chaumonot *$$$*
425 ch. Royal, 418-829-2735 ou 800-520-2735, www.aubergechaumonot.com

L'Auberge Chaumonot dispose de huit chambres. Petite auberge construite du côté sud de l'île, tout près de la rive, elle accueille les visiteurs durant l'été seulement. Elle est située loin des villages et de la route, dans un cadre champêtre charmant. Les chambres au décor rustique procurent un bon confort.

Sainte-Famille

Gîte Au Toit Bleu *$$-$$$* ✿
3879 ch. Royal, 418-829-1078

D'ambiance tout à fait bohème, la belle vieille maison au toit bleu qui abrite le gîte éponyme est remplie d'objets du monde entier, recueillis au fil de ses voyages par la propriétaire des lieux. On s'y sent tout de suite à l'aise. Le petit déjeuner, qui peut être végétarien, est créé selon l'inspiration du moment. Un grand terrain mène jusqu'au fleuve. Cinq chambres. Salles de bain privées et partagées.

Saint-Pierre-de-l'Île-d'Orléans

Auberge Le Vieux-Presbytère *$$-$$$* ✿
1247 av. Monseigneur-D'Esgly, 418-828-9723 ou 888-828-9723, www.presbytere.com

L'Auberge Le Vieux-Presbytère est effectivement installée dans un ancien presbytère juste derrière l'église du village. Ici règnent la pierre et le bois. Les plafonds bas traversés par de larges poutres, les fenêtres à large encadrement, les antiquités telles que catalognes de lit et tapis tressés, vous transporteront à l'époque de la Nouvelle-France. La salle à manger (voir p. 174) et le salon sont invitants. Il s'agit d'un lieu tranquille au charme rustique. Salles de bain privées et partagées.

Cartes

hébergement ▲   restaurants ⊞   sorties ♪

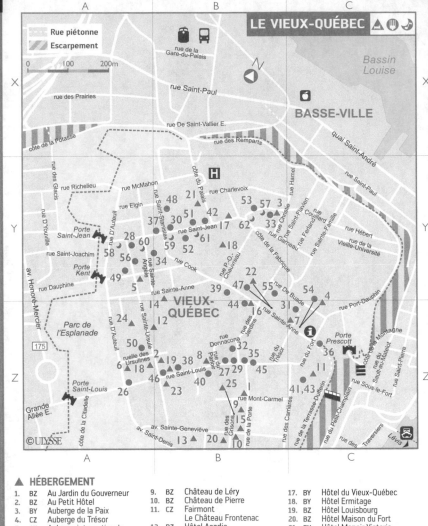

LE VIEUX-QUÉBEC

▲ HÉBERGEMENT

1.	BZ	Au Jardin du Gouverneur
2.	BZ	Au Petit Hôtel
3.	BY	Auberge de la Paix
4.	CZ	Auberge du Trésor
5.	AY	Auberge internationale de Québec
6.	AZ	Auberge La Chouette
7.	CZ	Auberge Place d'Armes
8.	BZ	Auberge Saint-Louis

9.	BZ	Château de Léry
10.	BZ	Château de Pierre
11.	CZ	Fairmont Le Château Frontenac
12.	BZ	Hôtel Acadia
13.	BZ	Hôtel Cap-Diamant
14.	BY	Hôtel Champlain
15.	BZ	Hôtel Château Bellevue
16.	BZ	Hôtel Clarendon

17.	BY	Hôtel du Vieux-Québec
18.	BY	Hôtel Ermitage
19.	BZ	Hôtel Louisbourg
20.	BZ	Hôtel Maison du Fort
21.	BY	Hôtel Manoir Victoria
22.	BY	Hôtel Sainte-Anne
23.	BZ	Le Clos Saint-Louis
24.	AZ	Maison Sainte-Ursule
25.	BZ	Marquise de Bassano

● RESTAURANTS

26.	AZ	Apsara
27.	BZ	Au Parmesan
28.	AY	Au Petit Coin Breton
29.	BZ	Aux Anciens Canadiens
30.	BY	Brûlerie Tatum Café
31.	CZ	Café Buade
32.	BZ	Café de la Paix
33.	BY	Chez Temporel
34.	BY	Chez-soi La Chine
35.	BZ	Conti Caffe
36.	CZ	Gambrinus

37.	BY	L'Entrecôte Saint-Jean
38.	BZ	L'Omelette
39.	BY	La Crémaillère
40.	BZ	La Petite Italie
41.	CZ	Le Café de la Terrasse
42.	BY	Le Casse-Crêpe Breton
43.	CZ	Le Champlain
44.	BZ	Le Charles Baillargé
45.	BZ	Le Continental
46.	BZ	Le Feu Sacré
47.	BY	Le Pain Béni

48.	BY	Le Patriarche
49.	AY	Le Petit Coin Latin
50.	AZ	Le Saint-Amour
51.	BY	Les Frères de la Côte
52.	BY	Paillard
53.	BY	Portofino Bistro Italiano
54.	CY	Restaurant 1640/ 1640 Bistro
55.	BY	Restaurant-Pub D'Orsay
56.	AY	Un Thé au Sahara

♪ BARS ET BOÎTES DE NUIT

57.	BY	L'Ostradamus
58.	AY	Le Chantauteuil

59.	BY	Le Saint-Alexandre
60.	AY	Le Sainte-Angèle

61.	BY	Les Yeux Bleus
62.	BY	St-Patrick Irish Pub

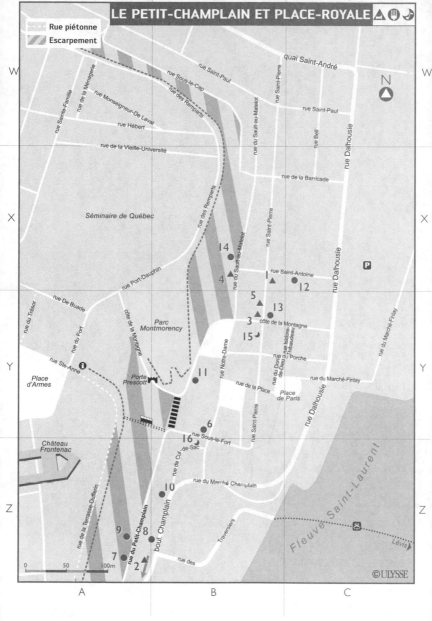

LE PETIT-CHAMPLAIN ET PLACE-ROYALE

- - - Rue piétonne
/// Escarpement

▲ **HÉBERGEMENT**

1.	BX	Auberge Saint-Antoine
2.	AZ	Hayden's Wexford House
3.	BY	Hôtel 71
4.	BX	Hôtel Le Priori
5.	BY	Le Saint-Pierre

● **RESTAURANTS**

6.	BY	Bistro Sous le Fort
7.	AZ	Casse-cou – Café-Resto
8.	AZ	Le Cochon Dingue
9.	AZ	Le Lapin Sauté
10.	BZ	Le Petit Cochon Dingue
11.	BY	Le Vendôme
12.	CX	Panache
13.	BY	Restaurant Initiale
14.	BX	Toast!

♪ **BARS ET BOÎTES DE NUIT**

15.	BY	L'Oncle Antoine
16.	BZ	Le Pape Georges

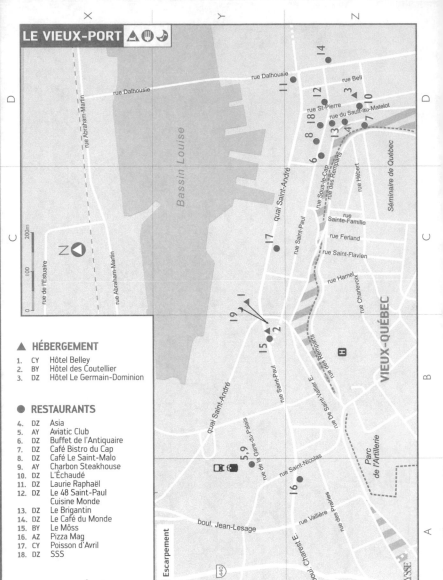

LE VIEUX-PORT

▲ HÉBERGEMENT

1. CY Hôtel Belley
2. BY Hôtel des Coutellier
3. DZ Hôtel Le Germain-Dominion

● RESTAURANTS

4. DZ Asia
5. AY Aviatic Club
6. DZ Buffet de l'Antiquaire
7. DZ Café Bistro du Cap
8. DZ Café Le Saint-Malo
9. AY Charbon Steakhouse
10. DZ L'Échaudé
11. DZ Laurie Raphaël
12. DZ Le 48 Saint-Paul Cuisine Monde
13. DZ Le Brigantin
14. DZ Le Café du Monde
15. BY Le Môss
16. AZ Pizza Mag
17. CY Poisson d'Avril
18. DZ SSS

♪ BARS ET BOÎTES DE NUIT

19. CY Taverne Belley

Cartes hébergement, restaurants et sorties - Le Vieux-Port

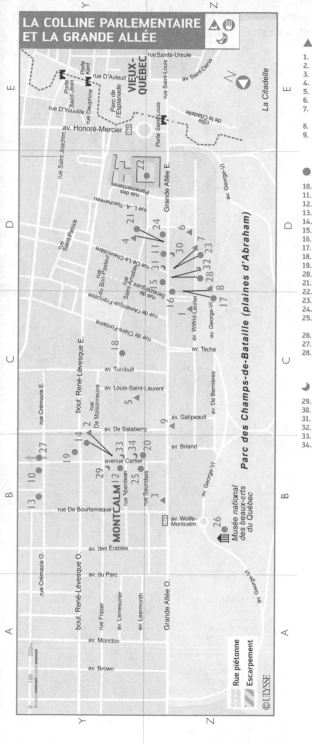

▲ HÉBERGEMENT

1. CZ Appart Hôtel Riendeau
2. CY Auberge Café Krieghoff
3. BZ Auberge du Quartier
4. DY Auberge Louis-Hébert
5. CY B&B De La Tour
6. DZ Hôtel Château Laurier
7. DZ Le Grande Allée Hôtel & Suites
8. DZ Loews Hôtel Le Concorde
9. CZ Relais Charles-Alexandre

● RESTAURANTS

10. BY Aux 2 Violons Resto-Café
11. DZ Aux Vieux Canons
12. BY Bistro B par François Blais
13. BY Bügel
14. BY Café Krieghoff
15. DZ Copas
16. DZ Cosmos Café
17. CZ L'Astral
18. CY Le 47e Parallèle
19. BY Le Cochon Dingue
20. BY Le Graffiti
21. DY Le Louis-Hébert
22. DY Le Parlementaire
23. DZ Le Rivoli
24. DZ Le Savini
25. BY Métropolitain Eddie Sushi Bar
26. BZ Restaurant du Musée
27. BY Sushi Taxi
28. DZ Voo Doo Grill

♩ BARS ET BOÎTES DE NUIT

29. BY Jules et Jim
30. DZ L'Inox
31. DZ Le Dagobert
32. DZ Maurice Nightclub
33. BY Soñar
34. BY Turf Pub

Cartes hébergement, restaurants et sorties - La colline Parlementaire et la Grande Allée

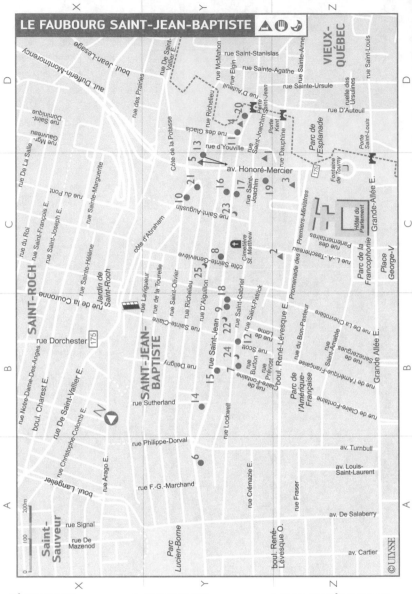

LE FAUBOURG SAINT-JEAN-BAPTISTE

▲ HÉBERGEMENT

1.	CY	Courtyard Ville de Québec
2.	CZ	Delta Québec
3.	CZ	Hilton Québec
4.	DY	Hôtel du Capitole
5.	CY	Hôtel Palace Royal

● RESTAURANTS

6.	AY	Chez Victor
7.	BY	Ciccio Café
8.	CY	Hobbit Bistro
9.	BY	La Campagne
10.	CY	La Grolla
11.	DY	La Pointe des Amériques
12.	BY	La Taverna
13.	CY	Le Beffroi Steak House
14.	BY	Le Bonnet d'Âne
15.	BY	Le Carthage
16.	CY	Le Commensal
17.	CY	Le Comptoir
18.	BY	Le Moine échanson
19.	CY	Que Sera Sera
20.	DY	Ristorante Il Teatro
21.	CY	Thang Long

♪ BARS ET BOÎTES DE NUIT

22.	BY	Fou-Bar
23.	CY	Le Drague – Cabaret Club
24.	BY	Le Sacrilège
25.	CY	Le Temps Partiel

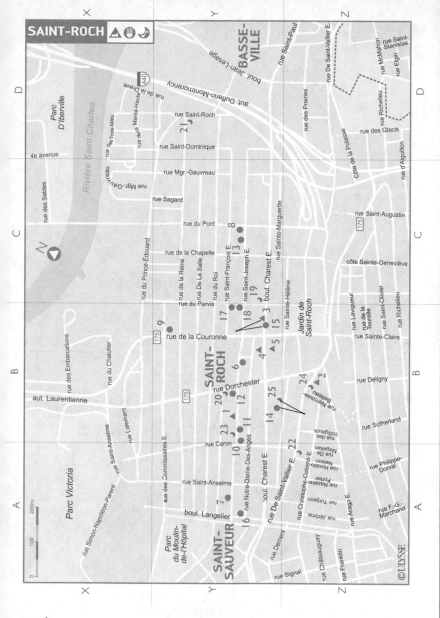

▲ HÉBERGEMENT

1.	BY	Appartements-Hôtel Bonséjours
2.	BZ	Auberge Le Vincent
3.	BY	Hôtel PUR
4.	BY	Hôtel Royal William
5.	BY	L'Autre Jardin

● RESTAURANTS

6.	BY	Brûlerie Saint-Roch
7.	AY	L'affaire est Ketchup
8.	CY	La boîte à lunch
9.	BY	La Petite Boîte vietnamienne
10.	BY	Le Clocher Penché
11.	BY	Le Nektar
12.	BY	Le Postino
13.	CY	Les Bossus
14.	BY	Les Salons d'Edgar
15.	BY	Table
16.	AY	Tam Tam Café
17.	BY	Versa
18.	BY	Yuzu resto + club

♪ BARS ET BOÎTES DE NUIT

19.	CY	Boudoir Lounge
20.	BY	Brasserie la Korrigane
21.	DY	La Barberie
22.	AZ	Le Café Babylone
23.	BY	Le Cercle
24.	BZ	Le Scanner
25.	BY	Les Salons d'Edgar

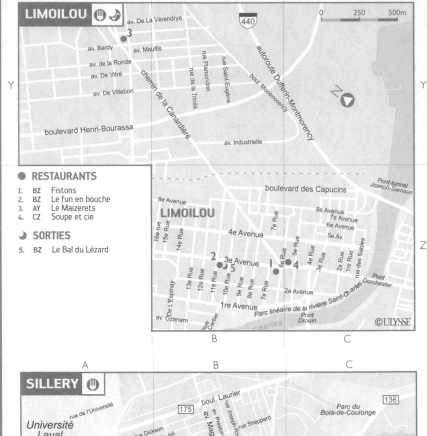

● RESTAURANTS

1.	BZ	Fistons
2.	BZ	Le fun en bouche
3.	AY	Le Maizerets
4.	CZ	Soupe et cie

☽ SORTIES

| 5. | BZ | Le Bal du Lézard |

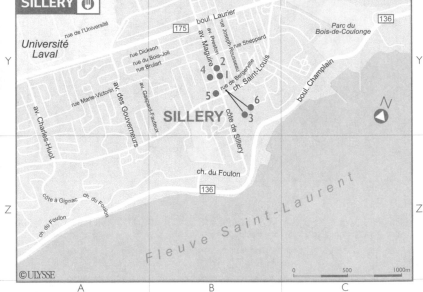

● RESTAURANTS

1.	BY	Brynd	4.	BY	Paparazzi
2.	BY	Le Cochon Dingue	5.	BY	Pizza Mag
3.	BY	Montego Resto Club	6.	BY	Saumum Bistro

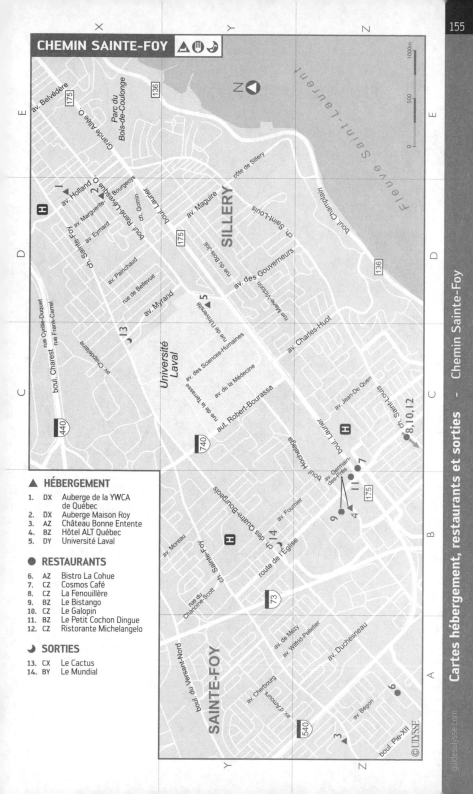

CHEMIN SAINTE-FOY

▲ HÉBERGEMENT

1. DX Auberge de la YWCA de Québec
2. DX Auberge Maison Roy
3. AZ Château Bonne Entente
4. BZ Hôtel ALT Québec
5. DY Université Laval

● RESTAURANTS

6. AZ Bistro La Cohue
7. CZ Cosmos Café
8. CZ La Fenouillère
9. BZ Le Bistango
10. CZ Le Galopin
11. BZ Le Petit Cochon Dingue
12. CZ Ristorante Michelangelo

☽ SORTIES

13. CX Le Cactus
14. BY Le Mundial

Gagnez du temps et économisez !
Découvrez nos **guides numériques
par chapitre**.

www.guidesulysse.com

Restaurants

Repas gastronomiques, cuisine du monde et créative, restauration rapide ou simple espresso, bref, à Québec, vous aurez l'embarras du choix parmi une vaste sélection de restaurants romantiques ou thématiques et de cafés charmants. Ce chapitre vous propose donc les meilleures tables. La sélection a été établie de manière à répondre à tous les budgets et à tous les goûts. Le label Ulysse, qui indique les établissements recommandés, vous aidera à faire un choix éclairé.

Les Québécois appellent le petit déjeuner le «déjeuner», le déjeuner le «dîner» et le dîner le «souper». Ce guide suit cependant la nomenclature internationale, à savoir petit déjeuner, déjeuner et dîner. Dans la majorité des cas, les restaurants proposent, du lundi au vendredi, des plats du jour, c'est-à-dire un menu complet à prix avantageux. Servis le midi seulement, ces menus incluent bien souvent un choix d'entrées et de plats, un café et un dessert. Le soir, la table d'hôte (même formule, mais légèrement plus chère) est également intéressante.

Notez qu'il serait sage, voire indispensable dans certains cas, de réserver vos places à l'avance. Si vous désirez vous rendre en voiture dans le Vieux-Québec, vérifiez, en faisant votre réservation, que le restaurant où vous voulez aller manger offre un service de voiturier. Cela pourrait vous éviter bien des soucis. Si ce n'est pas le cas, le plus simple est de vous rabattre sur les stationnements intérieurs, facilement repérables.

➤ Prix et symboles

Sauf indication contraire, les prix mentionnés dans ce guide s'appliquent à un **repas** pour une personne **excluant** les boissons, les taxes et le pourboire (voir p. 47).

$	moins de 15$
$$	de 15$ à 25$
$$$	de 26$ à 50$
$$$$	plus de 50$

Pour connaître la signification du label Ulysse ☺, voir p. 134.

➤ Apportez votre vin

Il se trouve en effet des restaurants où l'on peut apporter sa bouteille de vin. Cette particularité, étonnante pour les Européens, vient du fait que, pour pouvoir vendre du vin, il faut posséder un permis de vente d'alcool assez coûteux. Voulant offrir à leur clientèle des formules économiques, certains restaurants possèdent dès lors un autre permis qui permet aux clients d'apporter leur bouteille de vin. Dans la majorité des cas, un panonceau vous signale cette possibilité. Dans ce guide, nous avons identifié les établissements qui permettent à leurs clients d'apporter leur vin avec le symbole suivant : ♚. Vous trouverez la liste complète des restaurants où vous pouvez apporter votre vin dans l'index thématique qui se trouve en fin de chapitre (voir p. 175).

➤ Index thématique

Pour choisir un restaurant selon sa spécialité, consultez l'index à la page 175. Vous trouverez aussi une liste de tous les restaurants, présentés par ordre alphabétique, dans l'index général, à la fin du guide, sous «Restaurants».

Les favoris d'Ulysse

> **Les grandes tables**
Auberge La Camarine 173
La Fenouillère 171
Laurie Raphaël 165
Le Champlain 163
Le Saint-Amour 162
Ristorante Michelangelo 171

> **Pour leur cuisine québécoise traditionnelle**
Auberge Baker 173
Aux Anciens Canadiens 162
La Traite 173

> **Pour leur cuisine originale**
La Tanière 172
La Traite 173
Le 48 Saint-Paul
Cuisine Monde 165
Le Bonnet d'Âne 168
Le Clocher Penché 170
Le Moine échanson 169
Restaurant Dazibo 173

> **Pour leur terrasse**
Le Moulin de Saint-Laurent 174
Restaurant du Musée 166
Ristorante Il Teatro 169

> **Pour leur atmosphère romantique**
La Crémaillère 162
La Tanière 172
La Traite 173
Le Graffiti 167
Le Saint-Amour 162
Poisson d'Avril 165
Ristorante Michelangelo 171

> **Pour la vue**
Gril-terrasse du Manoir 173
Le Café de la Terrasse 163
L'Astral 167
La Goéliche 145, 174
Le Café du Monde 165
Restaurant du Musée 166

> **Pour leur beau décor**
Aviatic Club 164
Cosmos Café 166
La Traite 173
Le 48 Saint-Paul
Cuisine Monde 165
Le Saint-Pierre 139
Montego Resto Club 172
Versa 170
Voo Doo Grill 167

Le Vieux-Québec

Voir carte p. 148.

Chez Temporel $
25 rue Couillard, 418-694-1813
Chez Temporel, on déguste une cuisine entièrement préparée sur place. Que vous choisissiez un croissant au beurre, un croque-monsieur, une salade ou le plat du jour, vous êtes assuré que ce sera bon et frais. On y trouve en prime un des meilleurs espressos en ville! Cachés dans un détour de la petite rue Couillard depuis 1974, les deux étages du Temporel ont vu défiler une clientèle de tous les âges et de toutes les tendances. Ouvert tôt le matin jusque tard dans la soirée.

Le Casse-Crêpe Breton $
1136 rue St-Jean, 418-692-0438,
www.cassecrepebreton.com
Le Casse-Crêpe Breton attire les foules. Dans un décor de promiscuité, la clientèle continue de faire la queue à sa porte pour goûter l'une de ses délicieuses crêpes-repas. Préparées sous vos yeux, elles sont garnies de vos ingrédients préférés. Avec ses hautes banquettes et ses murs de pierres, l'établissement offre une ambiance chaleureuse.

Paillard $
1097 rue St-Jean, 418-692-1221, www.paillard.ca
Si vous cherchez un endroit où prendre une bouchée ou un bon café pendant que vous explorez le Vieux-Québec, faites un arrêt chez Paillard, une pâtisserie-boulangerie-sandwicherie doublée d'un café où vous pourrez entre autres déguster de délicieux sandwichs dans une grande salle de style cafétéria qui ne semble jamais se désemplir.

Brûlerie Tatum Café $-$$
1084 rue St-Jean, 418-692-3900, www.tatum.qc.ca
La Brûlerie Tatum est installée dans un beau local tout en longueur. On y sert des petits déjeuners copieux, des plats en tous genres tels que croque-monsieur, sandwichs, hamburgers, salades et pâtes, ainsi que des desserts et toute une sélection de cafés et de chocolats chauds joliment présentés. L'établissement propose également une gamme de café équitables. La torréfaction du café s'effectue dans une usine du parc industriel de Vanier.

Chez-soi La Chine $-$$ 🍷
27 rue Ste-Angèle, 418-523-8858
Chez-soi La Chine propose une savoureuse cuisine chinoise dans un décor qui nous transporte en Orient.

Le Petit Coin Latin $-$$
8½ rue Ste-Ursule, 418-692-2022
Le Petit Coin Latin sert une cuisine maison dans une ambiance de café parisien. Banquettes et miroirs créent ici une atmosphère conviviale et détendue. Au menu, des classiques comme les quiches et les pâtés. On peut aussi se rassasier d'une raclette préparée sur un petit gril déposé sur la table, et servie avec pommes de terre et charcuteries. Un délice! En été, une jolie terrasse entourée de pierres s'ouvre à l'arrière; on peut s'y rendre directement de la rue en passant par la porte cochère.

Apsara $$
71 rue D'Auteuil, 418-694-0232,
www.restaurantapsara.com
Les mets du Cambodge, de la Thaïlande et du Vietnam vous font saliver? Le restaurant Apsara, qui porte le nom d'une déesse de la danse cambodgienne, propose une cuisine asiatique aux arômes toujours séduisants. Le midi comme le soir, on y sert des repas complets à bon prix.

Au Petit Coin Breton $$
1029 rue St-Jean, 418-694-0758,
www.aupetitcoinbreton.com
Le décor et les costumes traditionnels du personnel du Petit Coin Breton vous mettront sans doute dans l'ambiance pour un repas salé ou sucré. Les crêpes, accompagnées de garnitures au choix, sauront vous combler. Les crêpes-desserts sont particulièrement bonnes.

Café Buade $$
31 rue De Buade, 418-692-3909, www.cafebuade.ca
Le Café Buade se trouve à proximité de la rue du Trésor et de la terrasse Dufferin. La grande salle à manger baigne dans un décor intéressant sans être extravagant. On y jouit d'une ambiance familiale agréable pour prendre un bon repas. La spécialité de la maison est la côte de bœuf. Les salles à manger de l'étage ont plus de charme, mais ne sont pas toujours ouvertes.

L'Omelette $$
66 rue St-Louis, 418-694-9626
L'Omelette se présente comme un établissement fort sympathique. Très tôt le matin, on y prépare de copieux petits déjeuners, servis toute la journée. Au menu, une grande variété d'omelettes de tradition française, de pâtes, de pizzas, de sous-marins, de poissons et de moules. Bon rapport qualité/prix.

La Petite Italie $$
49½ rue St-Louis, 418-694-0044
Pour une cuisine italienne à prix abordable, rendez-vous à La Petite Italie, qui suggère pizzas, pâtes et plats de veau dans un décor agréable. De plus, l'établissement propose un menu pour les enfants, tout cela au centre de l'animation touristique.

Les Frères de la Côte $$
1190 rue St-Jean, 418-692-5445
Le restaurant Les Frères de la Côte offre une savoureuse cuisine réconfortante aux accents de Provence. On y mange des pizzas à pâte mince cuites au four à bois et garnies de délicieux ingrédients frais, des pâtes, des grillades, etc. Lors d'une soirée d'hiver, pourquoi ne pas essayer l'osso bucco ou le gigot d'agneau? L'atmosphère animée est décontractée et l'endroit souvent bondé, comme la rue Saint-Jean que l'on peut observer par ses grandes fenêtres. Du dimanche au jeudi, les moules et frites à volonté sont très appréciées par la clientèle.

Un Thé au Sahara $$ ☿
7 rue Ste-Ursule, 418-692-5315

Aménagé dans un sous-sol de la rue Sainte-Ursule, ce petit restaurant marocain est sympathique et romantique à souhait. Les odeurs agréables de couscous, tajines, merguez et harissa débordent de la cuisine et dépaysent à souhait.

Au Parmesan $$-$$$
38 rue St-Louis, 418-692-0341,
http://restaurantparmesan.com

Au Parmesan, une imposante collection de plus de 4 000 bouteilles est exposée sur des corniches tout au haut des murs. Pour ceux qui préfèrent les endroits calmes et propices aux tête-à-tête, meilleure chance la prochaine fois! Un accordéoniste et un chanteur accentuent d'ailleurs la fébrilité du lieu en créant leur version de la *dolce vita*. Les pâtes, les assiettes du pêcheur, le jambon melon et le saumon fumé *della casa* sont à l'honneur. On y sert le plus naturellement du monde des spécialités italiennes et françaises.

Café de la Paix $$-$$$
44 rue des Jardins, 418-692-1430,
www.cafedelapaix.ca

Rue des Jardins, dans une salle tout en longueur, quelques marches plus bas que le trottoir, se trouve le Café de la Paix. Ce restaurant ouvert depuis de nombreuses années a acquis une solide réputation auprès des gens de Québec. On y présente une cuisine française classique dignement concoctée où se côtoient cuisses de grenouille à la provençale, ris de veau braisés, canard à l'orange et une bouillabaisse à partager.

Gambrinus $$-$$$
15 rue du Fort, 418-692-5144,
www.restaurantgambrinus.com

Le Gambrinus est un beau restaurant au décor apaisant dont la réputation n'est plus à faire auprès de la population de Québec. Vous serez accueilli dans une salle à manger arborant des fenêtres à carreaux garnies de plantes vertes, où de magnifiques assiettes décoratives agrémentent les murs. Certains soirs, on a le plaisir d'entendre les ballades d'un troubadour qui rend l'atmosphère des plus courtoises. Une terrasse donne directement sur le Château Frontenac. Cuisine française et italienne et grande variété de poissons et de fruits de mer.

L'Entrecôte Saint-Jean $$-$$$
1080 rue St-Jean, 418-694-0234,
www.entrecotesaintjean.com

Dans un magnifique décor de vieilles pierres et de tons chauds rehaussés d'un éclairage feutré, L'Entrecôte Saint-Jean propose évidemment des entrecôtes, mais apprêtées de multiples façons et accompagnées de pommes de terre allumettes et d'une salade verte aux noix, le tout présenté de bien belle manière. Les profiteroles au chocolat terminent harmonieusement le repas. Rapport qualité/prix intéressant.

Le Feu Sacré $$-$$$
68½ rue St-Louis, 418-694-9022, www.feusacre.com

Dans un décor à la fois contemporain et rustique, le Feu Sacré sert surtout des grillades et des fruits de mer. Situé dans la rue Saint-Louis, très fréquentée par les touristes, ce *steak house* ne manque pas d'animation.

Le Patriarche $$-$$$
17 rue St-Stanislas, 418-692-5488,
www.lepatriarche.com

Pour un rendez-vous réussi avec la cuisine du terroir québécois, attablez-vous au Patriarche, un établissement au décor de vieilles pierres et à l'éclairage discret qui contribuent résolument à l'ambiance, détendue et agréable. Au menu, une invitante cuisine française composée de gibier et de fruits de mer. Fait intéressant: chaque plat est décliné en trois façons, par exemple les crevettes qui sont proposées en croustillant de pommes de terre, sur fenouil confit et en carpaccio… ce qui triple le plaisir!

Portofino Bistro Italiano $$-$$$
54 rue Couillard, 418-692-8888 ou 866-692-8882,
www.portofino.qc.ca

Bistro à l'ambiance typiquement italienne, le Portofino propose de délicieuses *pizze* cuites au four à bois napolitain. Pendant la saison touristique, le lieu ne désemplit pas. L'établissement possède une cave à vin généreuse et un salon de cigares. Il va sans dire que les amateurs de cépages italiens y sont choyés. Les soirées sont animées par un chanteur qui s'accompagne à la guitare. Service de voiturier.

Restaurant-Pub D'Orsay $$-$$$
65 rue De Buade, 418-694-1582,
www.restaurantpubdorsay.com

Le D'Orsay est un établissement où les gourmands se donnent rendez-vous à l'étage, tandis que le rez-de-chaussée attire une clientèle très animée à l'apéritif. Au menu figurent pâtes, moules et poissons, mais aussi la côte de bœuf au jus, tendre à souhait. En été, une vaste terrasse à l'arrière reçoit un chansonnier tous les jours de beau temps. En hiver, un grand foyer contribue à réchauffer l'ambiance.

Le Charles Baillargé $$-$$$$
Hôtel Clarendon, 57 rue Ste-Anne, 418-692-2480 ou 888-222-3304, www.hotelclarendon.com

Le Charles Baillargé est aménagé au rez-de-chaussée du très bel **Hôtel Clarendon** (voir p. 137). Une clientèle distinguée vient y savourer une cuisine française et québécoise d'une grande qualité, tout en profitant d'un décor chaleureux fort agréable.

Restaurant 1640/1640 Bistro $$-$$$$
Auberge du Trésor, 20 rue Ste-Anne, 418-694-1876, www.aubergedutresor.com

C'est dans une maison construite en 1679 sous le Régime français qu'est aménagé le Restaurant 1640. La clientèle y savoure une cuisine française classique et réconfortante dans une ambiance romantique de vieux manoir. Pendant la belle saison, il peut être agréable de prendre un verre à la terrasse, qui offre un point de vue magnifique sur le Château Frontenac et sur toute l'animation de la place d'Armes, juste en face. Une seconde salle à manger, le 1640 Bistro, propose une cuisine plus familiale, avec pâtes, pizzas et hamburgers, et également avec vue.

Conti Caffe $$$
32 rue St-Louis, 418-692-4191, www.conticaffe.com

Le Conti Caffe sert une cuisine italienne réinventée dans une ambiance qui inspire les tête-à-tête romantiques ou les rendez-vous plus animés. Au centre de la salle à manger trône un grand bar en demi-lune où s'alignent les habitués et les gens de passage à Québec.

Aux Anciens Canadiens $$$-$$$$
34 rue St-Louis, 418-692-1627, www.auxanciens canadiens.qc.ca

Situé dans la plus ancienne maison de la Haute-Ville (voir **maison Jacquet**, p. 58), le restaurant Aux Anciens Canadiens propose les spécialités traditionnelles du Québec et se spécialise aussi dans les viandes de gibier. Pour découvrir des mets typiquement québécois, on peut notamment se laisser tenter par les formules «Coureur des bois» (tourtière du Lac-Saint-Jean aux gibiers avec mijoté de bison et faisan) ou «Les trois mignons» (cerf, bison et wapiti grillés), pour ensuite se sucrer le bec au dessert avec une tarte au sirop d'érable.

La Crémaillère $$$-$$$$
73 rue Ste-Anne, 418-692-2226, www.cremaillere.qc.ca

Un accueil sympathique et une cuisine exquise aux saveurs de l'Europe vous attendent au restaurant La Crémaillère. Ici, mille et une petites attentions rendent les repas inoubliables. Le décor, fort chaleureux, ajoute au charme de l'établissement.

Le Continental $$$-$$$$
26 rue St-Louis, 418-694-9995, www.restaurantlecontinental.com

Le Continental est situé à deux pas du Château Frontenac et aménagé à l'intérieur d'une maison historique où est né Louis-Alexandre Taschereau, premier ministre du Québec de 1920 à 1936. Il s'agit aussi de l'un des plus anciens restaurants de Québec où l'on peut goûter sans réserve au charme discret de la bourgeoisie. Son menu présente une cuisine où l'on retrouve des mets flambés, toujours spectaculaires, des produits de la mer, des salades, des fromages au lait cru, etc.

Le Pain Béni $$$-$$$$
Auberge Place d'Armes, 24 rue Ste-Anne, 418-694-9485, www.aubergeplacedarmes.com

Le restaurant de l'**Auberge Place d'Armes** (voir p. 137) promet un agréable repas à ses convives. Le menu propose des mets de type bistro, mais avec un raffinement supplémentaire. Comment résister devant les pétoncles et boudin noir sautés à la pomme Granny Smith ou le chevreau du Québec aux baies d'argousier et miel de lavande? Service sympathique et efficace.

Le Saint-Amour $$$-$$$$
48 rue Ste-Ursule, 418-694-0667, www.saint-amour.com

Le Saint-Amour est, depuis plusieurs années déjà, l'un des meilleurs restaurants de Québec. Le chef-copropriétaire Jean-Luc Boulay y élabore une succulente cuisine créative qui ravit aussi bien la vue que le goût. Le chef pâtissier, Éric Lessard, confectionne des desserts absolument divins. Une vraie expérience gastronomique! De plus, les trois salles à manger sont magnifiques, confortables et chaleureuses. L'une est égayée par une verrière, ouverte à longueur d'année et décorée de plantes et de fleurs de toutes sortes. On peut aussi rêver devant la splendide cave à vin du Saint-Amour, qui compte plus de 12 000 bouteilles. Service de voiturier.

Le Café de la Terrasse $$$$
Château Frontenac, 1 rue des Carrières, 418-691-3763, www.fairmont.com/frontenac
Le Château Frontenac abrite le Café de la Terrasse, dont les baies vitrées ont vue sur la terrasse Dufferin. Son décor est agréable et sa cuisine française délicieuse.

Le Champlain $$$$
Château Frontenac, 1 rue des Carrières, 418-266-3905, www.fairmont.com/frontenac
Le Champlain est le grand restaurant du Château Frontenac. Son décor est, il va de soi, des plus luxueux et sied bien au faste de l'hôtel. Sous la direction du chef exécutif Jean Soulard, la fine cuisine française du Champlain est évidemment à la hauteur de la renommée du Château Frontenac. Service impeccable.

Le Petit-Champlain et Place-Royale

Voir carte p. 149.

Casse-cou – Café-Resto $
90 rue du Petit-Champlain, 418-694-1121
Le Casse-cou, c'est deux étages colorés et sympathiques ainsi qu'un menu tout simple de croque-monsieur, pizzas et sandwichs.

Le Petit Cochon Dingue $
24 boul. Champlain, 418-694-0303, www.lepetitcochondingue.com
Ce petit café-sandwicherie, sans chichi et gentil, propose de petits plats et des pâtisseries à consommer sur place ou à emporter. La tarte au sucre est un pur délice! Autre adresse à Sainte-Foy (voir p. 171).

Le Cochon Dingue $$
46 boul. Champlain, 418-692-2013, www.cochondingue.com
Le Cochon Dingue est un bistro-café fort sympathique. S'étalant entre le boulevard Champlain et la rue du Petit-Champlain, il

présente un décor agréable et rigolo. Il propose des petits déjeuners copieux et une cuisine bistro, telles ses formules «steaks-frites» et «moules-frites». Ses desserts maison préparés quotidiennement vous rendront... dingue!

Bistro Sous le Fort $$-$$$
48 rue Sous-le-Fort, 418-694-0852, www.bistrosouslefort.com
Le Bistro Sous le Fort présente une décoration aérée et colorée avec son grand miroir qui sert d'ardoise. Il propose une délicieuse cuisine à prix abordable que l'on peut déguster, selon la saison, en profitant de la chaleur du foyer ou de la fraîcheur de la terrasse.

Le Lapin Sauté $$-$$$
52 rue du Petit-Champlain, 418-692-5325, www.lapinsaute.com
Le Lapin Sauté loge dans une demeure bicentenaire du quartier du Petit-Champlain. On y sert, vous l'aurez deviné, du lapin apprêté de toutes les façons. Décor de cuisine campagnarde simple et rassurante avec des murs en crépi blanc et un foyer. Une agréable terrasse avoisine le Théâtre Petit Champlain au pied du cap Diamant.

Le Vendôme $$-$$$
36 côte de la Montagne, 418-692-0557, www.restaurantvendome.com
Le Vendôme a ouvert ses portes dans les années 1950. Naturellement, on y mange des classiques de la cuisine de l'Hexagone tels que chateaubriand, ris de veau, entrecôte, sole meunière et carré d'agneau dans un décor intimiste. La cave comporte plus de 3 000 bouteilles, principalement en provenance de la France, mais on y trouve quelques rouges d'Espagne, sans doute pour accompagner la paella en table d'hôte.

Toast! $$$
Le Priori, 17 rue du Sault-au-Matelot, 418-692-1334, www.restauranttoast.com
Aménagé dans le très bel édifice en pierre de l'hôtel **Le Priori** (voir p. 138), le Toast! se démarque depuis l'extérieur par un bel agencement d'éclairage rouge. À l'intérieur, le secret de la décoration réside dans la fusion des murs de pierres et des néons. La cuisine est classique, mais elle s'inspire des parfums d'ailleurs. Terrasse estivale à l'arrière.

Panache $$$$
Auberge Saint-Antoine, 8 rue St-Antoine,
418-692-1022, www.saint-antoine.com
Le restaurant le Panache de l'**Auberge Saint-Antoine** (voir p. 138) sert de délicieux plats mettant en valeur les produits québécois et faisant preuve d'inventivité, comme les ris de veau en croûte de maïs. La salle à manger est magnifique, et la cave à vin propose de belles trouvailles.

Restaurant Initiale $$$$
54 rue St-Pierre, 418-694-1818,
www.restaurantinitiale.com
C'est dans une ancienne banque de la rue Saint-Pierre, avec ses hauts plafonds et ses moulures, que le Restaurant Initiale a installé ses quartiers. Autrefois situé à Sillery, l'établissement a entraîné avec lui sa clientèle grâce aux mets créés par le chef Yvan Lebrun. Celui-ci sait concocter une fine cuisine où l'agneau, le saumon, le filet mignon et les rognons côtoient le foie gras poêlé et même, pour les curieux, le pigeon! Le décor classique, ponctué des rectangles de lumière dessinés par les hautes fenêtres et par le demi-cercle du bar, se double d'une ambiance légèrement guindée, mais à l'accueil aimable.

Le Vieux-Port

Voir carte p. 150.

Buffet de l'Antiquaire $
95 rue St-Paul, 418-692-2661
Le Buffet de l'Antiquaire est un sympathique restaurant qui sert une cuisine familiale. Comme son nom le souligne, il est situé au cœur de la rue des antiquaires (et des galeries d'art) et peut donc vous offrir une petite halte si vous courez les trésors! Il ouvre ses portes dès 6h le matin.

Asia $$
89 rue du Sault-au-Matelot, 418-692-3799,
www.resto-asia.com
Le restaurant Asia sert une cuisine thaïlandaise et vietnamienne. Parmi les spécialités, notons les grillades et les plats sautés, frais et légers. Quelques plats végétariens sont aussi disponibles.

Café Bistro du Cap $$
67 rue du Sault-au-Matelot, 418-692-1326
Cette crêperie bretonne située au cœur du Vieux-Port propose une table d'hôte qui change régulièrement, mais on y propose aussi des mets italiens, avec par exemple des raviolis à la viande de bison. La salle à manger, décorée de nappes carrelées, est chaleureuse à souhait.

Le Brigantin $$
97 rue du Sault-au-Matelot, 418-692-3737
Le Brigantin, qui tire son nom d'un navire à deux mâts, vous accueille dans une ambiance très chaleureuse avec son personnel souriant. Le beau bar lambrissé, sur lequel brûle un grand chandelier, se veut le point de mire de la salle au plancher carrelé. Au menu: pâtes, pizzas, sandwichs et plats de viande et de poisson.

Pizza Mag $$
363 rue St-Paul, 418-692-1910, www.pizzamag.com
Pour une bonne pizza bien garnie à la croûte délicieuse, arrêtez-vous chez Pizza Mag. Les choix de garnitures rivalisent d'originalité: la Biquette et son fromage de chèvre, la Crème et poireaux, la Parmentière et ses pommes de terre saupoudrées de parmesan, la Louloutte escargots ou la Kamouraska à l'esturgeon fumé. Quelques tables permettent aussi de manger sur place. Livraison gratuite.

Café Le Saint-Malo $$-$$$
75 rue St-Paul, 418-692-2004
Le Café Le Saint-Malo est un petit resto qui réside rue Saint-Paul depuis de nombreuses années. De son décor agrémenté de multiples objets hétéroclites se dégage une atmosphère chaleureuse rehaussée par le plafond bas, les banquettes et la cheminée. On s'y régale de spécialités de la cuisine française. Le cassoulet et le boudin aux pommes sont particulièrement bien réussis.

SSS $$-$$$
71 rue St-Paul, 418-692-1991,
www.restaurantsss.com
SSS pour «simple snack sympathique»… En fait, on est loin du casse-croûte habituel. La décoration sobre fait plutôt chic, et un magnifique lustre ajoute une touche romantique. Le menu propose d'excellentes côtes levées, et il ne faut pas manquer les *nachos* avec *tataki* de thon.

Aviatic Club $$$
450 rue de la Gare-du-Palais, 418-522-3555,
www.aviatic.ca
La magnifique gare du Palais abrite depuis plusieurs années l'Aviatic Club, qui vous convie au voyage grâce à son décor sorti de

l'Angleterre du milieu du XXe siècle, avec fauteuils de cuir et rideaux beiges, et à son menu eurasien créatif. Le bar à vins demeure invitant et élaboré pour tous les goûts.

L'Échaudé $$$
73 rue du Sault-au-Matelot, 418-692-1299, www.echaude.com

L'Échaudé, qui avoisine le Musée de la civilisation de Québec, est un attrayant restaurant où l'on a opté pour un cadre Art déco et une ambiance détendue. Fine cuisine composée au jour le jour au gré des arrivages du marché, et délicieuse à souhait.

Le 48 Saint-Paul Cuisine Monde $$$
48 rue St-Paul, 418-694-4448, www.le48.ca

Voilà bien ici une adresse à retenir pour une ambiance sous le signe de la bonne humeur et de la courtoisie. Les serveurs évoluent dans un décor vivant, coloré et hétéroclite, composé entre autres de banquettes avec coussins confortables et de tables de verre. La carte comprend toutes sortes de mets, comme les salades, les pâtes et les pizzas assaisonnées aux saveurs du monde, en plus d'afficher des plats plus élaborés.

Le Môss $$$
255 rue St-Paul, 418-692-0233

Le Môss est un bistro belge. Ses moules-frites, ses grillades, ses bières, bien sûr, et ses desserts au chocolat belge sont savoureux.

Charbon Steakhouse $$$-$$$$
450 rue de la Gare-du-Palais, 418-522-0133, www.charbonsteakhouse.com

Les carnivores sont au paradis au Charbon Steakhouse, situé dans la gare du Palais. Comme son nom l'indique, les viandes sont ici cuites sur des charbons de bois. Le menu propose aussi quelques plats de poisson et de fruits de mer. Toutefois, l'addition peut rapidement atteindre une somme astronomique.

Le Café du Monde $$$-$$$$
84 rue Dalhousie, 418-692-4455, www.lecafedumonde.com

Dans cette grande brasserie à la parisienne, on prépare des plats typiques du genre tels que le confit de canard, le tartare, la bavette, le boudin et, bien sûr, les moules. Les brunchs de fin de semaine ne laissent pas leur place non plus, avec leurs apéros adaptés, leurs œufs bénédictine et leurs crêpes. Le décor clair invite à la détente et à la discussion avec son plancher carrelé de noir et blanc, ses banquettes de cuir, ses grandes fenêtres donnant sur le fleuve et son long bar orné d'une imposante machine à café en cuivre. Les serveurs, habillés d'un long tablier blanc, sont attentionnés.

Poisson d'Avril $$$-$$$$
115 quai St-André, 418-692-1010 ou 877-692-1010, www.poissondavril.net

Le Poisson d'Avril fait la promotion des produits de la mer d'ici et d'ailleurs, sans négliger toutefois ceux qui apprécient les grillades de viande et, pourquoi pas, les deux à la fois. Il est aménagé dans une ancienne fonderie qui arbore pierres et poutres de bois pour le plaisir de tous. Le décor est rehaussé d'un éclairage judicieux et du tissu à motifs de coquillages des chaises.

Laurie Raphaël $$$$
117 rue Dalhousie, 418-692-4555, www.laurieraphael.com

Le chef-copropriétaire du Laurie Raphaël, Daniel Vézina, n'a plus besoin de présentation. Pour composer ses délices, il s'inspire de toutes les cuisines du monde et apprête les produits du terroir pour nous proposer, avec audace, une expérience culinaire dont on se souvient longtemps. Au menu de cette cuisine évolutive figurent du foie gras, des huîtres, du flétan et du crabe des neiges, ainsi que du homard et de l'agneau. Donc pas besoin de vous préciser qu'au Laurie Raphaël on mange bien!

La colline Parlementaire et la Grande Allée

Voir carte p. 151.

Aux 2 Violons Resto-Café $ ♀
310 boul. René-Lévesque O., 418-523-1111, www.aux2violons.com

Aux 2 Violons est exactement le genre d'endroit que les habitués gardent secret et que les visiteurs aiment découvrir. Ce petit resto de cuisine maghrébine et méditerranéenne est dépaysant à souhait avec ses couleurs suggérant le contraste entre le désert et la mer, et ses coussins où l'on peut relaxer tout en se délectant d'un délicieux thé à la menthe. Les proprios ont eu la bonne idée d'inscrire au menu une poutine exotique, avec *shish taouk*, oignons, champignons et poivrons rouges!

Bügel *$*
164 rue Crémazie O., 418-523-7666
Vous avez envie d'un *bagel*? Dans la jolie petite rue Crémazie, la fabrique de *bagels* Bügel vous en propose de toutes les sortes. Sur place, dans une ambiance chaleureuse qui sent bon le feu de bois, vous pourrez en grignoter garnis de salami, de fromage à la crème ou de végépâté, ou bien faire des provisions à rapporter à la maison!

Café Krieghoff *$-$$*
1089 av. Cartier, 418-522-3711,
www.cafekrieghoff.qc.ca
Le Café Krieghoff, du nom du peintre d'origine hollandaise, loge dans la demeure historique qu'il a habitée sur l'avenue Cartier. On y propose une cuisine légère (quiches, salades, etc.) ainsi qu'un menu du jour et une table d'hôte plus élaborée. Vous pouvez accompagner le tout d'un excellent espresso. Son atmosphère conviviale et détendue évoque les cafés d'Europe du Nord. En été, ses deux terrasses sont souvent bondées. Ne manquez pas les bons petits déjeuners incluant œufs bénédictine.

Cosmos Café *$-$$*
575 Grande Allée E., 418-640-0606,
www.lecosmos.com
Le Cosmos Café vous promet d'agréables moments dans une ambiance branchée. On y sert des hamburgers, des sandwichs et des salades aux saveurs cosmopolites. Bons petits déjeuners. Un autre Cosmos Café se trouve à Sainte-Foy (voir p. 171).

Le Parlementaire *$-$$*
cour intérieure de l'Hôtel du Parlement, angle av. Honoré-Mercier et Grande Allée E., 418-643-6640
Les visiteurs qui souhaitent côtoyer les membres de l'Assemblée nationale peuvent aller déjeuner au restaurant de l'Hôtel du Parlement, Le Parlementaire. Le menu propose des mets élaborés qui mettent en valeur gibier, fruits de mer et fromages québécois. Le lieu est souvent bondé, surtout le midi, mais on y mange bien. Ouvert seulement pour le petit déjeuner et le déjeuner. Fermé la fin de semaine, sauf en de rares occasions où un brunch dominical est offert.

Le Cochon Dingue *$$*
46 boul. René-Lévesque O., 418-523-2013,
www.cochondingue.com
Le Cochon Dingue (voir p. 163) a aussi une adresse sur le boulevard René-Lévesque, avec une jolie terrasse arrière.

Aux Vieux Canons *$$-$$$*
650 Grande Allée E., 418-529-9461,
www.auxvieuxcanons.com
La terrasse du restaurant Aux Vieux Canons est très animée pendant toute la saison estivale. Allez-y pour savourer une bonne cuisine française au vin ou un succulent plat flambé. Cave à vin de qualité.

Le Rivoli *$$-$$$*
601 Grande Allée E., 418-529-3071, www.lerivoli.com
Le Rivoli est une trattoria italienne qui a beaucoup de cachet avec ses murs de pierres et ses boiseries rosées. Une terrasse permet de profiter du soleil pendant la belle saison. On y sert de la pizza, du veau et des pâtes.

Métropolitain Eddie Sushi Bar *$$-$$$*
1188 av. Cartier, 418-649-1096, www.eddiesushi.com
Le Métropolitain Eddie Sushi Bar est sans doute un des meilleurs restaurants de sushis à Québec. Préparés par des mains expertes, sous vos yeux derrière un comptoir vitré, ses petits délices japonais sauront vous régaler. Vous pourrez aussi goûter d'autres spécialités orientales, notamment à base de poissons et de fruits de mer.

Restaurant du Musée *$$-$$$*
Musée national des beaux-arts du Québec,
1 av. Wolfe-Montcalm, parc des Champs-de-Bataille,
418-644-6780, www.mnba.qc.ca
Au **Musée national des beaux-arts du Québec** (voir p. 86) se trouve le sympathique Restaurant du Musée, qui se fait un devoir de toujours proposer des mets bien apprêtés et d'offrir un service hors pair. De larges baies vitrées permettent de contempler les plaines d'Abraham et le fleuve; l'été venu, on a cette vue depuis la terrasse. Le restaurant a le même horaire que le musée, qui abrite également un petit café servant des repas légers.

Sushi Taxi *$$-$$$*
813 av. Cartier, 418-529-0068, www.sushitaxi.net
Maki, sashimi, temaki... Envie de petites bouchées de poisson cru? Faites un saut au comptoir de Sushi Taxi ou encore, vous

l'aurez deviné, faites-vous livrer à domicile ces délices japonais. Vous pouvez aussi déguster les mets préparés sous vos yeux, sur place, dans une salle à l'ambiance zen. Sushi Taxi possède plusieurs succursales à Québec.

Bistro B par François Blais $$$
1144 av. Cartier, 418-614-5444
Ancien chef du **Panache** (voir p. 164), François Blais sert désormais sa cuisine créative au Bistro B. On peut y déguster une savoureuse cuisine du marché qui change au gré des envies du chef. Réservations conseillées.

Copas $$$
595 Grande Allée E., 418-521-2373, www.copas.ca
Le restaurant Copas sert une cuisine typiquement espagnole dans un décor simple où le rouge et le blanc dominent, des tableaux illustrant les belles heures de la tauromachie. Au menu, tapas et paella, entre autres spécialités. La belle carte des vins comprend une sélection appréciable de crus offerts au verre.

Le Graffiti $$$
1191 av. Cartier, 418-529-4949
Au fil des années, Le Graffiti a su conserver, en plus de ses belles poutres de bois naturel et ses murs de briques, son ambiance chaleureuse. Cela surprend, dans un environnement si moderne, de se sentir à la fois enveloppé par ce bel intérieur et, grâce à une magnifique verrière, ouvert sur la rue. Sa fine cuisine a des accents français et italiens. Le dimanche, un brunch est proposé.

Le Louis-Hébert $$$
668 Grande Allée E., 418-525-7812,
www.louishebert.com
Ce chic restaurant présente un décor soigné et offre un confort feutré. On y sert une cuisine française et des plats de fruits de mer exquis. À l'arrière se trouve une véranda garnie de verdure. Un service courtois et attentionné vous y accueille.

Voo Doo Grill $$$
575 Grande Allée E., 418-647-2000
La maison ancienne qui abrite le Voo Doo Grill était autrefois celle du club social de l'Union nationale, parti politique du coloré Maurice Duplessis. D'où, d'ailleurs, le nom de la boîte de nuit occupant les deux derniers étages du bâtiment (voir p. 183). Au pre-mier étage est installé un restaurant qui, bien qu'il ait conservé quelques caractéristiques de l'architecture originale, affiche un décor résolument original. Une collection d'objets africains (masques, sculptures et poupées) met en scène le décor envoûtant du Voo Doo Grill. Au menu : une variété de plats qui combinent habilement saveurs asiatiques, européennes et latino-américaines. Le tout se révèle savoureux, créatif et joliment présenté.

L'Astral $$$-$$$$
Loews Hôtel Le Concorde, 1225 cours du Général-De Montcalm, 418-647-2222, www.loewshotels.com
Juché au sommet d'un des plus grands hôtels de Québec (voir **Loews Hôtel Le Concorde**, p. 140), le restaurant tournant L'Astral propose, en plus d'une cuisine française raffinée, une vue imprenable sur le fleuve, les plaines d'Abraham, les Laurentides et la ville. Le tour complet s'effectue en 1h30. Son brunch copieux du dimanche vaut le déplacement.

Le 47e Parallèle $$$-$$$$
333 rue St-Amable, 418-692-4747, www.le47.com
Dans une grande salle à manger aérée au décor sobre et moderne, le 47e Parallèle propose un savoureux tour du monde culinaire avec son intéressant menu dégustation qui fait découvrir une différente région du monde tous les mois, par exemple la Scandinavie, la Californie ou l'Italie. Un concept qui pourrait facilement tomber dans le cliché, mais qui est ici habilement réalisé par le chef Joseph Sarrazin.

Le Savini $$$-$$$$
680 Grande Allée E., 418-647-4747, www.savini.ca
Le Savini ne sort pas tellement du lot des restaurants de la Grande Allée où beau décor, musique forte et *beautiful people* semblent de mise. Une particularité, cependant : le Savini propose une cinquantaine de vins au verre pour accompagner sa cuisine italienne.

Le faubourg Saint-Jean-Baptiste

Voir carte p. 152.

Chez Victor $
145 rue St-Jean, 418-529-7702,
www.chezvictorburger.com
Installé dans un demi-sous-sol au décor rétro, Chez Victor propose des salades et des

hamburgers. Mais pas n'importe quels hamburgers! Gros et appétissants, ils sont garnis d'ingrédients frais, et le menu en propose plusieurs variétés, dont quatre délicieux végétariens. Les frites maison, à l'huile d'arachide, sont parfaites! Le service est cordial. Plusieurs adresses à travers la ville.

Le Commensal $-$$
860 rue St-Jean, 418-647-3733,
www.commensal.com
Le Commensal a su, au fil des années, gagner la confiance du public. Ici, on se spécialise dans la gastronomie végétarienne, et les plats se vendent au poids. Le décor moderne et soigné de cet espace aéré en fait un lieu agréable.

Le Comptoir $-$$
849 rue St-Jean, 418-614-5533
Pour manger un savoureux *fish and chips* ou un appétissant sandwich à la viande fumée (*smoked meat*).

Thang Long $-$$
869 côte d'Abraham, 418-524-0572
Le Thang Long, accroché à la côte d'Abraham, est tout petit, mais on y trouve une cuisine venue du Vietnam, de la Thaïlande, de la Chine et même du Japon! Le décor de ce restaurant de quartier est simple et sans prétention; et la cuisine, vraiment à la hauteur. De plus, le service est empressé. Ne manquez pas les *chaki* comme entrée; le Thang Long serait le seul restaurant de Québec à proposer cette spécialité d'Hanoi. Essayez l'une des soupes-repas; en plus d'être peu coûteuses, elles sont réconfortantes.

La Campagne $$
555 rue St-Jean, 418-525-5247
À l'étage d'une maison, rue Saint-Jean, derrière une large fenêtre garnie de plantes vertes, on aperçoit le restaurant La Campagne. On s'y presse pour ses spécialités vietnamiennes bien apprêtées et de bon goût.

La Pointe des Amériques $$
964 rue St-Jean, 418-694-1199 ou 877-694-1199,
www.pointedesameriques.ca
La Pointe des Amériques est au cœur de l'animation de la place D'Youville. Ce vaste établissement au décor esthétique et raffiné, où règnent la brique et le bois, vous sert

en spécialité de la pizza haut de gamme. Laissez-vous tenter par les multiples garnitures inspirées par les cuisines du monde. Originalité du lieu: le vin est vendu au poids, votre bouteille est pesée avant et après votre repas et vous payez pour la différence.

Le Bonnet d'Âne $$
298 rue St-Jean, 418-647-3031
C'est l'enfance de l'art d'être original avec une idée comme celle du Bonnet d'Âne. Le thème de la petite école colore le menu, aussi diversifié que les matières scolaires qui donnent leur nom aux plats. Hamburgers, pizzas et petits plats servis dans de belles grandes assiettes régaleront grands et petits. Le décor se prête aussi au jeu avec ses multiples objets évocateurs et ses belles boiseries chaleureuses. Jolie terrasse en été.

La Taverna $$-$$$
821 rue Scott, 418-977-9933,
www.restolataverna.com
La Méditerranée ne semble pas bien loin lorsqu'on s'attable à La Taverna. D'appétissants effluves s'échappent de la cuisine, et l'on salive déjà en imaginant les mets grecs qui en sortiront bientôt. Le service plus qu'amical et l'ambiance propice aux rapprochements promettent un agréable moment aux convives. Belle sélection de vins grecs. À noter que le service suit aussi le rythme de la Méditerranée… il ne faut donc pas être pressé!

Ciccio Café $$-$$$
875 rue de Claire-Fontaine, 418-525-6161
Le Ciccio Café est situé près du Grand Théâtre de Québec dans une rue peu passante. L'ambiance est détendue, et le beau décor est agrémenté d'un mur de briques. Le lieu demeure idéal pour un dîner avant une représentation ou un spectacle. Cuisine italienne évolutive, plats de veau, de poisson, de fruits de mer et excellentes pâtes figurent au menu.

Hobbit Bistro $$-$$$
700 rue St-Jean, 418-647-2677,
www.hobbitbistro.com
Le Hobbit est installé depuis de nombreuses années dans une maison ancienne du faubourg Saint-Jean-Baptiste. Ses murs de pierres et ses grandes fenêtres qui s'ouvrent sur l'animation de la rue Saint-Jean attirent toujours autant les gens. Le Hobbit fait bistro avec une carte aux allures classiques du genre sans grande surprise.

Le Carthage $$-$$$ ♥
399 rue St-Jean, 418-529-0576
Le Carthage est un superbe restaurant au décor typiquement maghrébin. Le plafond est travaillé et garni de dorures. Les boiseries, de couleur acajou, sont partout présentes, de même que de nombreux objets de décoration tunisiens. Une belle expérience gastronomique vous y attend. Assis au ras du sol sur un coussin, sur un tabouret ou tout simplement à une table, vous serez ravi par les spécialités tunisiennes, tels la soupe *chorba* comme entrée, et le couscous aux légumes, aux merguez, au poulet ou Royal comme plat de résistance. Durant les fins de semaine, des spectacles de danse du ventre animent parfois la salle et invitent à la célébration.

La Grolla $$$
815 côte d'Abraham, 418-529-8107,
www.restaurantlagrolla.com
Le restaurant La Grolla vous plonge tout droit dans l'atmosphère chaleureuse d'un chalet suisse. Les poutres de bois, les petites fleurs séchées et même le traditionnel coucou suisse sont de la partie. Auprès d'un bon feu de bois, régalez-vous d'une raclette, de viande des Grisons, de fondue, de röstis ou de crêpes-desserts. Au menu aussi, quelques originalités telles que la pierrade de filet mignon flambée au cognac et la pierrade de fruits de mer flambée au Pernod.

Le Beffroi Steak House $$$
Palace Royal, 775 av. Honoré-Mercier, 418-380-2638,
www.hotelsjaro.com
Restaurant de l'hôtel **Palace Royal** (voir p. 141), Le Beffroi Steak House propose un menu où le bœuf bien vieilli et grillé sur des charbons de bois est à l'honneur. Des fruits de mer ornent aussi la carte. La large baie vitrée, orientée vers l'entrée de la ville fortifiée, ainsi que de belles boiseries confèrent à la salle à manger un très grand charme.

Le Moine échanson $$$
585 rue St-Jean, 418-524-7832,
www.lemoineechanson.com
Échanson: officier chargé de servir à boire à un roi, à un prince ou à tout autre personnage de haut rang. Heureusement, l'échanson éponyme de cette petite «boîte à vins» sert également le commun des mortels! Véritable trouvaille dans le faubourg Saint-Jean-Baptiste, ce petit bistro convivial propose une cuisine raffinée mais chaleureuse, aussi classique que créative, qui met en valeur les vins qu'il propose, dont 90% des crus sont des importations privées. Une section est consacrée aux cinq à sept, avec vins au verre et petites bouchées. Fortement recommandé.

Ristorante Il Teatro $$$
Capitole de Québec, 972 rue St-Jean, 418-694-9996,
www.lecapitole.com
Dans le magnifique **Capitole de Québec** (voir p. 90), Il Teatro sert une fine cuisine italienne avec courtoisie. Tout autour de sa belle salle à manger, au fond de laquelle s'étale un long bar, miroitent de grandes fenêtres. En été, on aménage une terrasse protégée du va-et-vient de la place D'Youville. Service de voiturier.

Que Sera Sera $$$-$$$$
Courtyard Ville de Québec, 850 place D'Youville,
418-692-3535, www.queserasera.ca
Installé dans le **Courtyard Ville de Québec** (voir p. 140), ce restaurant sert une délicieuse cuisine du marché qui s'inspire des produits du terroir. Ses deux étages s'ouvrent sur le hall de l'hôtel.

Saint-Roch

Voir carte p. 153.

Brûlerie Saint-Roch $
375 rue St-Joseph E., 418-529-1559,
www.brulerie-st-roch.com
Ce petit café de la rue Saint-Joseph est un bon endroit pour déguster un espresso préparé selon les règles de l'art ou un chocolat chaud mousseux en feuilletant son journal le matin.

La boîte à lunch $
390 rue du Pont, 418-524-3954,
www.boite-a-lunch.com
Faites votre choix parmi une grande variété de sandwichs qui va du rôti de porc aux crevettes et avocat en passant par la tartine végé.

La Petite Boîte vietnamienne $$-$$$
281 rue de la Couronne, 418-204-6323,
www.chefle.com
La Petite Boîte vietnamienne propose, en plus des classiques vietnamiens, quelques originalités telles qu'un rouleau printanier au brie et pommes, sauce au sirop d'érable.

Le Nektar $
235 rue St-Joseph E., 418-977-9236,
www.lenektar.com
Un arrêt obligatoire pour faire le plein de
caféine. Les propriétaires du Nektar choisissent avec minutie les meilleurs cafés des
quatre coins de la planète.

Tam Tam Café $
421 boul. Langelier, 418-523-6021
Le Tam Tam Café est un lieu intéressant. Il
s'intègre à un centre communautaire pour
les jeunes et leur sert d'atelier de formation
en restauration. On peut y déguster de bons
petits plats diversifiés tout en encourageant
la relève! Son décor est sympathique, et
l'établissement expose de temps en temps
les œuvres de jeunes artistes. Fermé la fin
de semaine.

L'affaire est Ketchup $$
46 rue St-Joseph E., 418-529-9020
Il y fait souvent chaud en été puisqu'il n'y
a à peu près pas de ventilation, mais on
y retourne à coup sûr! La cuisine de type
bistro de L'affaire est Ketchup est sans égale
dans la rue Saint-Joseph. Le menu change
presque d'heure en heure selon les arri-
vages et les envies du chef, et lors de notre
passage, on pouvait y déguster un excellent
boudin provenant de la boucherie **Le Pied
Bleu** (voir p. 190). Le service, pas guindé
du tout, est irrésistible.

Les Salons d'Edgar $$
263 De St-Vallier E., 418-523-7811
Dans les attrayants Salons d'Edgar, qui font
aussi office de bar (voir p. 184), on sert
une cuisine simple et fortifiante. L'ambiance
feutrée crée un décor un peu théâtral, propice à la détente et aux rencontres. Ouvert
dès 16h30, et ce, du mercredi au dimanche.

Les Bossus $$-$$$
620 rue St-Joseph E., 418-522-5501,
www.lesbossus.com
Avec son long bar en zinc, ses serveurs à
chemise blanche et son plancher carrelé noir
et blanc, on ne se trompe pas : il s'agit bel et
bien d'un bistro français. La carte confirme le
tout : salade périgourdine, céleri rémoulade,
boudin et autres classiques de l'Hexagone.

Le Clocher Penché $$$
203 rue St-Joseph E., 418-640-0597,
www.clocherpenche.ca
Dans une ancienne banque du quartier
Saint-Roch, près de l'église Notre-Dame-de-
Jacques-Cartier avec son clocher penché,
Le Clocher Penché propose de bons plats
préparés avec une touche d'originalité tout
en privilégiant les produits frais du Québec.
Situé à l'angle d'une rue, il bénéficie de
plusieurs fenêtres qui donnent du caractère
au lieu. On y offre également un excellent
choix de vins au verre. Dégustation et plai-
sirs dans un décor chaleureux, voilà ce qui
vous attend dans ce café.

Le Postino $$$
296 rue St-Joseph E., 418-647-0000,
www.lepostino.com
Le bistro-bar Le Postino profite de la nouvelle vague bistro-dégustation au verre et
plats réconfortants dans une ambiance de
proximité. Le bistro propose aussi un service
de traiteur.

Table $$$
Hôtel PUR, 395 rue de la Couronne, 418-647-2458,
www.hotelpur.com
Le restaurant de l'**Hôtel PUR** (voir p. 141)
propose un menu de tapas qui permet de
goûter à une variété de savoureuses petites
entrées. La décoration est particulièrement
réussie avec les lumières suspendues, les
deux tables réfectoires et le bois qui est
omniprésent, jusque sur les murs. La section
bar est aussi très agréable.

Versa $$$-$$$$
432 rue du Parvis, 418-523-9995,
www.versarestaurant.com
La toute petite rue du Parvis est résolument
l'hôte de restos au décor luxueux et invi-
tant. Le Versa contribue au raffinement du
quartier grâce à une cuisine alléchante et
bien présentée.

Yuzu resto + club $$$-$$$$
438 rue du Parvis, 418-521-7253, www.yuzu.ca
Ce très joli «bar à sushis», au dynamisme
urbain et aux très belles lignes, propose
toutes les déclinaisons de cette spécialité
nippone, en plus de présenter des menus
dégustation et d'autres mets du pays du
soleil levant. On trouve aussi plusieurs petits
comptoirs Yuzu à travers la ville.

Limoilou

Voir carte p. 154.

Fistons *$-$$*
601 3e Avenue, 418-977-9239
De la pizza et du *shish taouk?* C'est ce qu'annonce l'affiche du restaurant Fistons. En fait, on y trouve bien plus que cela. Le menu propose aussi des hamburgers et autres sandwichs qui rappellent la cuisine méditerranéenne. Les sandwichs servis au petit déjeuner sont particulièrement réussis.

Le fun en bouche *$-$$*
1073 3e Avenue, 418-524-7272,
www.lefunenbouche.com
Vous n'en pouvez plus des traditionnels œufs-bacon-patates le matin? Sachez que Le fun en bouche vous proposera de délicieux et surtout d'originaux petits déjeuners dans un décor tout ce qu'il y a de plus zen.

Soupe et cie *$-$$*
522 3e Avenue, 418-948-8996, www.soupecie.com
Pour déguster de réconfortantes soupes-repas inspirées des quatre coins du monde.

Le Maizerets *$$*
2006 ch. de la Canardière, 418-661-3764,
www.maizerets.com
Le Maizerets se vante de servir «la meilleure pizza à l'ouest de Rome...». Eh bien, il n'a pas tout à fait tort! Ses pizzas à pâte mince sont vraiment délicieuses. Terrasse estivale.

Sainte-Foy

Voir carte p. 155.

Cosmos Café *$*
2813 boul. Laurier, 418-652-2001,
www.lecosmos.com
Voir p. 166.

Le Petit Cochon Dingue *$*
2828 boul. Laurier, 418-657-3334,
www.lepetitcochondingue.com
Voir description à la p. 163.

Bistro La Cohue *$$-$$$*
3440 ch. des Quatre-Bourgeois, 418-659-1322
Bien caché dans le centre commercial Carrefour La Pérade, La Cohue propose un menu qui met en valeur viandes et fruits de mer apprêtés de délicieuses façons. Le restaurant compte plusieurs sections plus ou moins romantiques, selon votre convenance.

Le Bistango *$$$*
1200 av. Germain-des-Prés, 418-658-8780 ou 800-463-5253, www.lebistango.com
Restaurant adjacent à l'**Hôtel ALT Québec** (voir p. 142), Le Bistango allie savoir-faire culinaire et ambiance branchée. La salle, assez vaste, est achalandée le midi comme le soir, et décorée avec goût et originalité. Confortablement installé dans un fauteuil ou sur une banquette, vous pourrez déguster une cuisine inventive préparée et servie avec attention.

Le Galopin *$$$*
3135 ch. St-Louis, 418-652-0991,
www.restaurantgalopin.com
La salle à manger du Galopin fait partie de l'Hôtel Sépia, situé près des ponts. Elle est vaste, sobre et confortable. On y déguste une fine cuisine préparée à partir de produits de qualité et servie d'une manière agréable.

La Fenouillère *$$$$*
3100 ch. St-Louis, 418-653-3886,
www.fenouilliere.com
À La Fenouillère, la cuisine du terroir raffinée et créative vous promet de succulentes expériences. Qui plus est, le restaurant s'enorgueillit de posséder l'une des meilleures caves à vin de la région de Québec. Le tout dans un décor chaleureux.

Ristorante Michelangelo *$$$$*
3111 ch. St-Louis, 418-651-6262,
www.lemichelangelo.com
Le Michelangelo propose une fine cuisine italienne qui ravit aussi bien le palais que la vue. Sa salle à manger Art déco, bien qu'achalandée, reste intime et chaleureuse. Le service attentionné et courtois rehausse les délices de la table. Très bonne carte des vins.

Sillery

Voir carte p. 154.

Brynd *$*
1360 av. Maguire, 418-527-3844, www.brynd.ca
On va au Brynd pour manger un *smoked meat* (sandwich à la viande fumée). Il y en

a pour satisfaire tous les goûts et tous les appétits. Son menu propose aussi d'autres plats à ceux qui, tant pis, ne voudraient pas mordre dans sa spécialité. La viande est fumée et tranchée sous nos yeux comme dans les vrais *delicatessens!* Autre adresse dans la rue Saint-Paul, face à la gare du Palais.

Saumum Bistro *$-$$*
1981 rue de Bergerville, 418-687-1981,
http://restaurantsaumum.com
Dans une rue perpendiculaire à l'avenue Maguire, ce joli petit bistro sert des mets à base de saumon. Les déjeuners sont particulièrement délicieux. On peut aussi se procurer du saumon fumé et des produits transformés au comptoir à l'entrée. Tous les plats sont sans gluten.

Le Cochon Dingue *$$*
1326 av. Maguire, 418-684-2013,
www.cochondingue.com
Voir p. 163.

Pizza Mag *$$*
1465 av. Maguire, 418-683-1561, www.pizzamag.com
Comme son cousin de la rue Saint-Paul (voir p. 164), ce resto sert de la bonne pizza. Sa façade est ornée d'une éclatante murale aux accents méditerranéens.

Montego Resto Club *$$-$$$*
1460 av. Maguire, 418-688-7991,
www.montegoclub.com
Le Montego vous fera vivre une «expérience ensoleillée», comme le dit si bien sa publicité. Le décor aux couleurs chaudes, les grandes assiettes colorées et la présentation des mets sauront charmer votre vue. La cuisine, avec ses saveurs épicées, sucrées ou piquantes, s'inspire de la cuisine californienne et d'autres cuisines... ensoleillées!

Paparazzi *$$$*
1363 av. Maguire, 418-683-8111,
www.restaurantpaparazzi.com
Aussi surprenant que cela puisse paraître, le Paparazzi propose une délicieuse cuisine italienne… et un «bar à sushis»! On peut donc profiter du meilleur de deux mondes. Ambiance zen et sympathique.

Saint-Augustin-de-Desmaures

La Tanière *$$$$$*
2115 rang St-Ange, 418-872-4386,
www.restaurantlataniere.com
La Tanière se spécialise, on l'aura deviné, dans le gibier. Ce qui surprend, c'est la créativité avec laquelle les délicieuses spécialités de la forêt québécoise et autres produits du terroir sont ici réinventés et déclinés en 8, 14 ou 24 services. Belle carte des vins. Une expérience en soi.

En route vers le nord

Wendake

Nek8arre *$$-$$$*
Onhoüa Chetek8e, 575 rue Stanislas-Kosca,
418-842-4308, www.huron-wendat.qc.ca
Au village huron-wendat **Onhoüa Chetek8e** (voir p. 114) se trouve un agréable restaurant dont le nom signifie «le chaudron est cuit». On nous initie à la cuisine traditionnelle des Hurons-Wendat. De bons plats tels que la truite cuite dans l'argile, le médaillon de wapiti et le steak de chevreuil, accompagné de maïs et de riz sauvage, figurent au menu. Les tables en bois ont été incrustées de petits textes expliquant les habitudes alimentaires des Amérindiens. Plusieurs objets disséminés çà et là viennent piquer notre curiosité, mais heureusement les serveuses sont un peu «ethnologues» et peuvent aussi apaiser notre soif de savoir, le tout dans une douce ambiance. Il est possible d'éviter de payer le droit d'entrée à Onhoüa Chetek8e si l'on désire se rendre uniquement au restaurant. L'endroit est entièrement accessible aux personnes à mobilité réduite. Petits déjeuners et déjeuners seulement.

Sagamité *$$-$$$*
10 boul. Maurice-Bastien, 418-847-6999,
www.sagamite.com
Au Sagamité, les totems nous rappellent que nous sommes bien dans la communauté huronne-wendat. On y sert entre autres la potence, une grillade traditionnelle, et la

sagamité, une soupe salée composée de courges, haricots, maïs et steak haché. On peut accompagner le tout d'une rafraîchissante bière Kwe (qui signifie «bonjour»), à base de maïs et brassée par la microbrasserie Archibald. Une terrasse agrémente les lieux.

La Traite $$$
Hôtel-Musée Premières Nations, place de la Rencontre, 418-847-0624, poste 2012, www.hotelpremieresnations.ca

Installé dans l'**Hôtel-Musée Premières Nations** (voir p. 115, 143), le restaurant La Traite favorise les produits du terroir québécois agrémentés d'ingrédients qui rappellent la façon de faire des Premières Nations. On pourra bien sûr y goûter les traditionnels banique (pain amérindien sans levure) et sagamité (voir ci-dessus), mais aussi différents plats de gibier et de poisson. Le décor allie habilement modernité et bois rond. Service des plus sympathiques.

Sainte-Catherine-de-la-Jacques-Cartier

Restaurant Dazibo $-$$
58 route Duchesnay, 418-875-3301, www.dazibo.ca

Le Dazibo est grandement sympathique! Rehaussé de couleurs chaudes, il propose des spécialités irlandaises et parisiennes dans une atmosphère familiale et amicale. Les *briks*, ces petits rouleaux de pâte croustillante garnis au goût, originaires de l'Afrique du Nord, ont été réinventés au Dazibo, où ils sont désormais rois et maîtres dans la salle à manger. Ouvert du mercredi au dimanche en été, et du jeudi au dimanche en hiver.

La Côte-de-Beaupré et l'île d'Orléans

Beauport

Gril-terrasse du Manoir $$-$$$
mai à oct; Manoir Montmorency, 2490 av. Royale, 418-663-3330

Dominant la chute Montmorency, le **Manoir Montmorency** (voir p. 117) bénéficie d'un site superbe. Depuis sa terrasse et sa salle à manger, on a une vue absolument magnifique sur la chute ainsi que sur le fleuve et l'île d'Orléans. Vous pourrez y savourer

viande, volaille et poisson cuits sur le gril. Sur présentation de votre reçu d'addition ou en mentionnant votre réservation, vous éviterez de payer les frais de stationnement du parc de la Chute-Montmorency, où se dresse le manoir.

Château-Richer

Auberge Baker $$$
8790 av. Royale, 418-824-4478 ou 866-824-4478, www.auberge-baker.com

L'**Auberge Baker** (voir p. 144) renferme deux salles à manger: l'une aux murs de pierres et avec foyer date de 1840, et l'autre est spacieuse et vitrée mais avec un décor un peu froid. Au menu figure une bonne cuisine traditionnelle québécoise. Gibier, poisson et volaille sont bien apprêtés et présentés avec soin. Tout est préparé à partir de produits du Québec.

Beaupré

St-Bernard Resto-Pub $$
252 boul. du Beau-Pré, 418-827-6668, www.restaurantstbernard.com

Le Resto-Pub Le St-Bernard propose une cuisine de type pub, avec steak, ailes de poulet, hamburgers, pizzas fines et autres mets du genre. L'ambiance est animée, idéale si vous êtes en famille. Les portions sont très généreuses, et l'établissement propose un bon choix de bières importées. À 5 min de la station touristique Mont-Sainte-Anne.

Auberge La Camarine $$$-$$$$
10947 boul. Ste-Anne, 418-827-5703, www.camarine.com

L'**Auberge La Camarine** (voir p. 145) abrite un excellent restaurant où l'on sert une nouvelle cuisine québécoise toute dédiée aux produits maraîchers de la région. La salle à manger est un lieu paisible au décor très simple. Votre attention sera éveillée par les petits plats originaux que l'on vous présentera. Au sous-sol de l'auberge se trouve un autre petit restaurant, le sympathique **Bistro-Bar**, qui propose un menu semblable à la grande tablée. Pourvu d'un foyer, ce lieu chaleureux est particulièrement apprécié après une journée de ski. En fin de soirée, on peut s'y rendre pour prendre un verre.

Île d'Orléans

Sainte-Pétronille

Café Resto Chocolaterie de l'Île d'Orléans
$-$$

150 ch. du Bout-de-l'Île, 418-828-0382
Ce petit troquet combine une chocolaterie et une glacerie. À l'étage se trouve un comptoir pour le midi, qui se transforme en «bar à pâtes» le soir. Une belle ambiance sans prétention et une terrasse invitante.

Panache Mobile *$-$$*
Vignoble Sainte-Pétronille, 1-A ch. du Bout-de-l'Île
Petit frère du restaurant **Panache** (voir p. 164) de l'Auberge Sainte-Antoine à Québec, le Panache Mobile est bien plus qu'une «popote roulante». En fait, il s'agit d'un casse-croûte de luxe qui permet, de mai à octobre, de manger à la terrasse du Vignoble Sainte-Pétronille. On peut donc déguster en toute tranquillité sa guedille au homard ou son hamburger à la viande de bison tout en admirant les vignes et le magnifique paysage. On peut même accompagner le tout de vin (au verre ou à la bouteille) du vignoble, qu'on se sera auparavant procuré à la boutique. Ouvert les midis et en période estivale seulement.

Auberge Restaurant La Goéliche *$$$-$$$$*
22 ch. du Quai, 418-828-2248, www.goeliche.ca
La salle à manger de l'**Auberge Restaurant La Goéliche** (voir p. 145 est agréable, et sa véranda dévoile l'une des plus belles vues de la ville de Québec. Vous pourrez y déguster une fine cuisine française où les classiques du genre sont revisités pour votre plus grand plaisir.

Saint-Laurent-de-l'Île-d'Orléans

Le Canard Huppé *$$$-$$$$*
2198 ch. Royal, 418-828-2292,
www.canard-huppe.com
Le restaurant de l'auberge **Le Canard Huppé** (voir p. 145) sert une fine cuisine d'inspiration française. Apprêtés à partir des produits frais qui abondent dans la région et les spécialités de l'île, comme le canard, la truite et les produits de l'érable, ses petits plats sauront ravir les plus exigeants. L'endroit est agréable et champêtre, avec le bois qui y prédomine. Réservations requises.

Le Moulin de Saint-Laurent *$$$-$$$$*
754 ch. Royal, 418-829-3888 ou 888-629-3888,
www.moulinstlaurent.qc.ca
Le Moulin de Saint-Laurent, ouvert de mai à la mi-octobre, propose une cuisine québécoise dans un agréable décor antique. Dans une vaste salle à manger qui accueille régulièrement les groupes, vous verrez les chaises et les poutres de bois, les murs de pierres ainsi que les ustensiles de cuivre suspendus çà et là qui concordent à mettre en valeur le vieil édifice. La nourriture est bien présentée et variée. Les beaux jours permettent de s'installer à l'une des deux terrasses qui ont toutes deux vue sur la chute qui coule juste à côté du moulin.

Saint-Jean-de-l'Île-d'Orléans

Café Bistro de la Plage *$-$$*
1180 ch. Royal, 418-829-3315
À quelques mètres seulement du fleuve, ce bistro offre une vue bien agréable. Le menu affiche des plats de poisson et de fruits de mer, des grillades et des hamburgers.

Sainte-Famille

Au goût d'autrefois *$$$-$$$$*
4311 ch. Royal, 418-829-9888,
www.augoutdautrefois.qc.ca
Le menu de la table champêtre Au goût d'autrefois fait honneur aux produits de la ferme et met en vedette quelques plats d'inspiration amérindienne. On y propose également des produits inusités comme le sirop de bouleau et l'esturgeon fumé du dernier pêcheur traditionnel de l'île d'Orléans. Cette ferme avicole permet aux convives d'en apprendre davantage sur l'agriculture écologique et les vertus de la graisse d'oie pour la santé, en plus d'observer les animaux et de se procurer d'excellents produits confectionnés sur place comme les rillettes d'oie et le magret de canard sous toutes ses déclinaisons. Sur réservation seulement.

Saint-Pierre-de-l'Île-d'Orléans

Le Vieux-Presbytère *$$$$*
1247 av. Monseigneur-D'Esgly, 418-828-9723,
www.presbytere.com
Le restaurant de l'auberge **Le Vieux-Presbytère** (voir p. 146) se spécialise dans les viandes rares, comme celles du bison, du wapiti et de l'autruche, selon la saison. La coquette salle à manger du bâtiment historique est accueillante et offre une belle vue sur le fleuve, particulièrement depuis la véranda.

Index thématique

Restaurants - Index thématique

guidesulysse.com

Sorties

A ctivités culturelles, festivals, bars et boîtes de nuit... Québec offre, en plus de son charme incontestable et unique en Amérique du Nord, une multitude de divertissements qui sauront satisfaire les attentes de chacun. Vous trouverez, dans plusieurs boutiques, restaurants et bars de Québec, trois publications qui traitent de la vie culturelle qui anime la ville. Le *Québec Scope Magazine* est publié tous les 15 jours. Il s'agit là d'un petit magazine bilingue qui fait un survol de la scène artistique de Québec. L'hebdomadaire *Voir*, édition de Québec, contient, en plus de l'horaire des principales activités culturelles, des articles sur plusieurs sujets d'actualité. *Le Clap* est le magazine du cinéma du même nom. On y trouve plusieurs critiques de films ainsi que des articles sur le monde du cinéma. Les trois publications sont distribuées gratuitement.

Activités culturelles

L'intensité de la vie culturelle à Québec varie d'une saison à l'autre et atteint son apogée pendant la période estivale. Néanmoins, à longueur d'année, on a le loisir de découvrir différentes facettes de la culture québécoise à travers les spectacles et les expositions qui y sont présentés. Ainsi, on peut découvrir des films de tout horizon, des spectacles d'ici et d'ailleurs, des expositions de tous les genres et des festivals touchant tous les types de publics. Pour faire des choix parmi ces multiples possibilités, consultez les quotidiens de la région, les trois publications gratuites mentionnées ci-dessus ou le site Internet du **Télégraphe de Québec** *(www.telegraphe.com)*, un magazine électronique indépendant.

Les droits d'entrée pour assister à une représentation fluctuent d'un établissement à l'autre. Cependant, des rabais sont consentis aux étudiants et aux aînés dans plusieurs des lieux.

> Cinémas

Cinéma Cartier
1019 av. Cartier, 418-522-1011,
www.cinemacartier.com
Pour un cinéma de répertoire sans prétention.

Cinéma IMAX
Galeries de la Capitale, 5401 boul. des Galeries,
Charlesbourg, 418-624-4629, www.imaxquebec.com

Le Clap
Centre Innovation, 2360 ch. Ste-Foy, Ste-Foy,
418-650-2527, www.clap.qc.ca
Primeurs et cinéma de répertoire. Consultez le magazine *Le Clap* pour la programmation.

> Salles de concerts

Le **Grand Théâtre de Québec** *(269 boul. René-Lévesque E., 418-643-8131 ou 877-643-8131, www.grandtheatre.qc.ca)* accueille régulièrement l'**Orchestre symphonique de Québec** *(www.osq.qc.ca)*, le plus ancien orchestre du Canada. C'est aussi là que l'on peut voir et entendre jouer l'**Opéra de Québec** *(www.operadequebec.qc.ca)*.

Le **Palais Montcalm** *(995 place D'Youville, 418-641-6040 ou 877-641-6040, www.palaismontcalm.ca)* présente les concerts des **Violons du Roy** *(www.violonsduroy.com)*, un orchestre de musique de chambre implanté à Québec depuis 1984.

> Salles de spectacle

Auditorium Joseph-Lavergne
Bibliothèque Gabrielle-Roy, 350 rue St-Joseph E.,
418-529-0924
Spectacles en tous genres dans une salle intime. Au moment de mettre sous presse, l'auditorium était toutefois fermé pour des travaux de rénovation qui pourraient durer quelques années.

Palais Montcalm
995 place D'Youville, 418-641-6040 ou 877-641-6040,
www.palaismontcalm.ca
On se donne rendez-vous à la salle Raoul-Jobin du Palais Montcalm pour des concerts classiques et des spectacles variés.

Le Capitole de Québec
972 rue St-Jean, 418-694-4444 ou 800-261-9903,
www.lecapitole.com
Ce théâtre avait été inauguré une première fois en 1903; en 1992, il a retrouvé son aspect d'époque.

Grand Théâtre de Québec
269 boul. René-Lévesque E., 418-643-8131 ou
877-643-8131, www.grandtheatre.qc.ca
Les salles du Grand Théâtre demeurent des
lieux de diffusion de la musique, du théâtre
et de la danse. Le Théâtre du Trident (voir ci-
dessous) est un de ses organismes résidents.

Théâtre Petit Champlain
68 rue du Petit-Champlain, 418-692-2631,
www.theatrepetitchamplain.com
Dans cet établissement, on assiste à d'excellents spectacles intimistes.

Impérial de Québec
252 rue St-Joseph E., 418-523-2227 ou
877-523-3131, www.imperialdequebec.com
L'Impérial, avec sa salle aux tons de rouge,
accueille des spectacles de variétés.

Salle Albert-Rousseau
Cégep de Sainte-Foy, 2410 ch. Ste-Foy, Ste-Foy,
418-659-6710 ou 877-659-6710,
www.sallealbertrousseau.com
Des spectacles variés y sont présentés.

> ### Théâtres
Théâtre de la Bordée
315 rue St-Joseph E., 418-694-9721,
www.bordee.qc.ca
La programmation du Théâtre de la Bordée
est toujours fascinante et flirte sans gêne
avec le théâtre expérimental.

Théâtre Périscope
2 rue Crémazie E., 418-529-2183,
www.theatreperiscope.qc.ca
Le beau Théâtre Périscope présente essentiellement des pièces expérimentales.

Théâtre du Trident
Grand Théâtre de Québec, 269 boul. René-Lévesque E.,
418-643-8131 ou 877-643-8131, www.letrident.com
Le Théâtre du Trident est une véritable institution à Québec. Il présente, en plus du
répertoire classique, des pièces d'auteurs
contemporains.

Théâtre Les Gros Becs
1143 rue St-Jean, 418-522-7880,
www.lesgrosbecs.qc.ca
Ce lieu culturel est un centre de diffusion de
théâtre jeunesse. Certaines représentations
sont suivies d'une rencontre avec les artistes,
pour une découverte du théâtre en famille.

Bars et boîtes de nuit

Du coucher du soleil jusque tard dans la
nuit, Québec vit aux rythmes parfois endia-
blés, parfois plus romantiques de ses établissements nocturnes. Que ce soit les boîtes
de nuit de la dynamique Grande Allée,
les adresses courues de l'avenue Cartier
ou quelques bars alternatifs du faubourg
Saint-Jean-Baptiste, de Saint-Roch et du
Vieux-Québec, il existe toute une brochette
d'établissements pour vous satisfaire.

Les bars et boîtes de nuit de Québec ne pré-
lèvent généralement pas de droit d'entrée. Il
peut arriver qu'il y ait des frais surtout lors
d'événements spéciaux ou de spectacles. En
hiver, on exige la plupart du temps que vous
laissiez votre manteau au vestiaire moyennant quelques dollars.

Bien que la vie nocturne soit active à
Québec, la vente d'alcool cesse au plus tard
à 3h du matin. Les bars offrent souvent à
l'heure du «cinq à sept» (généralement de
17h à 19h, mais peut aussi être de 16h à
18h) ce que l'on appelle le «deux pour un»
ou des «spéciaux». C'est-à-dire qu'entre ces
heures on peut se procurer deux bières pour
le prix d'une ou une boisson à prix réduit.

Le Vieux-Québec

Voir carte p. 148.

Le Chantauteuil
1001 rue St-Jean, 418-692-2030
Situé au pied de la côte de la rue D'Auteuil,
Le Chantauteuil est un bar sympathique. Les
clients y discutent pendant des heures, assis
sur une banquette autour d'une bouteille de
vin ou d'un verre de bière. Autrefois boîte à
chansons, l'établissement a vu se produire
de grands noms, notamment Félix Leclerc et
Claude Gauthier, alors qu'il faisait partie des
incontournables rendez-vous de la culture
québécoise dans les années 1960.

L'Ostradamus
29 rue Couillard, 418-694-9560
Pour une ambiance nonchalante, il faut aller
à L'Ostradamus. Tous les styles non confor-
mistes s'y côtoient. D'ailleurs, c'est précisément cette atmosphère étrange qui fait
l'intérêt de l'endroit. Une musique qui sort
également de l'ordinaire permet de s'éclater
sans réserve.

St-Patrick Irish Pub
45 rue Couillard, 418-694-0618

Brin d'Irlande dans le Vieux-Québec, le St-Patrick propose des bières maison et des bières irlandaises. Musique traditionnelle. Terrasse.

Le Saint-Alexandre
1087 rue St-Jean, 418-694-0015,
ww.pubstalexandre.com

Le Saint-Alexandre est un pub typiquement anglais. Les murs verts côtoient les murs de pierres qui, eux, se marient parfaitement bien avec les boiseries et l'ameublement en acajou. Ici, on a le souci du détail et de l'authenticité. L'alignement impressionnant de bières importées derrière le bar frappe l'œil et nous fait traverser plusieurs frontières. On y sert, en effet, plus de 200 variétés de bières, entre autres une vingtaine à la pression dont les robinets ornent le long bar. Une cuisine légère de qualité y est servie.

Le Sainte-Angèle
26 rue Ste-Angèle, 418-692-2171

Niché dans un demi-sous-sol, le Sainte-Angèle présente un décor de pub anglais un peu élimé mais encore confortable. Une clientèle de tout âge se presse dans ce local exigu fréquenté par les gens de la ville. On y offre une bonne sélection de scotchs et de cocktails à bas prix.

Les Yeux Bleus
1117½ rue St-Jean, 418-694-9118,
www.barlesyeuxbleus.com

Les chansonniers du bar Les Yeux Bleus se succèdent tour à tour et confèrent au lieu une ambiance de fête. Rien de chic, rien d'exceptionnel, mais tout baigne. La clientèle qui se rencontre ici est pleine d'entrain. Genre d'endroit où l'on va en groupe pour boire quelques pichets de bière. Terrasse estivale.

Le Petit-Champlain et Place-Royale

Voir carte p. 149.

Le Pape Georges
8 rue du Cul-de-Sac, 418-692-1320,
www.papegeorges.com

Le Pape Georges est un sympathique bistro à vins. Installé sous les voûtes d'une maison ancienne du Petit-Champlain, il propose un large choix de vins à déguster et des accom-pagnements tels qu'assiette de fromages et charcuteries. L'atmosphère est chaleureuse, surtout lorsque réchauffée par des musiciens qui envoûtent la salle au son de folk et de blues.

L'Oncle Antoine
29 rue St-Pierre, 418-694-9176

L'Oncle Antoine niche sous des voûtes non loin de la place Royale. Avec son cadre de pierres et ses longues bougies blanches enfoncées dans des bouteilles sur les tables en bois, on se croirait revenu au Moyen Âge. En hiver, on réchauffe le lieu avec un bon feu de foyer.

Le Vieux-Port

Voir carte p. 150.

Taverne Belley
249 rue St-Paul, 418-692-4595

La Taverne Belley, située en face de la place du Marché du Vieux-Port, présente quelques particularités propres aux tavernes telles que jeu de billard et petites tables rondes en métal. Le décor des deux salles est chaleureux et amusant, avec leurs murs de briques parsemés de toiles colorées.

La colline Parlementaire et la Grande Allée

Voir carte p. 151.

L'Inox
655 Grande Allée E., 418-692-2877, www.inox.qc.ca

Ouverte depuis 1987, la brasserie L'Inox a déménagé en 2009 au cœur de l'action sur la Grande Allée, où elle propose toujours ses excellentes bières maison, ainsi qu'un petit menu de bouchées pour accompagner les libations.

Soñar
1147 av. Cartier, 418-640-7333

On descend un escalier caché au coin des rues Cartier et Aberdeen pour se retrouver éjecté dans un sous-sol de béton où se cache le Soñar. D'abord, on baigne dans un éclairage hétéroclite pour étourdir l'atmosphère, puis on s'imprègne de rythmes latinos servis par des DJ. Comment deviner l'influence espagnole ici? Par les tapas, bien entendu! Et le nom: Soñar signifie «rêver»... Terrasse estivale.

Le Dagobert
600 Grande Allée E., 418-522-0393, www.dagobert.ca
Mieux connu sous le nom du Dag, Le Dagobert est l'une des plus grandes boîtes en ville. Au dire des habitués, il s'agit là d'une des meilleures boîtes de nuit pour draguer. Aménagé dans une ancienne demeure sur trois étages, le Dag a effectivement beaucoup de gueule, tout comme sa clientèle! La piste de danse est grande à souhait, et une mezzanine en forme de fer à cheval permet aux «voyeurs» d'observer la faune urbaine qui se trémousse. Un écran géant surplombe les lieux et présente les clips de l'heure. En été, la terrasse est toujours bondée. À l'étage, des spectacles sont présentés.

Jules et Jim
1060 av. Cartier, 418-524-9570
Le petit Jules et Jim est établi sur l'avenue Cartier depuis de nombreuses années. Il offre une douce atmosphère avec ses banquettes et ses tables basses qui évoquent le Paris des années 1920.

Maurice Nightclub
575 Grande Allée E., 418-647-2000
Le Maurice Nightclub ne ressemble à rien d'autre en ville. Le décor est absolument original, à tel point qu'il est difficile de le qualifier. Le rouge est partout présent. Le mobilier aux lignes avant-gardistes se veut on ne peut plus étonnant. Partout des recoins avec des sofas comme autant de salons. La grande piste de danse, au centre, est bordée de petits comptoirs ici et là. Les portiers prennent un malin plaisir à trier la clientèle sur le volet. Cette dernière est bigarrée, belle et âgée de 20 à 35 ans. Pour un changement d'ambiance, le complexe renferme également le **Charlotte Lounge** et le salon de cigares **Société Cigare**. Certaines soirées ont des accents latinos.

Turf Pub
1179 av. Cartier, 418-522-9955, www.turfpub.com
Sur l'animée avenue Cartier, le Turf Pub fait danser une clientèle dans la trentaine et plus. On y offre un bon choix de bières importées. Pour bien entamer ou continuer la soirée, le menu propose une cuisine de pub très satisfaisante.

Le faubourg Saint-Jean-Baptiste

Voir carte p. 152.

Fou-Bar
525 rue St-Jean, 418-522-1987, www.foubar.ca
Au sympathique Fou-Bar, une clientèle d'habitués vient siroter un verre, discuter ou zyeuter les œuvres qui y sont régulièrement exposées. Prestations musicales certains soirs.

Le Drague – Cabaret Club
815 rue St-Augustin, 418-649-7212, www.ledrague.com
Ce bar gay, où se rassemblent de nombreux habitués, est animé par des spectacles de *drag queens* (personnificateurs) et des soirées karaoké très endiablées.

Le Sacrilège
447 rue St-Jean, 418-649-1985, www.lesacrilege.net
Le Sacrilège est un bar du faubourg Saint-Jean-Baptiste dont la jolie terrasse arrière, à l'abri des bruits de la ville, ouvre en été.

Le Temps Partiel
698 rue D'Aiguillon, 418-522-1001, www.letempspartiel.com
Une coopérative de travail tient ce bar où la musique alterne du *punk rock* à l'«alterno» en passant par le techno des années 1980 et les toutes dernières nouveautés.

Saint-Roch

Voir carte p. 153.

Brasserie la Korrigane
380 rue Dorchester, 418-614-0932, www.korrigane.ca
La Korrigane brasse de rafraîchissantes bières artisanales, non filtrées, non pasteurisées et sans produits chimiques. Menu léger.

La Barberie
310 rue St-Roch, 418-522-4373, www.labarberie.com
La Barberie est une microbrasserie artisanale et une coopérative de travail qui ouvre au public un local peint de couleurs chaudes. Leur salon de dégustation vous entraîne à goûter huit bières quotidiennes affichées à la carte, à l'intérieur ou en terrasse durant la belle saison. Vous pouvez également goûter leurs produits dans différents établissements de la capitale et des environs. Les bières de La Barberie se révèlent toutes délicieuses et originales.

Le Café Babylone
181 rue De St-Vallier E., 418-523-0700,
www.cafebabylone.com

Aménagé dans une salle chaleureuse aux tables et aux chaises dépareillées, le Café Babylone propose des soirées-concerts qui flirtent avec le jazz et les musiques du monde.

Le Cercle
228 rue St-Joseph E., 418-948-8648,
www.le-cercle.ca

Ce lieu multidisciplinaire propose, en plus des spectacles musicaux et des expositions d'arts visuels et numériques, des cinq à sept très courus. Décoration éclatée et concerts de styles variés mais toujours de qualité.

Les Salons d'Edgar
263 rue De St-Vallier E., 418-523-7811

Vous ne savez trop si vous avez envie de manger une bouchée, de prendre un verre entre amis ou de jouer au billard? Rendez-vous alors aux **Salons d'Edgar** (voir aussi p. 170), où toutes ces possibilités s'offrent à vous. Le beau décor, rehaussé de paravents et de grandes draperies blanches, vous donnera un peu l'impression d'être sur la scène d'un théâtre. À l'arrière, dans une salle tout en long au plafond haut, se trouvent des fauteuils, des tables de billard et, comme dans tout salon qui se respecte, un foyer! La musique est bien choisie. Fermé pendant la saison estivale.

Le Scanner
291 rue De St-Vallier E., 418-523-1916,
www.scannerbistro.com

Vous êtes envahi par une irrépressible envie de surfer sur le Net? Pas de panique, Québec, époque oblige, a ses bars et cafés électroniques. Le Scanner, au nom évocateur, met à votre disposition deux ordinateurs pour assouvir votre désir. Il s'agit d'un bar sur deux étages où l'on trouve, outre les jeux informatiques, des jeux sur table (soccer, billard) et des jeux de société. Lors des soirées à thème musical, il serait surprenant que vous restiez river à votre écran cathodique!

Boudoir Lounge
441 rue du Parvis, 418-524-2777,
www.boudoirlounge.com

Le Boudoir constitue un lieu où vous trouverez de quoi manger au resto, de quoi boire et écouter au *lounge* et de quoi danser au BClub, si le cœur vous en dit...Tout cela sous le même toit!

Limoilou
Voir carte p. 154.

Le Bal du Lézard
1049 3e Avenue, 418-529-3829,
www.lebaldulezard.com

Le Bal du Lézard est un petit bar du quartier Limoilou au décor avant-gardiste et à la musique alternative. En été, le bal s'étend jusque sur une terrasse au plancher de bois donnant sur la rue. On y présente régulièrement des spectacles.

Sainte-Foy
Voir carte p. 155.

Le Cactus
814 rue Myrand, 418-527-9111,
www.cactusquebec.com

Un petit peu du Mexique à Québec? Oui, c'est possible! Situé non loin du campus de l'Université Laval, Le Cactus accueille les étudiants venus y prendre un verre ou y grignoter une spécialité épicée. Terrasse estivale.

Le Mundial
965 route de l'Église, 418-652-1170,
www.lemundial.com

Le Mundial adopte une formule pour plaire à tous. Le rez-de-chaussée renferme un petit bar idéal pour bavarder ou écouter les spectacles de jazz qui y sont régulièrement présentés. À l'étage, pour ceux qui ont des fourmis dans les jambes, se trouve une piste de danse animée, avec musique à la mode. Clientèle jeune.

Fêtes et festivals

> **Février**

Le **Carnaval de Québec** (866-422-7628, *www.carnaval.qc.ca*) a lieu tous les ans durant les deux premières semaines de février. Il est l'occasion pour les résidents de Québec et les visiteurs de fêter les beautés de l'hiver. Il a sans doute également pour but d'égayer cette période de l'année, où l'hiver semble n'en plus finir. Ainsi, plusieurs activités sont organisées tout au long de ces semaines. Parmi les plus populaires, mentionnons le défilé de nuit, la traversée du fleuve en canot à glace et le concours de sculptures de glace et de neige.

> ## Mars

À la fin mars, dans plusieurs salles de cinéma de la ville, le **Festival de cinéma des trois Amériques** *(418-647-1234, www.fc3a. com)* présente des œuvres de cinéastes du Québec, du Canada, des États-Unis et d'un peu partout en Amérique latine.

> ## Mai et juin

Présenté de la fin mai à la mi-juin, le **Carrefour international de théâtre** *(418-692-3131, www.carrefourtheatre.qc.ca)* propose une riche programmation théâtrale nationale et internationale dans différents salles de la ville, ainsi qu'un grand événement extérieur gratuit.

À la **station touristique Mont-Sainte-Anne** (voir p. 131) se déroule, de la mi-juin jusqu'au début du mois de juillet, le **Vélirium – Festival international et Coupe du Monde de vélo de montagne** *(418-827-1122, www.velirium.com)*. On peut y encourager les meilleurs compétiteurs internationaux, hommes et femmes séniors.

> ## Juillet

Le **Festival d'été de Québec** *(418-529-5200 ou 888-992-5200, www.infofestival.com)* se tient pendant 10 jours au début de juillet. La ville s'égaie alors de musique et de chansons, de danse et d'animation, tous offerts par des artistes des quatre coins du monde. Les arts de la scène et de la rue enfièvrent un public ravi. Tout est au rendez-vous pour faire de cette activité le plus important événement culturel de Québec. Les spectacles en plein air sont particulièrement appréciés, et au cours des dernières années, de grands noms tels Metallica, Paul McCartney et Elton John ont fait vibrer les plaines d'Abraham. La plupart des spectacles en salles sont payants, ceux présentés en plein air étant gratuits.

Vers la mi-juillet jusqu'au début du mois d'août, les mercredi et samedi soirs, le parc de la Chute-Montmorency s'anime avec les **Les Grands Feux Loto-Québec** *(418-523-3389 ou 888-523-3389, www.lesgrandsfeux. com)*. Les feux d'artifice éclatent au-dessus de la chute en un spectacle féerique, tandis que, sur le fleuve, se rassemble une flottille d'embarcations de toutes sortes venues les admirer.

Le **Festival des journées d'Afrique, danses et rythmes du monde de Québec** *(418-640-4213, www.festivaljourneedafrique.com)*, qui dure une dizaine de jours à la fin juillet, permet d'assister à des concerts de musique africaine.

> ## Août

Au début du mois d'août, Québec se souvient des premiers temps de la colonie à l'occasion des **Fêtes de la Nouvelle-France** *(418-694-3311 ou 866-391-3383, www.nouvellefrance.qc.ca)*. Personnages en costumes d'époque, reconstitution d'un marché sur la place Royale et activités nombreuses marquent ces quelques jours de festivités.

À l'exposition **Plein art** *(418-694-0260, www.salonpleinart.com)* sont présentés une foule d'objets d'art et d'artisanat dont on peut faire l'acquisition. L'exposition se tient les deux premières semaines d'août à l'Espace 400e, adjacent au Marché du Vieux-Port.

À la fin du mois d'août, chaque année depuis près de 100 ans, **Expo Québec** *(Expo-Cité, 418-691-3976, www.expoquebec.com)* revient divertir les gens de la région. Devant le Colisée Pepsi, cette énorme foire agricole, doublée d'un parc d'attractions, est très courue durant la dizaine de jours de sa tenue.

> ## Octobre

Au mois d'octobre, des bars et des théâtres de la ville accueillent les spectacles de musique et les soirées de contes et légendes du **Rendez-Vous ès TRAD** *(418-647-1598, www.estrad.qc.ca)*. Certaines institutions comme le Musée de la civilisation présentent aussi des volets de ce festival qui réserve une place aux métiers d'art.

Le **Festival de l'Oie des Neiges** *(St-Joachim, www.festivaldeloiedesneiges.com)* est l'occasion rêvée pour observer l'impressionnante concentration d'oies des neiges (des dizaines de milliers) qui font halte dans les marais ou les champs environnants de la **réserve nationale de faune du cap Tourmente** (voir p. 121) avant d'entreprendre leur long périple vers le sud.

Mieux-être

Izba Spa
36 boul. René-Lévesque E., Québec, 418-522-4922, www.izbaspa.qc.ca

Izba Spa offre des soins basés sur les techniques russes. Essayez le soin Banya : vous repartirez dénoué de toutes tensions.

Sibéria Station Spa
339 boul. du Lac, Lac-Beauport, 418-841-1325 ou 855-841-1325, www.siberiastationspa.com

L'environnement paisible du Sibéria Station Spa permet une relaxation complète. Alliant le chaud, le froid et le repos, ce spa scandinave est une petite perle cachée au Lac-Beauport.

Tyst Trädgård
35 ch. de la Détente, 418-875-1645, Ste-Catherine-de-la-Jacques-Cartier, www.tysttradgard.com

Situé à la **Station touristique Duchesnay** (voir p. 116), en pleine nature, ce spa d'inspiration scandinave permet d'alterner entre le chaud et le froid, une expérience des plus vivifiantes.

Zone Spa
186 rang St-Julien, St-Ferréol-les-Neiges, 418-826-0078 ou 866-353-1772, www.zonespa.com

Non loin de la station touristique Mont-Sainte-Anne, Zone Spa offre bain de vapeur, bain sauna finlandais et bain de neige.

Sports professionnels

Les **Remparts** de la Ligue junior majeure du Québec attirent depuis longtemps les amateurs au **Colisée Pepsi** *(2205 av. du Colisée, 418-691-7211 ou 800-900-7469, www.remparts.qc.ca; voir p. 103).*

Le stade municipal érigé dans le parc Victoria, dans le quartier Saint-Sauveur, accueille les matchs de l'équipe de baseball des **Capitales** *(418-521-2255 ou 877-521-2244, www.capitalesdequebec.com).*

L'**Hippodrome de Québec** *(ExpoCité, 250 boul. Wilfrid-Hamel, 418-524-5283)* accueille les mordus de courses de chevaux.

Achats

À Québec, à l'instar des grandes villes, on peut faire de belles et chouettes découvertes dans les domaines de la mode, de l'artisanat, de la décoration ou de l'alimentation. Que ce soit des créations québécoises ou des articles d'importation, vous trouverez dans les boutiques de la ville une foule de produits qui sauront satisfaire toutes vos exigences.

Grandes artères et centres commerciaux

La jolie **rue Saint-Jean**, à l'intérieur comme à l'extérieur des fortifications, est toujours très fréquentée en toutes saisons. Elle présente des boutiques diversifiées pour ceux qui cherchent vêtements et accessoires, chaussures, disques, livres, objets décoratifs, bijoux, etc.

L'**avenue Cartier**, joliment aménagée et éclairée, constitue une halte magasinage agréable et débouche sur la Grande Allée. D'ailleurs, les Halles du Petit-Quartier donneront une touche européenne à vos achats.

Bordée par des quartiers résidentiels, la rue commerçante de Sillery, la chic **avenue Maguire**, est plaisante à parcourir. Elle est idéale pour dénicher des vêtements griffés, des objets décoratifs ou pratiques, des produits fins et autres plaisirs de la table.

La **rue Saint-Paul**, dans le quartier du Vieux-Port, est réputée pour ses antiquaires et ses galeries d'art intéressantes. La **rue du Petit-Champlain**, dans le mignon quartier éponyme, est le rendez-vous des artisans traditionnels et est bordée de leurs ateliers et boutiques.

La **rue Saint-Joseph**, dans le «Nouvo» Saint-Roch, n'a pas perdu sa vocation commerciale, bien au contraire... On y vend de tout, à bon prix comme à prix plus épicé...Plusieurs centres commerciaux se trouvent dans les arrondissements de Québec. Mentionnons, parmi tant d'autres, les **Galeries de la Capitale** sur le boulevard des Galeries, ainsi qu'un ensemble de trois immenses centres commerciaux, à savoir **Place Laurier**, **Place Ste-Foy** et **Place de la Cité**, tous sur le boulevard Laurier à Sainte-Foy.

Alimentation et articles de cuisine

Pour des fruits et légumes frais en été, rendez-vous au **Marché du Vieux-Port** (voir p. 78) ou au **Marché public de Sainte-Foy** *(mai à oct; 939 av. Roland-Beaudin)*. Les cultivateurs de la région viennent chaque jour de la belle saison y proposer leurs savoureux produits frais. À Sainte-Foy, les dimanches, le marché se double d'un marché aux puces qui plaira aux coureurs d'aubaines. À noter que le Marché du Vieux-Port est ouvert à longueur d'année.

Pendant la belle saison, les Québécois sont friands de crèmes glacées, de yogourts glacés et de sorbets. On n'a qu'à déambuler un brin sur l'**avenue Cartier** pour s'en apercevoir. Cette courte artère compte en effet plusieurs **glaceries** qui proposent des cornets alléchants.

Le Vieux-Québec

David's Tea
1049 rue St-Jean, 418-692-4333, www.davidstea.com
Amateur de thé, vous aurez ici l'embarras du choix. Belle sélection d'accessoires toujours en rapport avec le thé.

Les Délices de l'Érable
1044 rue St-Jean, 418-692-3245, www.delicesdelerable.com
Comme son nom l'indique, cette boutique propose de nombreux produits de l'érable. Que ce soit pour la crème glacée, le beurre d'érable ou tout simplement les desserts, il vous sera difficile de résister si vous avez le moindrement la dent sucrée. À l'étage se trouve un musée de l'érable.

Le Petit-Champlain

Le Touriste Gourmand
54 boul. Champlain, 418-977-3999
On trouve dans cette boutique de nombreux produits gastronomiques faits au Québec. Le tout est classé par régions afin de faciliter vos choix. Un beau détour pour qui veut découvrir ce que les producteurs du Québec ont à offrir en matière de produits fins.

La colline Parlementaire et la Grande Allée

Arnold Chocolats
1190-A av. Cartier, 418-522-6053,
www.arnoldchocolat.com
Sur l'avenue Cartier, Arnold Chocolats annonce ses «chocolats cochons» par une enseigne où trône... un cochon! Ses chocolats, mais aussi sa crème glacée durant la belle saison (goûtez celle aux fraises fraîches), vous donneront envie d'en manger encore et encore...

Halles du Petit-Quartier
1191 av. Cartier, 418-688-1635,
www.hallesdupetitquartier.com
Les Halles du Petit-Quartier regorgent de bonnes choses! Une charcuterie, une boulangerie, une fruiterie, une boucherie, une poissonnerie, une pâtisserie, et plus encore! De quoi vous concocter un bon petit gueuleton ou un pique-nique!

La Cuisine du Quartier
Halles du Petit Quartier, 1191 av. Cartier,
418-524-4185
Pour une cuisine fine à emporter chez soi, La Cuisine du Quartier offre canard, sanglier et lapin, tous apprêtés aux saveurs du monde.

Morena
1038 av. Cartier, 418-529-3668,
www.morena-food.com
Tout comme ses propriétaires, l'épicerie Morena est 100% italienne. On y propose huiles, vinaigres, cafés et biscottis, en plus d'offrir un coin restaurant où vous pourrez vous délecter d'un décadent *cannolo* sicilien.

Pâtes à Tout
42 boul. René-Lévesque O., 418-529-8999,
www.patesatout-lapapillote.com
Pour des pâtes fraîches et des sauces savoureuses, rendez-vous chez Pâtes à Tout. On y vend aussi des plats préparés et du bon pain

artisanal. On en trouve aussi une succursale à Sainte-Foy *(Halles de Sainte-Foy, 2500 ch. des Quatre-Bourgeois, 418-651-8284).*

Picardie
1029 av. Cartier, 418-522-8889,
www.picardiedelices.com
Cette boulangerie vend des pains, des viennoiseries et des desserts, en plus de proposer des mets préparés. Petite terrasse directement sur l'avenue Cartier. Autre adresse à Sillery *(1292 av. Maguire).*

Le faubourg Saint-Jean Baptiste

Choco-Musée Érico
634 rue St-Jean, 418-524-2122,
www.chocomusee.com
La rue Saint-Jean abrite une caverne d'Ali Baba pour les amateurs de chocolat. Le Choco-Musée Érico est une petite fabrique qui concocte des délices avec les meilleurs produits: du cacao bien sûr, mais aussi de la vanille, du caramel, des noisettes, etc. Le sympathique établissement comporte également un musée (voir p. 91). En été, il sait aussi vous régaler avec ses crèmes glacées et ses sorbets maison.

CRAC/La Carotte joyeuse
680 et 690 rue St-Jean, 418-647-6881,
www.lecrac.com
CRAC et La Carotte joyeuse sont deux boutiques jumelées remplies de toute une gamme d'aliments naturels, entre autres de beaux fruits et légumes, des cafés équitables, des viandes biologiques ainsi que des mets cuisinés.

Délicatesses Tonkinoises
732 rue St-Jean, 418-523-6211
Délicatesses Tonkinoises vous propose dans son local exigu des produits venus d'Asie, pour vous mijoter des mets exotiques, et de bons petits plats à emporter. Service de traiteur.

Épicerie Européenne
560 rue St-Jean, 418-529-4847,
http://v1.epicerie-europeenne.com
L'Épicerie Européenne vend des produits fins importés d'Europe, surtout d'Italie. Fromages, charcuteries, thés et cafés ainsi que huiles et vinaigres vous seront entre autres proposés.

Achats - Alimentation et articles de cuisine

J. A. Moisan
699 rue St-Jean, 418-522-0685, www.jamoisan.com
Quel plaisir de faire son épicerie chez **J. A. Moisan** (voir p. 91)! Cette épicerie «historique» propose toutes sortes de produits frais, des fruits et légumes aux fruits de mer, en passant par des épices, du pain, des fromages fins et des produits du terroir. Elle est aussi dotée de quelques petites tables pour casser la croûte.

Lady Kookie Biscuiterie
1 rue St-Jean, 418-914-8814, www.ladykookiebiscuiterie.com
Coup de cœur assuré pour les délicieux (et surtout décadents) biscuits de Lady Kookie. À essayer sans remords: le *dulce de leche* et le «koussin au citron».

Paingruël
375-B rue St-Jean, 418-522-7246
Le Paingruël, ouvert du mardi au samedi, figure parmi les boulangeries favorites des résidents de la capitale. Il dégage des odeurs de la fournée du jour: pains, brioches et pâtisseries, tous concoctés avec beaucoup de doigté et d'originalité.

Le Panetier Baluchon
764 rue St-Jean, 418-522-3022, www.panetier-baluchon.com
Le Panetier Baluchon est une boulangerie artisanale qui prépare du bon pain, de vrais croissants cuits juste à point, des sandwichs, des viennoiseries et de bonnes pâtisseries.

Tutto Gelato
716 rue St-Jean, 418-522-0896, www.tuttogelato.ca
Rue Saint-Jean, le comptoir Tutto Gelato, fermé en hiver, sert de la crème glacée préparée selon des recettes italiennes artisanales. Résultat absolument divin! À goûter sans faute si vous êtes un mordu de gâteries!

Saint-Roch

Dans la **rue Saint-Joseph**, les gourmands sont servis! Parmi nos adresses préférées: la boulangerie artisanale **Le Croquembouche** *(235 rue St-Joseph E., 418-523-9009, www. lecroquembouche.com)*, pour ses délicieux pains, pâtisseries, *gelatos* et chocolats; le comptoir-boucherie de la **Ferme Eumatimi**, dont le bœuf primé est servi dans certains des meilleurs restaurants du Québec; et pour couronner le tout, **Champagne Chocolatier** *(783 rue St-Joseph E., 418-652-0708, www. champagnechocolatier.ca)*, pour ses chocolats fins et ses pâtes d'amandes de toutes sortes.

Pain & Passion
85 De Saint-Vallier E., 418-525-7887, www.painetpassion.com
Une belle adresse dans le quartier Saint-Roch, Pain & Passion vous propose les produits de sa boulangerie, mais également toutes les douceurs salées ou sucrées qui les accompagnent.

Sainte-Foy

Au Palet d'Or
1325 route de l'Église, 418-692-2488
La pâtisserie Au Palet d'Or propose de vraies pâtisseries pur beurre et pure crème. Un véritable régal!

Saint-Sauveur

Le Pied Bleu
179 rue St-Vallier O., 418-914-3554, www.piedbleu.com
N'ayant pignon sur rue que depuis le printemps 2011, la charcuterie Le Pied Bleu a, en quelques mois à peine, su se faire un nom. On s'y rend pour les délicieuses saucisses, mais surtout pour le boudin, l'un des meilleurs de la capitale. Le midi, il est possible de déjeuner sur place.

Sillery

Eddy Laurent
1276 av. Maguire, 418-682-3005, www.el-eddylaurent.ca
On trouve dans cette boutique les œuvres des plus grands designers en matière d'«arts de la table», en plus d'une belle sélection de chocolats fins.

Le Canard Goulu
1281 av. Maguire, 418-687-5116, www.canardgoulu.com
Rillettes, foie gras, confit, magret, gésier… vous trouverez ici tous les produits du canard. À l'étage, un restaurant propose, les midis en semaine, des plats de, vous l'aurez deviné… canard.

Château-Richer

Musée de l'abeille
8862 boul. Ste-Anne, 418-824-4411,
www.musee-abeille.com

Au **Musée de l'abeille** (voir p. 118), vous trouverez une petite boutique qui vend une foule d'articles se rattachant au monde des abeilles, depuis les produits de beauté à base de miel jusqu'à l'hydromel, en passant par le miel même, évidemment.

Île d'Orléans

La **Chocolaterie de l'Île d'Orléans** *(150 ch. du Bout-de-l'Île, Ste-Pétronille, 418-828-2250, www.chocolaterieorleans.com)* propose toute une gamme de petites gâteries délectables. Sa crème glacée maison, préparée en été seulement, est tout aussi délicieuse.

À la boutique **Les Fromages de l'isle d'Orléans** *(4696 ch. Royal, Ste-Famille, 418-829-0177, www.fromagesdeliledorleans.com)* de Saint-Laurent-de-l'Île-d'Orléans, on peut se procurer le délicieux fromage à rôtir Le Paillasson, premier fromage fabriqué en Amérique il y a plus de 350 ans!

À Saint-Jean, **La Boulange** *(2001 ch. Royal, St-Jean, 418-829-3162)* est une boulangerie artisanale qui vaut le détour!

Cassis Monna & filles *(721 ch. Royal, St-Pierre, 418-828-2525, www.cassismonna. com)* vend toutes sortes de liqueurs à base de cassis, ce petit fruit habituellement associé au célèbre apéritif qu'est le kir. Un petit musée sur place permet d'en apprendre davantage sur ce petit fruit méconnu.

Le **Domaine Steinbach** *(2205 ch. Royal, St-Pierre, 418-828-0000, www. domainesteinbach.com)* fabrique de délicieux cidres ainsi que plusieurs produits transformés tels que vinaigres, moutardes, confits d'oignons et salsas. Sur place, un bistro propose, à l'heure du midi, un menu affichant sandwichs et assiettes de canard. Très belle terrasse avec vue sur le fleuve.

Charlesbourg

Pour de délicieux fudges, chocolats ou nougats, rendez-vous à la **Fudgerie Les Mignardises Doucinet** *(717 boul. Louis-XIV, 418-622-9595, www.lafudgerie.com)*, située dans le Trait-Carré.

Antiquités

Le Vieux-Port

Si vous êtes amateur d'antiquités, vous devez arpenter la jolie **rue Saint-Paul**. Elle est en effet reconnue pour abriter plusieurs antiquaires et brocanteurs qui vous promettent de belles trouvailles.

Dans le Vieux-Port se trouve l'atelier **Machin Chouette** *(sur rendez-vous seulement, 418-525-9898, www.machinchouette.com)*, au joli nom tout désigné. On y propose entre autres des créations originales conçues à partir d'antiquités.

Art et artisanat

Le Vieux-Québec

Dans le Vieux-Québec, la **rue du Trésor**, malgré une vocation éminemment touristique, reste l'endroit par excellence pour se procurer des œuvres d'artistes locaux.

Galerie Brousseau et Brousseau
35 rue St-Louis, 418-694-1828
Cette jolie galerie bien aérée permet d'admirer un grand nombre d'œuvres, essentiellement des sculptures inuites des grandes régions du Grand Nord, tel le Nunavut.

Le Sachem
17 rue des Jardins, 418-692-3056
La boutique Sachem loge dans l'historique **maison Antoine-Anfelson** (voir p. 60). Ses deux pièces sont remplies d'objets d'art et d'artisanat amérindien et inuit. On y vend notamment des vêtements traditionnels de fourrure et de cuir, ainsi que de jolis t-shirts à motifs autochtones. On peut s'y procurer les incontournables mocassins.

Les Trois Colombes
46 rue St-Louis, 418-694-1114
Les Trois Colombes de la rue Saint-Louis proposent de l'artisanat ainsi que des vêtements de qualité. Entre autres pièces, de beaux manteaux de laine faits à la main.

Le Petit-Champlain et Place-Royale

Ateliers La Pomme
47 rue Sous-le-Fort, 418-692-2875
Les Ateliers La Pomme, où l'on confectionne des articles et des vêtements de cuir, sont l'un des plus anciens regroupements d'ateliers d'artisans du quartier du Petit-Champlain. Les divers cuirs employés et leurs différentes couleurs rehaussent l'originalité et la qualité des vêtements : du manteau à la jupe en passant par les chapeaux et les mitaines.

Boutique Métiers d'art
29 rue Notre-Dame, 418-694-0267
Appartenant au Conseil des métiers d'art, la Boutique Métiers d'art offre toute une gamme d'objets fabriqués par des artisans québécois, des céramiques aux bijoux. Originaux, les objets sont tous le résultat de la transformation d'une matière première.

Boutique du Musée de la civilisation
85 rue Dalhousie, 418-643-2158
À l'intérieur du Musée de la civilisation se trouve une petite boutique pleine à craquer de beaux objets d'artisanat provenant de tous les pays. Il y a vraiment de belles trouvailles à faire ici, et ce, dans toutes les gammes de prix.

L'Oiseau du Paradis
80 rue du Petit-Champlain, 418-692-2679
Jolie boutique du quartier du Petit-Champlain, L'Oiseau du Paradis vend toutes sortes d'objets fabriqués en papier ainsi que du papier fait main dans des ateliers québécois.

Peau sur Peau
85 rue du Petit-Champlain, 418-694-1921, www.peausurpeau.qc.ca
Dans cette boutique, on déniche chaussures, sacs à main et chapeaux de cuir de qualité. On y découvre aussi des sculptures et des tableaux de cuir en trois dimensions.

La Perle
27 rue Sous-le-Fort, 418-692-6443
Dans une belle maison en pierre datant de 1688, on vend des perles de toutes sortes montées en colliers.

Pot en Ciel
27 rue du Petit-Champlain, 418-692-1743
Derrière ses grandes vitrines, Pot en Ciel étale divers bibelots de toutes les couleurs, surtout de céramique. On s'y spécialise dans «l'Art de la table», comme le dit leur publicité. Vous y trouverez donc une panoplie de beaux objets pour agrémenter vos dîners ou votre salle à manger.

Sculpteur Flamand
47-49 rue du Petit-Champlain, 418-692-2813
Dans la boutique-atelier d'Alain Flamand, on peut voir les sculpteurs sur bois à l'œuvre. Sur deux étages, on y propose des sculptures traditionnelles québécoises et contemporaines.

La Soierie Huo
91 rue du Petit-Champlain, 418-692-5920, www.soieriehuo.com
À La Soierie Huo, en plus de vous procurer un beau foulard de soie aux motifs aussi variés que colorés, vous aurez sans doute la chance de voir Dominique Huot les confectionner, pinceau à la main.

Vêteries
31½ rue du Petit-Champlain, 418-694-1215, www.veteries.com
Aux Vêteries, vous trouverez des vêtements de qualité tissés dans un atelier de la région. Les couleurs et les coupes sont classiques mais originales.

Zazou
31 rue du Petit-Champlain, 418-694-9990
Zazou offre du prêt-à-porter pour femmes dans des teintes et des tissus naturels. Certaines pièces sont d'inspiration amérindienne.

La colline Parlementaire et la Grande Allée

Boutique du Musée national des beaux-arts du Québec
parc des Champs-de-Bataille, 418-644-1036
La boutique du Musée national des beaux-arts du Québec propose une belle collection d'objets et de reproduction d'œuvres d'art.

Saint-Roch

Galerie Morgan Bridge
367 rue du Pont, 418-529-1682,
http://morganbridge.ca
Unique en son genre, cette galerie expose
les œuvres d'artistes émergents.

La Chambre Blanche
185 rue Christophe-Colomb E., 418-529-2715,
www.chambreblanche.qc.ca
La Chambre Blanche présente des expositions d'art visuel.

Wendake

À Wendake, vous trouverez une belle sélection de produits artisanaux amérindiens.
Raquettes et artisanat Gros Louis *(30 boul.*
Maurice-Bastien, 418-842-2704) offre un
choix de raquettes pour tous les goûts. On
y vend les modèles traditionnels, mais surtout des modèles plus modernes qui n'ont
toutefois pas le charme des raquettes fabri-
quées à la main.

Boutique du Musée Huron-Wendat
Hôtel-Musée Premières Nations, 15 place de la
Rencontre, 418-847-2260
La petite boutique du Musée Huron-Wendat
vend des objets d'art, des livres, des bijoux
et de la musique, tous en lien avec les Premières Nations.

Île d'Orléans

Forge à Pique-Assaut
2200 ch. Royal, St-Laurent-de-l'Île-d'Orléans,
418-828-9300
À l'île d'Orléans, la boutique de la Forge à
Pique-Assaut, un tout petit économusée qui
permet de se familiariser avec le métier de
forgeron, présente divers objets en fer forgé,
du chandelier au meuble en passant par le
bibelot. Vous pourrez assister à une visite
commentée de l'atelier.

Articles de plein air

La colline Parlementaire et la Grande Allée

Azimut
1194 av. Cartier, 418-648-9500, www.azimut.ca
Azimut propose des sacs à dos, des sacs de
couchage, des tentes, des bottes de marche...

tous de qualité. On y retrouve aussi les indé-
modables manteaux Kanuk. De tout pour
affronter les grands espaces québécois!

Saint-Roch

Mountain Equipment Co-op (MEC)
405 rue St-Joseph E., 418-522-8884, www.mec.ca
Pour les inconditionnels des activités de
plein air, voici une adresse à fréquenter,
car on y trouve tout le matériel lié à la randonnée pédestre, au cyclisme, au camping, à
la raquette, à l'escalade, etc., et ce, à des prix
concurrentiels. C'est aussi un bon endroit où
se procurer des vêtements chauds si vous
n'avez pas prévu d'en apporter et que le
temps tourne au froid pendant votre séjour
à Québec.

Saint-Sauveur

Latulippe
637 rue St-Vallier O., 418-529-0024,
www.latulippe.com
Le magasin Latulippe est fréquenté aussi
bien par les travailleurs qui doivent être bien
équipés que par les amateurs de grand air.
On y trouve toutes sortes d'articles à bon prix.

Sainte-Foy

DLX/Deluxe
2480 ch. Ste-Foy, 418-653-0783, www.dlxdeluxe.com
Pour l'achat ou la location de planches à
neige, de planches à roulettes, de planches
nautiques... On y trouve aussi les plus
grandes marques de vêtements et de chaussures de sport. Une référence en sports
extrêmes à Québec!

Bijoux

Le Vieux-Québec

Origines
54 côte de la Fabrique, 418-694-9257
La petite boutique Origines renferme principalement des bijoux. Simples ou plus élaborés, ils sont tous originaux et de bon goût.

Sophiori
1086 rue St-Jean, 418-524-3025, www.sophiori.com
Coincée comme elle est, entre deux restaurants, il est facile de passer devant cette
petite boutique sans la voir. Ce serait dom-

mage, car on y vend de jolis bijoux faits à Québec.

La colline Parlementaire et la Grande Allée

Création Stéphanie Letarte
958 av. Cartier, 418-614-1960
La petite boutique de cette jeune artiste joaillière propose d'originaux bijoux en étain.

Le faubourg Saint-Jean-Baptiste

Point d'exclamation
762 rue St-Jean, 418-525-8053,
http://pointdexc.blogspot.com
Difficile de sortir de cette boutique sans avoir craqué pour un de ses bijoux ou sacs à main faits par des designers québécois.

Rose Bouton
387 rue St-Jean, 418-614-9507,
www.boutiquerose.blogspot.com
On entre dans cette boutique comme dans un rêve. La couleur rose y est omniprésente, ça sent la fraise, et l'on y offre une belle sélection de bijoux et de sacs à main.

Limoilou

L'Usine
986 3ᵉ Avenue, 418-614-8408
L'Usine, qui fait aussi office d'atelier pour ses deux propriétaires, vend des bijoux et autres accessoires de mode faits main.

Chaussures et chapeaux

Le Vieux-Québec

Des succursales des grandes chaînes de magasins de chaussures ont pignon sur la rue Saint-Jean *intra-muros*. Pour des chapeaux de toutes sortes, consultez les chapelières de **Bibi & compagnie** *(42 rue Garneau, 418-694-0045)*.

Faubourg Saint-Jean-Baptiste

Schû'z
748 rue St-Jean, 418-523-4560, www.schuz.ca
Chaussures et espadrilles représentant les dernières tendances.

Saint-Roch

La Godasse
529 rue St-Joseph E., 418-614-9773
Converse, Keen et autres Puma sont en vente dans cette boutique de chaussures.

Tohu Bohu
775 rue St-Joseph E., 418-522-1118,
www.tohubohu.ca
Installée dans le quartier Saint-Roch depuis 2009, la boutique Tohu Bohu est vite devenue l'endroit en ville où se procurer des chaussures branchées. Et si vous avez passé la journée à magasiner, pourquoi ne pas aller vous faire dorloter au salon de manucure et pédicure situé sur la mezzanine?

Décoration

Le Petit-Champlain

La Dentellière
56 boul. Champlain, 418-692-2807
La Dentellière : de la dentelle, de la dentelle et encore de la dentelle. Pour les romantiques et pour les autres qui ne sauront y résister!

La colline Parlementaire et la Grande Allée

Zone
999 av. Cartier, 418-522-7373, www.zonemaison.com
Derrière ses grandes vitrines, la boutique Zone regorge d'objets pour la maison. Du presse-citron rigolo jusqu'au rideau de douche en passant par le panier à pique-nique, vous trouverez toutes sortes de petites choses pour vous faciliter la vie ou tout simplement la rendre plus agréable!

Détente

La colline Parlementaire et la Grande Allée

L'Attitude
71 rue Crémazie O., 418-522-0106
Si vos vacances ne suffisent pas à évacuer le stress accumulé, faites un saut à la boutique nichée à l'intérieur du centre de relaxation et de massothérapie L'Attitude. Vous y trouverez une foule d'objets voués à la détente,

des huiles essentielles aux bougies, en passant par les disques et les livres. Vous pourrez aussi en profiter pour recevoir un massage bienfaisant.

Disquaires

Le Vieux-Québec

Archambault
1095 rue St-Jean, 418-694-2088
Chez Archambault, vous pourrez vous procurer disques et vidéos d'à peu près tous les styles de musique.

La colline Parlementaire et la Grande Allée

Sillons Le Disquaire
1149 av. Cartier, 418-524-8352, www.sillons.com
Pour un service plus personnalisé, rendez-vous chez Sillons, où vous pourrez vous faire suggérer les dernières nouveautés.

Fourrures

Le Vieux-Québec

Harricana
44 côte de la Fabrique, 418-204-5340, www.harricana.qc.ca
Se servant de fourrure recyclée, Mariouche Gagné confectionne de magnifiques manteaux, chapeaux, foulards et autres vêtements.

Saint-Roch

Laliberté
595 rue St-Joseph E., 418-525-4841, www.libertemode.com
Ce magasin à rayons propose plusieurs modèles de manteaux de fourrure ainsi que des manteaux pour chaque saison.

Galeries d'art

Québec, ville adulée par les artistes, compte plusieurs galeries d'art présentant des œuvres de toutes les époques et de toutes les écoles. Notez qu'une demi-douzaine de galeries d'art parsèment aussi l'île d'Orléans, une bonne quantité se trouvant dans le village de Saint-Jean-de-l'Île-d'Orléans.

Le Vieux-Québec

Galerie Le Chien D'Or
8 rue du Fort, 418-694-9949

Le Vieux-Port

Galerie Buade
137 rue St-Paul, 418-694-4443,
www.galeriebuade.com
La Galerie Buade, une coopérative qui regroupe une dizaine d'artistes, peintres et sculpteurs, vous propose d'acheter directement des créateurs.

Galerie Lacerte
1 côte Dinan, 418-692-1566

Galerie Tzara
375 rue St-Paul, 418-692-0330,
www.galerietzara.com

Le Petit-Champlain et Place-Royale

Beauchamp & Beauchamp
10 rue du Sault-au-Matelot, 418-694-2244 ou 877-694-2444

Galerie d'art Royale
53 rue St-Pierre, 418-692-2244

La colline Parlementaire et la Grande Allée

Galerie Linda Verge
1049 av. des Érables, 418-525-8393

Saint-Roch

Atelier Engramme
501 rue De Saint-Vallier E., 418-529-0972

Galerie d'art Portrait International
485 boul. Langelier, espace 403, 418-640-0714 ou 418-208-5008

Jouets

Saint-Roch

Benjo
543 rue St-Joseph E., 418-640-0001, www.benjo.ca
Véritable caverne d'Ali Baba, Benjo compte une pléiade de jouets en provenance d'ici et d'ailleurs et des vêtements (0-12 ans), pour

un horizon de couleurs et de plaisirs. L'entrée du magasin a ceci de particulier et d'amusant qu'elle comprend des portes à hauteur d'enfants et d'autres pour les adultes.

Librairies

Québec compte plusieurs librairies. Que vous soyez à la recherche d'œuvres d'auteurs québécois ou étrangers, vous y trouverez certainement de quoi satisfaire votre soif de lecture. Notez que le faubourg Saint-Jean-Baptiste foisonne de bonnes librairies d'occasion. Aux adresses suivantes, vous trouverez aussi de bons conseils.

Le Vieux-Québec

Librairie Générale Française
10 côte de la Fabrique, 418-692-2442,
www.librairiegeneralefrancaise.com
Littérature, essais.

Librairie Pantoute
1100 rue St-Jean, 418-694-9748,
www.librairiepantoute.com
Littérature, essais, bandes dessinées. Cette institution de Québec possède également une succursale dans le quartier Saint-Roch *(286 rue St-Joseph E., 418-692-1175)*.

Vieux-Port

Librairie du Nouveau-Monde
103 rue St-Pierre, 418-694-9475
Éditions québécoises.

La colline Parlementaire et la Grande Allée

La Bouquinerie de Cartier
1120 av. Cartier, 418-525-6767
Romans, livres pratiques.

Librairie du Musée national des beaux-arts du Québec
parc des Champs-de-Bataille, 418-644-6460
Beaux livres, livres sur l'art.

Saint-Roch

Librairie Phylactère
685 rue St-Joseph E., 418-614-2446
Cette librairie ouverte depuis 2011 vend des bandes dessinées en provenance d'un peu

partout dans le monde et offre une belle visibilité aux bédéistes québécois.

Sainte-Foy

Globe Trotter Librairie du Voyage
Place de la Cité, 418-654-9779
Belle sélection de guides de voyage et de cartes routières.

Librairie Zone
Université Laval, pavillon Maurice-Pollack,
418-656-2600
Grande sélection de littérature et d'essais québécois et étrangers. Spécialisé dans les livres universitaires.

La Maison Anglaise et Internationale
Place de la Cité, 418-654-9523,
www.lamaisonanglaise.com
Littérature en langue anglaise.

Papeteries

La colline Parlementaire et la Grande Allée

Les Petits papiers
1170 av. Cartier, 418-524-3860
Les Petits Papiers, ce sont des cartes de vœux, des cahiers, du papier d'emballage, du papier à lettres, etc.

Le faubourg Saint-Jean-Baptiste

Le Copiste du Faubourg
545 rue St-Jean, 418-525-5377
Le copiste du Faubourg propose papeteries fines, cartes de vœux... ainsi qu'un service de photocopie et de fax.

Produits de beauté

Sainte-Foy

Sephora
Place Ste-Foy, 2450 boul. Laurier, 418-650-2400,
www.sephora.com
Les amatrices de la célèbre compagnie européenne seront heureuses de savoir qu'elle vend ses produits de beauté à Place Ste-Foy.

Souvenirs

Le Vieux-Québec

Magasin Général P.L. Blouin
1196 rue St-Jean, 418-694-9345,
www.magasingeneralplblouin.com
Il faut jouer du coude pour entrer dans cette boutique tellement elle est populaire. C'est l'endroit pour acheter LA babiole originale qui fera crouler de rire son destinataire. Articles cocasses et souvenirs de toutes sortes.

Tabac et journaux

Pour des cigares, cigarettes et *cigarillos* de toutes sortes, rendez-vous à l'angle de la rue Crémazie et de l'avenue Cartier chez **Tabac Tremblay** *(955 av. Cartier, 418-529-3910)* ou, en face de la cathédrale de Québec, chez **J.E. Giguère** *(59 rue De Buade, 418-692-2296)*. Vous y trouverez aussi les journaux locaux, ainsi que des pipes.

Pour des magazines et des journaux du monde entier : **Maison de la Presse internationale** *(1050 rue St-Jean, 418-694-1511)* et **Un coin du monde** *(1150 av. Cartier, 418-648-1562)*.

Vêtements

Le Vieux-Québec

Louis Laflamme
1192 rue St-Jean, 418-692-3774
Louis Laflamme présente sur deux étages des créations chics pour hommes.

Simons
20 côte de la Fabrique, 418-692-3630,
www.simons.ca
Les magasins Simons, qui ont pignon sur rue depuis 1840, font presque partie du folklore québécois. Vous y trouverez de quoi habiller hommes, femmes et enfants de la tête aux pieds. On y vend aussi des accessoires et de la literie. Succursales : Place Ste-Foy *(2450 boul. Laurier)* et Galeries de la Capitale *(5401 boul. des Galeries)*.

Le Petit-Champlain

Ateliers La Pomme Vêteries
Voir p. 192.

BLANK
20 rue du Cul-de-Sac, 418-977-6718,
www.portezblank.com
BLANK propose des vêtements décontractés à prix abordables et entièrement fabriqués au Québec, des tissus à la couture en passant par la teinture.

Mandy
71 rue du Petit-Champlain, 418-914-1010
Une petite perle perdue parmi les innombrables boutiques de souvenirs et de fourrures du Petit-Champlain. On y vend des vêtements originaux de designers québécois et on y offre une belle sélection de bijoux et d'accessoires.

O'Clan
52 boul. Champlain (vêtements pour femmes); 67½ rue du Petit-Champlain (vêtements pour hommes); 418-692-1214
Chez O'Clan, vous trouverez des vêtements de qualité et du tout dernier cri pour la femme et l'homme branchés.

La colline Parlementaire et la Grande Allée

Paris Cartier
1180 av. Cartier, 418-529-6083
Cette boutique propose de beaux vêtements pour femmes.

Le faubourg Saint-Jean-Baptiste

Boutique Code Vert
586B rue St-Jean, 418-524-4004
Les vêtements équitables de plus d'une trentaine de designers québécois et canadiens sont en vente ici.

Boutique Séraphin
738 rue St-Jean, 418-522-2533,
www.boutiqueseraphin.com
Spécialisée dans le prêt-à-porter urbain et branché, la boutique Séraphin vend des créations de designers du Québec et d'ailleurs à prix raisonnable.

Achats - Souvenirs

Exil
714 rue St-Jean, 418-524-4752
Exil est une agréable boutique qui propose des vêtements de qualité sélectionnés avec soin et provenant de collections de designers québécois.

Jupon pressé
790 rue St-Jean, 418-704-7114
On trouve dans cette jolie boutique des vêtements et des accessoires vintage. Comme élément décoratif original, on peut même s'y procurer un panache de chevreuil gonflable!

Sainte-Foy

H&M
Place Laurier, 2700 boul. Laurier, 418-781-0300, www.hm.com
Cette chaîne suédoise vend des vêtements de mode à petits prix. Autre adresse aux Galeries de la Capitale *(5401 boul. des Galeries)*.

Références

Index

Les numéros de page en **gras** renvoient aux cartes.

Index

Tableau des distances

Distances en kilomètres, par le chemin le plus court

Exemple: la distance entre Québec et Montréal est de 259 km.

	Toronto (Ont.)	Sherbrooke	Saguenay	Rouyn-Noranda	Québec	Niagara Falls (Ont.)	New York (N.Y.)	Montréal	Halifax (N.-É.)	Gatineau / Ottawa	Gaspé	Chibougamau	Charlottetown (Î.-P.-É.)	Boston (Mass.)	Bale-Comeau
Bale-Comeau															
Boston (Mass.)															1040
Charlottetown (Î.-P.-É.)														1081	724
Chibougamau													1347	1152	679
Gaspé												1214	867	1247	293
Gatineau / Ottawa											1124	725	1404	701	869
Halifax (N.-É.)										1488	952	1430	265	1165	807
Montréal									1290	205	924	700	1194	512	674
New York (N.Y.)								608	1508	814	1550	1308	1421	352	1239
Niagara Falls (Ont.)							685	670	1919	543	1590	1298	1836	767	1334
Québec						925	834	259	1056	461	700	521	984	648	414
Rouyn-Noranda					872	858	1246	636	1916	522	1551	517	1833	1136	1171
Saguenay				860	210	1126	1045	463	1076	666	636	363	992	849	316
Sherbrooke			445	786	240	827	657	157	1271	356	906	757	1187	426	656
Toronto (Ont.)		693	1000	606	802	141	823	546	1828	399	1476	1124	1746	906	1224
Trois-Rivières	688	155	334	742	130	814	750	138	1173	322	809	577	1089	566	544

Commandez au www.guidesulysse.com

La livraison est gratuite si vous utilisez le code de promotion suivant: **GDEVDQ12** (limite d'une utilisation du code de promotion par client).

Les **guides Ulysse** sont aussi disponibles dans toutes les bonnes librairies.

GUIDES DE VOYAGE ULYSSE

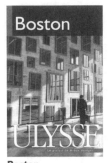

Boston
24,95 $ 19,99 €

**Cancún
et la Riviera Maya**
24,95 $ 19,99 €

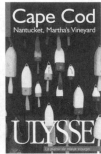

**Cape Cod, Nantucket,
Martha's Vineyard**
24,95 $ 19,99 €

Chicago
24,95 $ 22,99 €

Costa Rica
34,95 $ 24,99 €

Cuba
32,95 $ 24,99 €

**Disney World
et Orlando**
19,95 $ 22,99 €

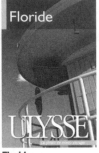

Floride
29,95 $ 24,99 €

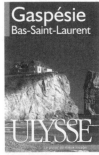

**Gaspésie,
Bas-Saint-Laurent**
24,95 $ 19,99 €

**Grand Canyon
et Arizona**
29,95 $ 24,99 €

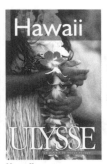

Hawaii
37,95 $ 29,99 €

Îles de la Madeleine
19,95 $ 17,99 €

GUIDES DE VOYAGE ULYSSE

Las Vegas
19,95 $ 19,99 €

Miami
24,95 $ 19,99 €

Montréal
24,95 $ 19,99 €

New York
24,95 $ 19,99 €

Nouvelle-Angleterre
34,95 $ 29,99 €

Ouest canadien
32,95 $ 24,99 €

Le Québec
34,95 $ 24,99 €

République dominicaine
19,95 $ 22,99 €

San Francisco
24,95 $ 19,99 €

Sud-Ouest américain
37,95 $ 29,99 €

Toronto
24,95 $ 22,99 €

Vancouver, Victoria et Whistler
19,95 $ 19,99 €

GUIDES ESCALE

Escale à Chicago
14,95 $ 12,99 €

Escale à Montréal
14,95 $ 12,99 €

Escale à New York
14,95 $ 12,99 €

ESPACES VERTS

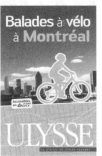
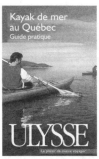

100 campings coups de cœur au Québec
24,95 $ 22,99 €

Balades à vélo à Montréal
14,95 $ 13,99 €

Kayak de mer au Québec
17,95 $ 22,99 €

Marcher à Montréal et ses environs
22,95 $ 19,99 €

Le Québec à vélo
24,95 $ 22,99 €

Le Québec cyclable
21,95 $ 22,99 €

Randonnée pédestre au Québec
24,95 $ 22,99 €

Randonnée pédestre Nord-Est des États-Unis
24,95 $ 22,99 €

JEUNE ULYSSE

Journal de mes vacances
14,95 $ 11,99 €

Journal de mes vacances 2
14,95 $ 11,99 €

Journal de mes vacances 3
14,95 $ 11,99 €

**Journal de mes vacances
à la mer**
14,95 $ 11,99 €

**Journal de mes vacances
en camping**
14,95 $ 11,99 €

**Au Québec – Mon premier
guide de voyage**
19,95 $ 19,99 €

JOURNAUX DE VOYAGE ULYSSE

**Journal de
ma croisière**
14,95 $ 14,99 €

**Journal de voyage
L'Écrit**
14,95 $ 12,99 €

**Journal de voyage
L'Empreinte**
14,95 $ 12,99 €

**Mes voyages -
Carnet (Saphir)**
17,95 $ 16,99 €

COMPRENDRE

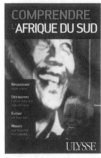

Comprendre l'Afrique du Sud
17,95 $ 14 €

Comprendre le Brésil
17,95 $ 14 €

Comprendre la Chine
16,95 $ 14 €

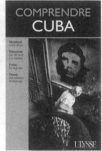

Comprendre Cuba
17,95 $ 14.99 €

Comprendre le Japon
16,95 $ 14 €

Comprendre le Québec
17,95 $ 14.99 €

Comprendre la Thaïlande
16,95 $ 14 €

GUIDES FABULEUX

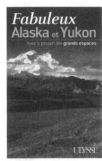

Fabuleux Alaska et Yukon
29,95 $ 27,49 €

Fabuleuse Argentine
34,95 $ 27,99 €

Fabuleux Ouest américain
34,95 $ 24,99 €

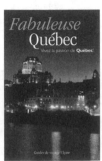

Fabuleuse Québec
24,95 $ 23,99 €

GUIDES DE CONVERSATION

L'anglais pour mieux voyager en Amérique
9,95 $ 6,99 €

L'espagnol pour mieux voyager en Amérique latine
9,95 $ 6,99 €

L'espagnol pour mieux voyager en Argentine
9,95 $ 6,99 €

L'espagnol pour mieux voyager en Espagne
9,95 $ 6,99 €

L'italien pour mieux voyager
9,95 $ 6,99 €

Le portugais pour mieux voyager
9,95 $ 6,99 €

Le québécois pour mieux voyager
9,95 $ 6,99 €

Guide de communication universel
9,95 $ 8,99 €

HORS COLLECTION

Les 50 plus beaux itinéraires autour du monde
34,95 $ 27,99 €

Croisières dans les Caraïbes
29,95 $ 24,99 €

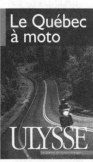

Le Québec à moto
24,95 $ 22,99 €

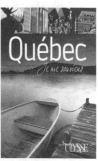

Québec, Je me souviens
24,95 $ 22,99 €

Légende des cartes

★ Attraits
▲ Hébergement
● Restaurants
▨ Mer, lac, rivière
▨ Forêt ou parc
▢ Place

✪ Capitale de pays
✪ Capitale provinciale ou d'État américain
–·––·– Frontière internationale
············· Frontière provinciale ou d'État américain
▨▨▨ Chemin de fer
············· Tunnel

✈ Aéroport international
▢ Bâtiment
♰ Cimetière
≡ Escalier
------- Fortifications
▰▰▰ Funiculaire/ ascenseur

🚆 Gare ferroviaire
🚌 Gare routière
H Hôpital
❶ Information touristique
◎ Marché

▲ Montagne
🏛 Musée
⋈ Porte des fortifications
▨▨▨ Rue piétonne
⛴ Traversier (ferry)

2 Transcanadienne
88 Autoroute
88 Route principale

Symboles utilisés dans ce guide

◉ Label Ulysse pour les qualités particulières d'un établissement
❦ Petit déjeuner inclus dans le prix de la chambre
tlj Tous les jours
🍷 Apportez votre vin

Classification des attraits touristiques

★★★ À ne pas manquer
★★ Vaut le détour
★ Intéressant

Classification de l'hébergement

L'échelle utilisée donne des indications de prix pour une chambre standard pour deux personnes, avant taxe, en vigueur durant la haute saison.

$ moins de 60$
$$ de 60$ à 100$
$$$ de 101$ à 150$
$$$$ de 151 à 225$
$$$$$ plus de 225$

Classification des restaurants

L'échelle utilisée dans ce guide donne des indications de prix pour un repas complet pour une personne, avant les boissons, les taxes et le pourboire.

$ moins de 15$
$$ de 15$ à 25$
$$$ de 26$ à 50$
$$$$ plus de 50$

Tous les prix mentionnés dans ce guide sont en dollars canadiens.